藏在书包里的玫瑰

12—18岁男孩女孩的成长读本

希望本书能成为青春期男孩女孩的好帮手，为青春期的你们开启一个崭新的世界！

付绍成◎著

Cangzai Shubaoli de Meigui

中国商业出版社

图书在版编目（CIP）数据

藏在书包里的玫瑰（修订版）/付绍成著．—北京：中国商业出版社，2017.5

ISBN 978-7-5044-9738-3

Ⅰ.①藏… Ⅱ.①付… Ⅲ.①青春期-性教育 Ⅳ.①G479

中国版本图书馆 CIP 数据核字（2017）第 045070 号

责任编辑　姜丽君

中国商业出版社出版发行

010-63180647　www.c-cbook.com

（100053　北京广安门内报国寺 1 号）

新华书店经销

北京市俊峰印刷厂

*　*　*　*

880×1230 毫米　32 开　10 印张　232 千字

2018 年 6 月第 1 版　2018 年 6 月第 1 次印刷

定价：35.00 元

*　*　*　*

（如有印装质量问题可更换）

前　言

人们颂扬青春，是因为它带给了人们太多的心思和梦想，人们赞美青春，是因为它就像永不褪色的相册，虽然青涩却永存美好与感动。每一份青春都是一份时光刻下的记忆，每一份记忆都见证着成长的故事。每一个青春都只是一段光阴，是一段架在童年和青年的桥梁，是一根拴住昨天和明天的绳索。而从童年到青年，都缺不了青春期的相伴，这才是完整的人生，充满美好记忆的时光。

当某一天，你觉得父母的怀抱依旧温暖，却不想再待在里面；你觉得父母的教诲依旧含辛茹苦，却不想再百依百顺；你觉得父母的言行依旧沧桑可爱，却不再充满崇拜；你觉得父母的管束是为了你自己，但你却已经感到了厌烦……你留恋这一切，可你想走得更远、飞得更高，你想用自己的翅膀去经历一次暴风雨的洗礼，检验一下自己学习的成绩；你渴望另一个世界，你开拓全新的世界，你不再依恋父母，你渴望拥有和亲情、友情不一样的感情，你好奇地徘徊在伊甸园门口，想窥探其中的奥秘；你想向全世界宣布，你长大了，要做自己想做的事。你变得强壮，变得想要保护别人而不是得到别人的保护，这一切“反常”的现象都表明：你已经进入了一个全新的成长阶段——青春期。

青春期是由儿童向成人过渡的时期，是男孩女孩一生快速生长发育的时期，也是决定男孩女孩一生体质、心理和智力发育的关键时期。

身体上——他（她）们逐渐褪去了童气和幼稚，青涩的特征慢慢取而代之，男孩变得更加强壮，女孩也变得婀娜多姿。

心理上——他（她）们渴望成熟，但是难脱幼稚；有了更多的小心思，却不再愿意和父母分享；强烈的独立意识被唤醒，他们渴望拥有自己想要的自由和独立，可以做自己想做的事情，说自己想说的话。

然而，正处在青春转折时期的男孩女孩，注定要经历很多的无奈和困惑，现实总是和内心的渴望纠缠不清，梦想和现实又撕扯不开，想要的和得到的总是差距甚远，渴望的和放弃的总是错综复杂……

成长中的男孩女孩总是懵懵懂懂的，或许还会跌跌撞撞。

青春期的男孩女孩们，只能独自承担着内心的迷茫和困惑。比如，成人感与事实上的幼稚的矛盾；渴望独立与事实依赖之间的矛盾；想要走向世界和封闭自己之间的矛盾：想要学会理智和感情上的冲动之间的矛盾；生理上的成熟与心理上的脆弱之间的矛盾；理想与现实之间的矛盾等。这种种矛盾如果不及时化解，就会形成严重的心理问题，阻碍青春期孩子的健康成长。这种困惑正是转折必须要经历的阵痛，是蜕皮必须要跨过的磨难，只有勇敢坚强地走过去，才能真正赢得属于自己的那片蓝天。

本书正是基于这种目的，呈献给处于青春期的男孩女孩，让我们和青春期的你们，一起走进这个神秘的，充满迷茫，充满困惑，充满无数故事的青春岁月；让我们和青春期的你们，一起去解决青春期无论是身体还是心理上出现的种种问题；让我们和青春期的你们，一起去迎接这个多事之秋的到来……

青春是人生的一个挑战，一个飞跃，也是一首乘着阳光飞翔的自由自在的歌，希望这本书能成为青春期男孩子的好帮手，为青春期的你们开启一个崭新的世界！

最后，祝愿所有青春期的男孩女孩们都能健康、快乐地成长，让“青春期的那些事儿”成为你们美好人生的一个音符，荡漾在美丽人生的旋律中。

目 录

第一篇 男孩青春期应该知道的事情

第1章 男孩生理方面应该知道的事情 …… 002
青春期男孩生理发育特点 …… 002
性成熟、性早熟和青春期延迟的特点 …… 004
阴茎勃起是生理正常现象 …… 007
精子和睾丸的关系 …… 009
男孩在变声期应该注意的事项 …… 011
喉结发育不明显不是生理疾病 …… 014
第2章 男孩心理方面应该知道的事情 …… 016
男孩青春期心理的基本特征 …… 016
男孩青春期心理健康的标准 …… 018
男孩青春期常见心理障碍 …… 021
青春期化解心理压力的方法 …… 024
青春期克服嫉妒心理的方法 …… 028
青春期抑郁症的表现及调整方法 …… 030
青春期消除逆反心理的方法 …… 034

青春期对偶像崇拜心理的原因及对策 …………………… 036

青春期男孩戒除“网瘾”及自控方法 ……………… 038

青春期恋爱心理引导 ……………………………………… 040

第 3 章　男孩社交方面应该知道的事情 ………………… 044

青春期交友要分清友情与爱情 ………………………… 044

同学之间需要同情和理解 ……………………………… 046

与同伴交往有方法 ……………………………………… 049

学会欣赏别人，也要学会欣赏自己 ……………………… 052

学会合作才能生存 ……………………………………… 056

应对社交恐惧有方法 …………………………………… 059

第 4 章　男孩情感方面应该知道的事情 ………………… 064

不要盲目地向对方表达感情 …………………………… 064

从失恋的自卑和迷惘之中走出来 ……………………… 067

理智的对待初恋 ………………………………………… 069

单恋对身心健康不利 …………………………………… 072

畸形恋是一种不健康的恋爱 …………………………… 075

把握好爱情和友情的尺度 ……………………………… 077

代沟是可以跨越的 ……………………………………… 080

应对爸妈偷看日记有方法 ……………………………… 083

第 5 章　男孩学习方面应该知道的事情 ………………… 087

青春期如何科学用脑 …………………………………… 087

男生比女生聪明的说法不正确 ………………………… 089

走出开学恐惧症的阴影 ………………………………… 091

如何突破学习中的“瓶颈期” …… 093
提高记忆能力有方法…… 096
厌学是一个充满“危机”的时期 …… 099
考试作弊是虚荣心太强…… 102
如何应对“考试焦虑症” …… 105
第 6 章 男孩生活方面应该知道的事情…… 108
青春期应补充的营养…… 108
多吃“快餐”无益 …… 110
远离青春期厌食症…… 113
损害大脑的生活因素…… 116
青春期男孩护肤的方法…… 119
学会休息才能保证睡眠…… 121
吸烟、酗酒有害处…… 124
锻炼身体，增强体质…… 126
讲究卫生，从我做起…… 127
热爱劳动，热爱生活…… 130

第二篇 女孩青春期应该知道的事情

第 1 章 女孩生理方面应该知道的事情…… 136
青春期女孩生理发育的特点…… 136
女孩性成熟程的标志…… 137
青春期少女对月经是否正常的判断…… 140
初潮少女保健要点…… 143
青春期女孩对乳房发育的注意事项…… 145

青春少女也不能忽视妇科疾病…………………………150
正确认识“处女膜” …………………………………153
防治经期综合症的方法………………………………156

第2章　女孩心理方面应该知道的事情……………………159

青春期女孩的心理健康标准…………………………159
青春期女孩的心理特征………………………………162
青春期女孩的性心理特点……………………………165
青春期女孩常见的心理困惑…………………………167
青春期女孩克制性冲动有方法………………………171
虚荣心产生的原因及对策……………………………173
焦虑症产生的原因及自我疗法………………………176

第3章　女孩社交方面应该知道的事情……………………180

女孩与男孩交往的艺术………………………………180
女孩与同性交往的技巧………………………………183
女孩与人交往要学会宽容……………………………186
做一名让男生愿意接近的女生………………………189
与人交往要划清爱情和友情的界限…………………191
网络交友要谨慎………………………………………194
要学会和陌生人打交道………………………………196

第4章　女孩情感方面应该知道的事情……………………200

走出初恋感情的漩涡…………………………………200
女孩最易产生“单恋”情感 …………………………203
不要把爱情想得过于美好……………………………205

理智处理“师生恋”的关系…………………………………………209
不要把友情当做爱情…………………………………………………211
父母的唠叨是一首温暖的歌…………………………………………215
与男生正常交往我们没有错…………………………………………218
第 5 章　女孩学习方面应该知道的事情…………………………222
如何促进智力的发展…………………………………………………222
培养良好的学习动机…………………………………………………224
战胜考试怯场的良方妙法……………………………………………228
珍惜诚信，远离考试作弊……………………………………………231
从好学到乐学——激发学习兴趣……………………………………233
查摆学习压力过重的因素……………………………………………237
克服考试焦虑，提高学习成绩………………………………………241
把阅读当成一种乐趣…………………………………………………244
第 6 章　女孩生活方面应该知道的事情…………………………249
合理饮食，吃出健康…………………………………………………249
盲目节食会对身体造成危害…………………………………………253
酗酒是健康的一大杀手………………………………………………255
预防近视的保健方法…………………………………………………258
美容护肤有妙招………………………………………………………262
学会自我保护，防范性攻击…………………………………………266
女孩不要成为嗜烟爱好者……………………………………………268
打造一个健美的好身材………………………………………………271
珍爱生命，远离毒品…………………………………………………275

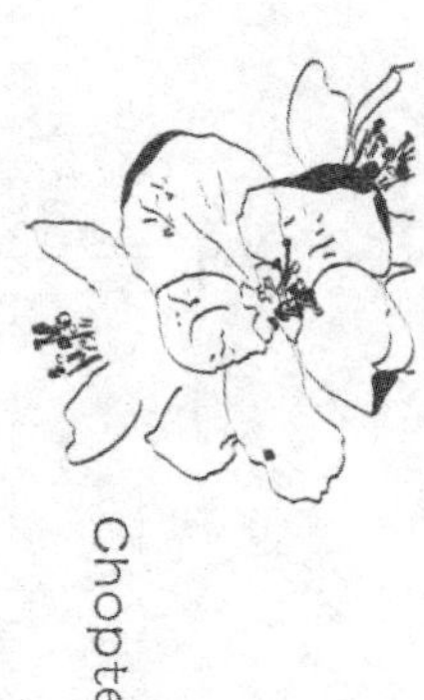

Chapter 1 「第一篇」

男孩青春期应该知道的事情

第1章　男孩生理方面应该知道的事情

青春期男孩生理发育特点

进入青春期，许多意想不到的变化突然向你袭来，往往会让你在惊喜和恐慌中感到招架不住。

首先是你的身高突增，这主要由于你的下肢骨的快速增长。这时你要确实保证营养均衡和适度的体育活动，这对你是绝对有好处的。青春期男孩身高每年可增长7~9厘米，最多可达10 ~12厘米，整个青春期平均增长28厘米。由于男孩青春期开始发育的年龄比女孩晚，骨骼停止生长的时间也相应比较晚，加之男孩突增幅度大，持续时间长，故到成年时男性的平均身高一般比女性高10cm左右。其次是体重的增加，这源于骨骼、骨骼肌、内脏重量的增加。一个人的肥胖与遗传有关，也与营养物质的积累与消耗有关。再次，体形的急速变化也是你的一个重要特征。胸围、臂围、腿围、肩宽、盆宽等形态发育指标，也都有各自的突增阶段，并存在着明显的性别差异：男孩肩宽的突增幅度大，女孩盆宽的突增较男孩明显；胸围的变化和肩宽类似；臂围与腿围的突增男孩较女孩幅度大，而且青春期后这些差别随着年龄增大，越来越显著——最终男性形成了肩部宽、骨盆窄、胸围大、肌肉发达的男性体态，女性则形成了骨盆较宽、肩部较窄、胸围较大、体脂丰满的女性体态。

相信青春期最为关心的是生殖器官的变化。男性生殖器官分内外两部分。内生殖器包括睾丸、输精管和附属腺；外生殖器包括阴囊和阴茎。这些器官在青春期前发育非常缓慢，进入青春期后，在促卵泡生成激素、促黄体生成激素及雄激素的作用下，开始迅速发育，其速度远远超过其他系统。阴囊，是个起皱的小口袋，由腹壁皮肤形成，颜色比周围皮肤深。阴囊分左右两半，正中联结起来，左右两半囊里各有睾丸和附睾一个。阴囊的皮肤有弹性，表面皱褶很多，气温高时松弛，皮脂腺和汗腺分泌旺盛，加速散热；气温低时收缩，减少散热，并向身体靠拢。阴囊的这种自动调节功能，主要是保护睾丸的生精功能。阴茎是男性的性行为器官，其前端是龟头，神经纤维丰富，是最敏感的部位。包在龟头外面的一层薄薄的皮肤，叫包皮。进入青春期后，你的睾丸开始迅速增大，你的阴茎也开始长粗长长。15 ~ 18 岁以后，阴茎和阴囊进一步增大，阴囊颜色变深，阴茎头更充分地发育，直至外生殖器的形状和大小跟成人一样。一般地，在某个夏季的夜晚你会出现遗精现象，这说明你的睾丸开始有精子生成，说明你开始具有了生育能力，你真的长大了。睾丸是男性生殖系统中最重要的器官，可以产生精子，还可以分泌雄性激素，促使你出现第二性征，即区别于女性的形态特征。

青春期的另一个标志就是你的腋窝和阴茎上方长出体毛。随着年龄的增长，阴毛会由细弱变为粗硬，范围会扩展到大腿内侧和小腹处。同时你会发现腿上和手背上也长出更多的毛。腋毛的出现一般会比阴毛出现晚一年左右。面部的毛通常要等到身体上的毛增多后才开始长起来。开始时只是些细小的绒毛，可能几个月后你就需要每天刮脸了。有些男孩子在青春期也长胸毛，不过可能要在几年以后，即使是这样，也不是每个男人都长胸毛的。

由于男性体内也会有极少量的雌性激素产生，所以青春期男孩的一侧或两侧乳房会出现硬结，并伴有轻微的触痛感，这种现象一般大约持续数月后会自行消失，你不要感到忧郁。雌激素在男孩子和女孩子体内都有。男孩子身上的男性性激素最终比雌激素高出许多，因此会终止乳房的进一步发育。这种情况很少会持续下去，不过可能会有两年时间是这样。此外，男性在青春期，喉结逐渐增大，声带加宽，声调变粗，发音低沉。

青春期也有一些不太受欢迎的特征。皮肤上的油腺会变得更活跃，通常导致粉刺和痤疮。小心保持面部清洁并使用专门的去油洗面奶和产品可能有所帮助，不过，你也可以征求医生的建议。汗腺也变得更活跃——不只是腋下，还有脚跟、手掌心甚至两腿间的汗腺。你产生更多的汗液，味很浓。汗水变干后身上的气味会很难闻。你需要每天洗澡或淋浴并更换干净的内衣。

另外需要关注的是大脑和神经系统在青春期的变化。神经系统主要是由神经元（神经细胞）组成的，可分为中枢神经和周围神经两部分。中枢神经由脑和脊髓组成，周围神经由脑神经、脊神经和植物性神经组成。青春期神经系统的变化，包括“量”与“质”两个方面。尽管神经系统在“量”方面的增长，在幼年时期已完成了大部分，而“质”方面的变化，即功能的完善，却主要是在青春期完成的。大脑是人体的总指挥，因此，从胎儿时期起便处于领先发育地位。婴儿刚满周岁，脑重比出生时增加 2. 8 倍；长到四五岁，增加 4 倍；到 8 岁时，脑重量达 1 400 克左右，接近成年人水平。不仅脑重量如此，脑的容积也从小就一路领先。10 岁儿童的脑容积已经达到成年人的 95%。到了青春期，虽然脑的重量和容积没有多大变化，但其结构和机能迅猛发展。至青春期，脑电波的波形和频率已经和成年人相同，并完成了由半原始的 0 波向 α 波的转化，表示大脑已完全成熟；大脑皮质的沟回组织已完善和分明；脑皮质神经纤维的发育（髓鞘化、增长与分支）已接近完成。随着脑的内部结构的分化和发展，其机能也由低级向高级飞跃，如皮质细胞活动增加，脑细胞之间的联系加强，兴奋和抑制过程有较好的平衡，联络神经纤维活跃，特别是第二信号系统迅速增强等。这就为思维的发展创造了良好的物质基础。

所以说，青春期是接受教育，进行德育、智育熏陶及学会复杂精细技巧的黄金时代。青春期少年的可塑性最强，给予适当的诱导和启发，培养多方面的兴趣，对神经系统的发育是有益的。为了保证神经系统的良好发育，青春期应当摄取足够的营养，养成合理的生活制度，保证充足的睡眠，从而使尚未趋向成熟的神经系统既有劳又有逸；特别是适当地参加一些有益的文体活动，不仅可以调节全身机能，也是消除脑力疲劳的好办法。

性成熟、性早熟和青春期延迟的特点

处在青春期的男孩子除了身高、体重这些易被父母观察到的变化外，男孩子应了解自我性成熟发育的情况。

性成熟过程主要发生在青春发育期，这时，机体在生长、发育、代谢、内分泌功能及心理状态诸方面均发生显著变化。男性性成熟的特殊标志为第一次遗精，往往为梦遗。正如女孩第一次月经可能没有排卵，男孩第一次遗精也可能没有精子。同时伴有心理上的重要变化，如对异性的向往、希望异性注意自己、开始有性兴奋等。

男孩青春发育期没有严格的界限，一般在 10 ~ 14 岁，持续 2 ~ 4 年。现对青春期启动机制尚不完全清楚。将要萌发青春期的男孩中枢神经系统逐渐成熟，减少对下丘脑的抑制作用，增加了下丘脑促性腺激素释放激素脉冲式分泌的频率和幅度。垂体相应分泌促性腺激素，从而进一步刺激睾丸间质细胞分泌睾酮。青春期发育与睾酮水平密切相关。

男孩青春期启动的第一个体征是睾丸和阴囊增大，一般出现在 10 岁左右。随后阴毛出现，阴毛生长是第二性征的前奏。接着阴茎增长、变粗，身体迅速长高，肌肉发达，胡须和腋毛长出，声音变得低沉，同时前列腺和精囊腺增大并开始分泌液体，精子逐渐生成。通常第一次遗精发生在 13 ~ 15 岁。

有人把男性生殖器和第二性征的发育分为五个阶段。第一期：10岁以前，睾丸容积仅有1~3毫升，第二性征不明显。第二期：10~11岁左右，睾丸和阴囊增大。第三期：12 ~ 13岁左右，阴茎增长，变粗；阴毛由少到多，变黑，变粗，卷曲。第四期：14 ~ 15岁左右，阴茎和阴囊进一步增大，阴囊颜色加深，阴茎头充分发育，阴毛呈男性菱型或盾型分布。第五期：16 ~ 17岁左右，外生殖器形状和大小近似成年型，接近性成熟。

由于个体差异，各个男孩达到特定阶段的年龄有明显的区别，而且各阶段持续时间也有很大差异。所以不能认为都一样，更不要到了一定年龄，为某一现象未出现而惊慌失措。不过值得注意的是，如果男孩子到了十二三岁睾丸还不增大，十五六岁第二性征还迟迟不出现，阴茎像幼儿一样，睾丸如蚕豆大，甚至像黄豆粒一样，无阴毛和腋毛，则要考虑睾丸或其他方面是否出了问题，应该及时到医院去检查和治疗。

据《上海青少年性早熟调查报告》显示，达到性早熟标准的上海孩子占青少年总人数的3%，而在5年前，这个数字是1%，当时上海约有3万名孩子存在性早熟。现如今，这个数字明显翻了2倍。一般认为性早熟是指女孩在8岁以前，男孩在10岁以前，性发育就已经开始，亦有3~6岁就发育成熟的。其表现为生殖系统的提前发育和第二性征的出现。如男孩长阴毛、腋毛、胡子，嗓音改变，阴茎和睾丸增大，有遗精；女孩长阴毛、腋毛，乳房隆起，生殖器官发育或月经来潮。其发生次序常常与正常青春期的发生次序相类似，但也有许多例外的情况，如月经初潮有时可先于乳房发育。性早熟同时伴随身体的发育和生长加速，使身长增高和肌肉发育加快、骨骼提前闭合以及较早地停止生长。所以，性早熟的儿童的身体显著高于同龄儿童，而一旦那些同龄伙伴达到青春期时，早熟的儿童由于较早停止生长，反而显得略为矮小。性早熟的儿童由于身体和其他意识的生长加速，当他们与身体发育相仿的大孩子在一起时，由于性早熟儿童的身体外形与认识能力或掌握社会的技能之间的不一致性，有时会产生种种问题，因此，应该对所有性早熟的儿童实施性教育，使他们了解自己的情况，还应认识到性早熟通常并不会促使过早发生性行为。

性早熟可分为真性、假性及部分性三类。真性是指儿童提前具有生殖能力，男性可排精，女性可排卵；假性是指生殖器官提早发育、第二性征提早出现，无生殖能力。部分性性早熟也称为不完全性性早熟，比如只是乳房隆起，无其他的症状。大部分的性早熟患儿属于真性性早熟，又称特发性性早熟。真性性早熟的发生，女性比男孩要多，其比率为 8∶1，80% 的女孩和 40% 的男孩病因不明，其余病例的病因包括因丘脑的性中枢病变、内分泌因素或睾丸、卵巢肿瘤，以及饮食不良或家庭环境不良。成长环境不良，比如现在生活条件好了，且孩子都是独苗，于是家长放任孩子不加选择地吃好吃多，盲目给孩子进补，导致性早熟。家庭环境不良，如美国和新西兰心理专家的一项联合研究就发现，父女关系的好坏会直接影响到女孩青春期发育。他们调查了美国 173 位女孩及她们的家庭，发现虽然母亲与女儿的关系会对孩子青春期发育产生影响，但结果却远不及父亲对女儿的影响大。那些没有父亲的女孩或受到父亲辱骂的女孩青春期发育较早；而父女关系较好的女孩青春期发育较迟。再如学业压力过大、孩子由于孤单大量时间坐在电视机前看与年龄不相适合的爱情片或激情片，也会增加性早熟的发生比率。如发现性早熟的儿童，需送医院检查治疗。

与性早熟相反，也存在青春期延迟的情况。青春期延迟或称性晚熟，是指身高较正常同年龄的孩子矮小，第二性征及性器官成熟程度缓慢。青春期延迟的特定年龄标准目前尚未取得一致意见，但从性和身体发育的观点看来，青少年如果比同龄儿童发育要慢得多的话，则可以认为是青春期延迟。如男性在 14 岁时睾丸还不发育，或在 16 岁时还不出现骨骼生长突增，女性到了 14 岁乳房还不发育，或到 15 岁还未出现骨骼突增，则可认为青春期延迟。

青春期延迟的男孩，由于不发达的肌肉和矮小的身材，常造成社会心理问题，而女孩这种影响则不明显。要注意，女性身体和性发育正常但没有月经来潮者，则不能认为是青春期延迟。

青春期延迟的原因很复杂，有先天遗传方面的，也有后天的营养和疾病因素等。先天因素有：先天体质因素：他们的父母或亲属往往也有生长及性发育延迟的情况。一般身高发育和青春期开始，比同龄儿童晚了3～4年。垂体促性腺激素异常因素：表现为身体矮胖，性器官发育不良。先天性甲状腺素缺乏：俗称呆小症，除身体矮外，尚有智力低下。先天促性腺激素缺乏：主要是性器官发育不良。先天性腺发育障碍：除身体矮小外，常伴有其他先天畸形。后天因素是多方面的，它与疾病有直接关系，如血吸虫病、营养代谢障碍、脑炎、脑外伤、脑垂体的肿瘤等，均可导致青春期延迟。如发现青春期延迟，要及时就医。

但有一点应该提醒青少年朋友：生殖器官和第二性征的发育同人的高矮胖瘦一样，本身就存在很大的个体差异，而很多少男少女又对此特别敏感，往往产生不必要的顾虑。在青春期开始萌动时，男孩女孩都害怕自己的身体发育冒尖；随着大多数同龄人的发育成熟，他们就不会再紧张，但这时，不少人又开始害怕自己掉队，跟不上同龄者的发育水平。总之，青春期孩子特别容易发生“早熟”或“晚熟”的顾虑。事实上，青春期发育的早晚在个体之间可以相差好几年。如果没有科学的检测依据，是不好下早熟或晚熟的结论的。那些流行的“适当年龄”和“正常年龄”之说，多半不科学，不应盲目听信。

阴茎勃起是生理正常现象

小伟是初中二年级的学生，平时活泼开朗，假期里看电视是他最大的兴趣。本来平时一看到电视里的亲热镜头就会被家长“勒令”回避，可最近不知怎么了，一看到有类似镜头的电视，他便主动躲到他的小屋里去，而且心情也越来越忧郁。家长不放心，就软硬兼施地问他原因，最后他终于说出了原因。原来他现在一看到电视里的亲热镜头阴茎就会勃起，在公共汽车上一碰到年轻女孩的身体，也会出现勃起。他为此很烦恼，以为自己得了什么病。

其实，阴茎勃起是男人的一种本能活动，是青春期性发育成熟的一种标志，对此应该泰然处之，不必多虑。如果思虑过多，反而易使勃起频繁，本来是微弱的刺激可能也会激发勃起。男孩进入青春期后，随着体内雄激素水平的提高，“性”意识开始觉醒，有关“性”内容的听觉、视觉、嗅觉、触觉以及思维、想象等刺激作用于阴茎，会使其勃起，这叫精神性勃起。另外是因局部直接刺激，如对外生殖器的直接触摸，走路时被内裤摩擦以及直肠膀胱受到刺激所引起的勃起，称反射性勃起。实际上，从 1－2 岁的小男孩到年迈的老头，都可出现程度不同的阴茎勃起现象。青春期的男孩每晚可勃起 6 次左右，每次持续 20 － 30 分钟；青壮年每晚平均 1 － 1.5 小时勃起 1 次，中年以后次数逐渐减少；65 岁左右的健康老人，每晚仍可有数次勃起。

正常男子的阴茎，除了在性刺激和某种外界刺激下会勃起外，通常处于松弛状态。但是有时内脏器官的反射作用也会导致阴茎勃起。最明显的是早晨清醒前时常会出现阴茎勃起，致使膀胱内压力增加而产生刺激作用，可以导致阴茎发生一种潜意识的反射性勃起，也就是常常说的让尿给“憋”硬了，这是一种正常的生理现象，医学上称之为清晨勃起。但这种勃起现象的强度或大或小，从来达不到性交所特有的水平。

清晨阴茎勃起与男子性功能的好坏无必然联系。虽然医生在鉴别诊断性功能变化时，需要依此作为参考，那完全是限定病态情况时，而对于一个正常男子则不应盲目地以此来识别好坏。一旦早晨勃起现象暂停或松弛时，有些人就怀疑自己患了阳痿症，于是忧心忡忡，越是担心自己有阳痿，清晨勃起现象就越少，甚至软弱无力。这是一种可怕的恶性循环，因为心理上的不安，会导致生理上的不健全；而生理方面的毛病又进一步诱发心理上的不安，如此往复，越来越坏。此时要赶快求医诊治。

人在睡眠的过程中，会有间歇性的眼球快速运动期，而阴茎勃起也常发生在这时间。一般统计，每天晚上会有 3－5 五次的勃起，每次勃起的时间，平均 15 分钟，但也有长达一小时之久的。只要神经、血管及阴茎海锦体结构与功能正常，就会有这种现象，而这也是性功能的重要指标。在这段期间，阴茎的勃起比较不受心理因素的干扰，也较能实实在在地表现出原本的功能。这种生理现象对性功能的研究及治疗，提供了极重要的指标。

那么究竟为什么阴茎能硬能软且不受思想控制呢？

阴茎是由三根长形的海绵体组成，其中两根位于阴茎的背侧，组成阴茎干的大部分，称为阴茎海绵体；另一根位于这两根的下方，即阴茎的腹侧，主要是尿道穿过的地方，自然称为尿道海绵体。海绵体是一种松软的类似于海绵状的组织。阴茎海绵体内有许多血管丛，它们都有朝一个方向开放的活塞瓣膜装置，起阀门样的作用。当出现性兴奋时，这些瓣膜就自动关闭，血管丛在神经兴奋的作用下同时扩张，血液便大量流入阴茎。由于瓣膜已关闭，血液只能进，不能出，海绵体就膨胀、肿大，阴茎就勃起变硬。射精后，阴茎内动脉收缩，血液流入减少，瓣膜开放，静脉回流增加，海绵体变小，阴茎又恢复了原状，这就是阴茎能硬能软的原因。

当阴茎勃起时，越是注意它，想让它立即疲软，却是更进一步把注意力引向性兴奋时间。所以，正处于“骚动期”的男孩，要避免过度的性刺激，把注意力引导到理想和前途上，把精力集中到学习与工作上。即使在公共场合阴茎勃起，也要能不慌不忙，泰然处之地去试着想别的事情，一旦不再注意它，随着大脑皮层其他中枢的兴奋，性兴奋中枢就会出现抑制，勃起也会随之消失。

青春期正是每个人长身体、长知识、长才能的黄金时期，有理想的青少年应该把时间和精力更多地投入到学习、工作和体育锻炼中去，不要沉湎于有关性的读物或视听材料中。这样，阴茎勃起就会相对减少，这对学业和身体健康也都会大有好处。

精子和睾丸的关系

精子的发育成熟过程就是睾丸生殖细胞的发育成熟过程。精子的产生是男性发育成熟的标志，持续于整个成年期。人体内的睾丸必须不断地产生幼稚的生殖细胞，即精原干细胞本身的再生，以使精子的产生具有贮备能力，这是精子产生所必需的。

精子是男性成熟的生殖细胞，在精巢中形成。

精巢中生有精原细胞，每个精原细胞都含有与体细胞内数目相同的染色体。一部分精原细胞略微增大，染色体进行复制，精原细胞成为初级精母细胞。初级精母细胞经过两次连续的细胞分裂，才成为成熟的精子。

精子的产生是一个连续的过程。当一批精原细胞进行发育时，另一批精原细胞也跟着发育。虽然从精原细胞发育成精子需要两个多月的时间，经历好几个阶段，但每天仍有 5 000 万以上的新的精原细胞产生出来。这样随生随长依次发育，使每个男人从青春期开始，直到老年，每天要产生大约几千万至上亿个成熟的精子。

精子从睾丸产生出来以后，就进入附睾继续发育成熟。附睾的另一头紧接输精管，它和精囊腺的排泄管合起来成为射精管，通过前列腺开口于尿道。就这样，睾丸、附睾、输精管、尿道口，成为精子排出体外的途径。

睾丸发育到一定阶段，精囊腺、前列腺和尿道球腺等三种附腺体加速成熟。它们分泌的液体是乳白色的，很稠，而且有一股特殊的气味。最后和精子汇集在一起，成为精液。

睾丸是男性的主要生殖器官，位于阴囊里，呈卵圆形，约栗子大小，左右各一个。成人睾丸两个重约 20 – 30 克。睾丸是产生精子和分泌雄激素的器官。睾丸由大量卷曲的曲细精管构成。每个睾丸被结缔组织分隔成 200 – 300 个锥形的睾丸小叶，每一小叶内有 1 – 4 条曲细精管。曲细精管在睾丸纵隔处，每2－3根合并成一根直细精管，后者再反复分支，相互吻合即形成睾丸网。曲细精管是由5－8层上皮细胞组成的复层上皮管道，其上皮细胞可分为支持细胞与生精细胞两类。管道外表为一层薄的基膜，基膜外有几层扁平细胞，功能类似平滑肌细胞，又叫类肌样细胞。收缩时，曲细精管压力增高，精子排到睾丸内。在曲细精管之间的结缔组织为睾丸间质，有间质细胞，可合成分泌雄激素。

睾丸的主要功能是产生精子和分泌雄性激素。精子是男性生殖细胞，形状像蝌蚪。精子有两种，含有X性染色体叫x精子；含有Y性染色体叫Y精子。X精子和卵子结合生女孩；Y精子和卵子结合生男孩。雄激素能促进男性生殖器官的正常发育、维持副性征和激发性功能。

睾丸对人体起着至关重要的作用，如生儿育女、男性的特征（包括长胡须、喉结凸出、发音低沉、身体魁梧）以及全身的生长发育、物质代谢等，睾丸都扮演着举足轻重的角色。正因为如此，不少人对睾丸极其关注。但也有些人受旧意识的影响，明知自己的睾丸出了问题，却讳疾忌医，直到病情严重了才去医院诊治，这时往往延误了治疗时机。也有一些人的睾丸很正常，自己却疑神疑鬼，误以为异常，造成不必要的精神负担。其实，睾丸是否正常，除了去医院检查外，平时也可做自我检查。要知道自己睾丸是否正常，首先得了解在不同年龄时期睾丸的正常大小。人出生到12岁以前，睾丸处于相对静止发育期，一般为1－4毫升。12岁以后，进入“青春骚动期”，睾丸体积迅速增大。到18岁左右，有60%－70%的男子已达16.5毫升以上。成年后的睾丸体积为16－25毫升，平均值为19.8毫升，比白种人和黑人略小。60岁以后，男性进入性衰老阶段，睾丸体积逐渐缩小，70岁以后，睾丸体积多数已萎缩到16毫升以下。根据以上正常值，只要测量出自己睾丸体积的大小，以此加以对照，就能初步知道自己睾丸的大小是否正常。当然在测量时还应抚摸睾丸表面是否光滑、硬度是否适中、是否有触痛等。

男孩在变声期应该注意的事项

青春期是人一生中最主要的生长发育时期，这个时期少年的生理、心理会发生急剧的变化，各种器官、机能逐渐发育成熟，嗓音也由稚嫩的童声逐渐转变为粗而低沉的男性成人声音。在这个时期，男孩的喉部会出现声音嘶哑、音域狭窄、发音走调、咽喉部有异物的感觉，这种现象叫做“变声”，这个时期通常称为男孩的“变声期”，持续时间大约为3-6个月，有时会半年到一年甚至更长时间。有人形容这个时期男孩的发音，就像小公鸡的啼鸣。变声时声带不仅急剧增长，也显著增宽，男性声带约增宽0.6毫米。如果请五官科医生用喉镜检查一下，还可以发现声带充血、肿胀、分泌物增多等症状。

变声期是每个青少年都会经历的，是身心向成熟期过渡的阶段。男性一般从十五六岁开始，女性一般从十四岁左右开始。根据全国统计的数据来看，平均年龄最早约为11岁，最迟约为18岁。变声期受地区和气候等因素的影响，因而也有一定的差异。如经济发达地区比经济落后的地区早，热带地区比寒带地区早，营养条件好的地区比营养条件差的地区早，城市比农村早。变声期可分为变声前期（6-13岁左右）、变声期（13-16岁左右）和变声后期（16-20岁）三个阶段。相比较而言，男少年的变声期变化明显，女少年的变化却没那么明显。

为什么男少年会变声呢？我们知道，人的主要发声器官是咽喉部，喉的结构十分精巧，由软骨构成喉的轮廓，里边有声带，发音时气流冲击声带，舌、齿同时配合，再加上鼻腔、喉腔、口腔等腔隙的共鸣作用就会发出声音。其中喉腔的大小，声带的长短厚薄，对发声起着决定性作用。而变声作为青春期的特征变化之一，是因为咽喉在体内睾酮等雄性激素的刺激下，逐步发育成熟而形成的。男性在青春期体内产生大量的雄性激素，使喉部甲状软骨迅速增大，左右两块方形软骨“顶”在一起，夹角变小，接缝向前突出，形成男子特有的喉结，使喉腔体积加大；同时鼻、口、咽等共鸣空腔体积也加大；声带加厚、加宽，长度由 7 - 9 厘米变为 17 - 23 厘米。这些变化使得嗓音变得低沉、浑厚，发声容易走调、音质不稳定、持久力差、讲话较吃力。从音频上讲，一般要比原来低一个八度，由原来的童声逐渐变为粗而低沉的声音。

由于变声期的声带常处于充血或生理上的炎症状态，声带易失去控制能力。声门发声时不能完全闭锁造成发声不准等。为此，处于这个阶段的学生常常有心理负担以至不愿开口，说话时也觉得别扭害羞，怕同学们笑话等，甚至出现紧张、恐惧、情绪不稳等现象。诸如此类不利的心理因素所造成的不良影响，如果没有及时地予以疏导和纠正，极易使学生在变声期产生声带的病变，并严重影响学生的身心健康和成长，有时甚至会导致终身的遗憾。因此，生理学家指出，在变声期内，男孩子要特别注意保护好嗓子，否则，就会使嗓音嘶哑，甚至成为“沙喉咙”，不仅不能发出美妙的声音，就是连平时的说话也非常难听。而嗓音的保护与人的身心健康、生活规律、饮食习惯和体力锻炼等有着密切的关系。因此，处于变声期内的男孩应注意以下几个方面的问题：

（1）控制音量。尽管男孩子大多爱唱歌，但在变声期内应有所节制。生活中我们常常看到，有的男孩子嫌自己的嗓音过于低沉嘶哑，于是便喜欢提高嗓门使劲喊叫。结果往往造成声带病变，声带黏膜下部出血，引起声带肥厚等症状。因此，在变声期每次唱歌时间不宜过长，尤其不宜唱高音和强音，在游戏或运动时不要高声叫喊，不要在刮大风的天气和灰尘大的环境里大声讲话。在唱歌、讲话后，不要马上喝冷水或吃冷饮，应以喝温开水为宜。

（2）注意保暖。天冷的季节里外出时，要注意用围巾或高领毛衫保护好颈部，以免着凉引起感冒、急性扁桃体炎、喉炎等，影响声带的发育，特别要注意预防感冒等上呼吸道疾病的发生。

（3）切勿过劳。男性青少年精力旺盛，容易过度活动和过分劳累，这样会使身体抵抗力降低，从而引起喉炎、扁桃体炎等发声器官或全身性疾病。这样，不仅说话、唱歌必然有气无力，喉肌容易疲劳，而且也会影响到声带的发育。因此，处于变声期的青少年应当尽量避免过度活动和劳累。

（4）及时治病。如果感到嗓子发痒或出现声音嘶哑时，要多饮白开水、淡茶水或用些中药如胖大海、麦冬等泡茶饮用，或者口含碘喉症片、度米芬含片等。一旦患了上呼吸道感染和急性咽喉炎，要尽快求医，及时治疗，酌情应用抗生素等，以避免病情发展，形成慢性病变和影响发音。如果声音嘶哑较重时，应尽量少说话或者噤声，使声带充分休息。还可使用以下中药方：元参 9 克、麦冬 9 克、生地 9 克、甘草 9 克、桔梗 3 克、蝉衣 5 克、胖大海 5 克、凤凰衣 5 克、木蝴蝶 5 克。每日一剂，水煎服。一般一周左右即可见效。

（5）平时应坚持体育锻炼，提高身体抵抗力。另外，在努力学习的同时，应注意适当安排休息时间，保证有充足、定时的睡眠时间等。

除了要注意合理地使用嗓子外，做好饮食方面的调节也是非常重要的。

（1）人的咽喉组织是由胶原蛋白和弹性蛋白质构成，因此，在食物中应增加蛋白质的摄入，丰富含胶原蛋白质的食物。例如，猪蹄、猪皮、蹄筋、鱼类、豆类等。

（2）要摄入丰富 B 族维生素和钙质。B 族维生素能促进喉部软组织发育，富含 B 族维生素的食物主要有：谷类、绿叶蔬菜、胡萝卜、西红柿、土豆、青豆、动物肝脏等。富含钙质的食物能促进软骨发育，富含钙质的食物主要有虾皮、牛奶、豆制品等。

（3）尽量少吃花生仁、爆米花、锅巴、坚果及油炸食物，因为这些食品既硬又容易对喉咽造成机械性损伤。

（4）要多喝水，以清除喉部分泌物。这样，既避免发生感染，又保持了喉部湿润，但不要喝太热和太凉的水，冷饮也要少吃，因为太热、太凉都会加重嗓子的负担。

（5）少吃酸辣味等刺激性食物，减少大蒜、辣椒、生姜、胡椒、韭菜、洋葱等对气管、喉头与咽喉的刺激。

（6）进食时宜细嚼慢咽，切忌快速进食，尤其是要防止食物中的细长的骨、鱼刺等损伤喉部组织。

我国著名京剧表演艺术家梅兰芳先生曾把如何护理和保健个人嗓音概括成一套完善的方法，“精神畅快、心气平和、饮食有节、寒暖当心、起居以时、劳逸均匀、练嗓保嗓、学贵有恒、由低升高、量力而行、五音饱满、长处剧情。”由此可见，良好的生活习惯对嗓音保健起着多么重要的作用。如果以上这些你都可以认真做好，那么，相信你一定会平安、快乐地度过你的“变声期”。

喉结发育不明显不是生理疾病

18岁的大明长得高大英俊，引来很多女孩爱慕。在其他男孩看来，他一定幸福得不得了。可他却很自卑，心里有解不开的结。为什么呢？他其他一切正常，唯独喉结不明显。他知道男性发育后喉结会突出，因为这是男性第二性征的表现。多年来，他反复对着镜子照，越照越觉得自己的喉结不明显。有一次同学们开玩笑，有人还以此嘲笑他，从那次后，他变得郁郁寡欢，自感男子汉的特征不明显，生怕暴露颈部，甚至连夏天都穿着高领衣服。他的这个心病总是去不了，以致影响到了正常的学习和同学交往。

男性在发育过程中为什么会出现喉结？它的作用又是什么？我们知道，喉的发育状况是与年龄、性别有关的。在青春期前，男女性的喉的发育状况差别不大，但至青春期，女性的喉仍无明显增大，而男性的喉则在雄激素的作用下迅速增大，位于颈部的甲状软骨向前方突出，使喉的前后径增加将近1倍，发声随之变为低沉的男性音。这就是喉结发育的生理过程。了解了这一过程，我们就能理解为什么青春期前男女声发音没有明显的区别，而青春期后男性的喉前后径变大发出低沉的男性音、女性喉部前后径小发出尖细的女性音的原因。就像一些乐器，管径小的声音就尖细些，管径粗的声音就浑厚些，其道理是相通的。

那又为什么一些男性虽然有着男性音而喉结却不明显呢？有些学者为此做过临床调研，发现一部分喉结不明显的男性，其中有些是非常健壮的田径、体操运动员等，他们肌肉发达，男性性征也很正常。这些喉结不明显的男性中，绝大多数已结婚、正常生育，且无其他异常表现，内分泌检查也未见异常。

专家们通过对这些人的个人生活史的调查发现：这些男性中有些是从青春期前就一直从事大运动量的体育训练，有些则在刚开始发育时就有过频的手淫史，有这种情况的人占被调查者的很大比例。有学者认为，这可能导致了在青春发育期雄激素的大量消耗而使甲状软骨未能充分向前突出，以致从外观看喉结并不那么明显。尽管前突不充分，但喉的前后径较青春期前的还是增大了，故声音同样是男性音。不过还有一些人是由于颈部较粗、肥胖或甲状软骨不是典型向前突而是向四周等量扩张，所以看起来喉结也不那么明显。

所幸的是在调查研究之后证实了一点：喉结的明显与否，与睾丸及阴茎的发育没有必然的联系，一些男性虽然喉结不明显，但其睾丸及阴茎的发育相当好。所以，现在一些医学书刊上不再把喉结突出与否作为判断男性第二性征发育是否正常的标准，有些解剖书上甚至已经不再提到喉结这个解剖术语了。当然，只有那些喉结不明显或不发育，同时伴有内外生殖器发育不良及嗓音尖细的患者才有必要治疗。

因此，我们可以说，男性只要内外生殖器发育良好、毛发分布及生长正常、声音为低沉的男性音，就是一个标准的男子汉。

第 2 章　男孩心理方面应该知道的事情

男孩青春期心理的基本特征

处于青春期的男孩子，生理和心理上都有着多方面明显的特征和变化。了解这些特征和变化，有助于你掌控好自己的青春之舟，驶向成熟、美丽的彼岸。

青春期男孩子的基本心理特征包括：

情感更深刻，认识能力进一步发展。青春期少年情感上更深刻，但多变而不稳定；认识能力进一步发展，但认识问题有片面性。对人对事时而感到很美好，时而感到很糟糕；兴趣爱好比较广泛，但容易见异思迁；当考试取得好成绩时往往沾沾自喜，遇到挫折又容易悲观、沮丧失去信心；情绪易激动、感情易冲动。这些除了青春期性激素分泌的因素外，主要是由于中学生进入青春期后，对理想的追求、人生的探索、知识的渴求、友情的寻觅、热情的释放、才干的显露等日趋迫切，因而感情也日益丰富。但由于受年龄、阅历、经历、财力等方面限制，情感处于易变不稳定状态。因此对人对事物都要全面客观地分析，失败时不要泄气，成功时不要骄傲；对人要多看长处，要学会宽以待人，严于律己。遇事要有毅力，有恒心，逐步增强理智地控制自己情绪和情感的能力，使心理、品质健康发展。

自觉性和自制性得到了加强。在与他人的交往中，他们主观上希望自己能随时自觉地遵守规则，力尽义务，但客观上又往往难以较好地控制自己的情感，有时会鲁莽行事，使自己陷入既想自制，但又易冲动的矛盾之中。

自立感、自尊心增强，自认长大成人，不再是小孩，不用再依赖父母，据此青春期也有“心理断乳期”的说法。但其内心充满着独立性和依赖性的矛盾，这种矛盾是青春期少年在心理上最突出的特点。他们独立意识增强，渐渐地在生活上不愿受父母过多的照顾或干预，对父母的唠叨产生了厌烦情绪，判断事物是非曲直时不愿意听从父母的意见，并有强烈地表达自己意见的愿望；对一些传统的、权威的结论持异端，往往会提出过激的批评之词。但由于其社会经验、生活经验的不足，经常碰壁，又不得不从父母那寻找方法、途径或帮助，再加上经济上不能独立，父母的权威作用又强迫他去依赖父母。

自我认识和自我评价能力得到初步发展。青春期的孩子在观察和评价身边的人和事的同时，也开始认识和评价自己，比如经常站在镜子前打量自己长得怎样，或者把自己与电影、小说中的主人公对比遐想，等等。自我评价一般有三种情况：过高、过低或适当。对自己评价过高会产生过分自信，受挫折容易产生消极情绪；评价过低导致缺乏信心，可以达到的目标也不去努力争取；适当的评价可使自己处于既不自满也不自卑的状态，有抱负有上进心，而且能够经常看到自己的缺点并及时克服。一些品学兼优的学生都善丁经常适当评价自己并且采取相应的调节措施。

表现出成人感与幼稚性的心理矛盾。青春期少年心理特点的突出表现是认为自己已经长成大人，在一些行为活动、思维认识、社会交往等方面表现出“成人”样式，渴望别人把他看作大人，尊重他、理解他。但由于年龄不足、社会经验及知识的局限性，又带有明显的小孩子气，在思想和行为上往往盲目性较大，易做傻事。

存在开放与封闭之心理矛盾。青少年需求与同龄人，特别是与异性、与父母平等交往，他们渴望他人和自己一样彼此间敞开心灵来相待。但由于每个人的性格、想法不一，使他们的这种渴求找不到释放的对象，只好在日记里诉说，不愿被他人所知道，于是就形成既想让他人了解又害怕被他人了解的矛盾心理。

青少年由于性的发育和成熟，性意识萌发，出现了与异性交往的渴求。青春期性意识常表现为以下四个方面：

对异性的暂时疏远。青春期开始，由于男女生理上的差别日益明显，男女学生会产生一些不安和害羞的心理，从而接触中出现了短暂的疏远。

渴望了解性知识。男女学生随着自身的发育，对第二性征的出现产生了好奇、不安，甚至恐惧心理，由于性知识的缺乏还会产生神秘感。他们要求了解身体变化的奥秘，这是很自然而正常的。由于渴望了解性，各种生理卫生和医药书成了同学们寻找答案的对象；对文学艺术作品中爱情的描写及其表现手法极为敏感。有的青少年还从黄色淫秽书籍中了解性知识，因而在思想上受到腐蚀，这是要引以为戒的。

对异性产生好感。在性意识发展过程中，男女同学会产生一种彼此要求接近的需要，产生互相吸引的心理，表现为希望引起异性的注意和好感，男女同学喜欢接近等。

模仿性的“初恋”。由于性意识的萌发和社会环境的影响，男女同学开始初步树立自己的愿望和理想，在此基础上建立起男女间两种不同的感情：一种是在共同追求理想、追求事业的基础上建立的纯真友谊；另一种则是对爱情的追求与模仿，即所谓交异性朋友。这种交朋友还只是一种模仿行为，具有对象不固定性，没有深厚感情基础，不懂得感情的专一性和排他性，盲目地模仿一些从影视和读物中看来的动作，也不懂这种模仿带来的严重后果等特点，因此，还谈不上“初恋”。

同时，由于学校、家长和社会舆论的约束、限制，使青少年在情感和性的认识上存在着既非常渴求又不好意思表现的压抑的矛盾状态。青少年们各方面还不成熟，恋爱的异性感情不能任由发展，要善于控制自己，更要防止社会上种种不良影响的诱惑。

群体效应：随潮流而出现的“羊群心理”，如追星、模仿“性爱”、“交不上女友”或“仍为处女”而自惭形秽，等等。

男孩青春期心理健康的标准

世界卫生组织（WHO）在其宪章中是这样为健康定义的：“健康是一种身体上、心理上和社会适应上的完好状态，而不仅是没有疾病和虚弱的现象。”

心理健康不仅是没有心理疾病，而是指一种持续的积极发展的心理状况，在这种状况下主体能作出良好的适应，能充分发挥身心潜能。可见，心理健康包括了两层含义：首先是没有心理疾病，这是心理健康最起码的要求，就像没有身体疾病是身体健康的最基本条件一样；其次是保持一种积极发展的心理姿态，这是心理健康的本质含义，意味着要消除一切不健康的心理倾向，使一个人处于最佳心理状态。

青春期是生理、心理、社会行为等方面从未成熟到成熟，从未定型到定型的急剧变化时期，是人生质的转变期，是脱离了儿童时代认识方式、创造新的自我观念、从心理上重建人生的时期。所以说，青春期少年的心理健康是十分重要的。生理健康的标准是很明确的例如，一个学生的身高、体重与年龄相符，视力、听力良好，心肺正常……我们可以说他身体是健康的。但是，看一个青少年的心理是否键康，以什么为标准呢？主要包括下面七项。

一、心理状态与年龄相符

人的行为是随着身心的发育而变化的。不同年龄段的人，在想法、兴趣、行为上都有不同。儿童有儿童的兴趣，老人有老人的爱好。青少年喜欢争逐的事物，在老年人看来也许会觉得毫无意思。处于青春发育期的人，应该精力充沛、活跃好动，有“初生之犊不畏虎”之生气。而那些被人们誉为“少年老成”的学生，从心理卫生的角度来看，实际上是不大健康的。

二、与同龄者相似

同龄者人与人之间都彼此相似，虽然并非绝对相同，但差异是有一定限度的。生理上是这样，心理上亦如此。譬如说，当听到“月亮”这个词时，有的少年会联想到“太阳”，有的联想到“星星”，有的联想到“黑夜”，这都是正常的反应。如果有个少年从“月亮”而联想到“死亡”，就显然与众不同，使旁人难以理解。这种情况出现多了，就应注意他的心理状态是否正常。推而广之，如果一个青春期男孩的想法、言语、举止、嗜好、服饰等，与同龄者相差太大，则他的心理可能不够健康。

三、乐观进取

情绪愉快表示心理健康，正像脉搏正常表示身体健康一样。乐观的人，对任何事物都积极进取，无论遇到什么困难都不畏惧；即使遇到不幸的事情，也能很快地重新适应，而不会长期沉陷于忧愁苦闷之中。相反，多愁善感、情绪经常忧郁的人，心理上是不健康的。而且，情绪越低，心理不健康的程度也越重。

四、善于与人相处，人际关系和谐

每个人都生活在社会中，都是社会的一个成员；一个人不可能脱离社会而单独存在。人到了青春发育期，社交范围扩大，因而，善于与人相处也是心理健康的一个重要部分。要想学会与人友好相处，就要经常与人交往。在交往中，互相取长补短，培养互助合作精神，丰富群体生活经验，锻炼适应他人的能力。青春期男女孩之间的正常交往是应该鼓励的。

人际关系和谐有如下的具体表现：

在人际交往中，心理相容，互相接纳、尊重，而非心理相克，互相排斥和贬低。

对他人情感真挚、善良，而非冷漠无情、伤害别人。

懂得奉献，以集体利益为重，而非损人利己。

五、适度的反应

每个人对同一事物的反应速度与程度都不尽相同。有的人反应敏捷，有的人反应缓慢。但是，这些差别不能太大。反应敏捷，并不是反应过度；反应缓慢，也不是反应迟钝，更不是没有反应。如果有人的反应偏于极端，他的心理就不健康。例如，一个女同学突然听到雷声，吓了一跳，这是正常的反应；但若她大惊失色，哭喊起来，就属于反应过度，说明她的情绪不稳定。学生因考试失败而一时不悦，是正常的现象；但若他为此而几天不吃饭，甚至有轻生的意念，就可能是心理不健康的。当然了，对考试失败无动于衷的学生，心理也未必健康。

六、直面现实，脚踏实地

心理健康的人，都能面对现实，都能认识环境、把握环境、创造环境。遇到困难，他们总是勇于承认现实，找出问题所在，设法解决。相反，心理不健康的人，由于不能适应环境，往往采取逃避现实的方法。他们在遇到困难时，或者装作不见，像鸵鸟把头埋在沙里躲避敌人那样；或者做白日梦，从想象的世界中寻求满足。当然，这些“方法”都是不切实际的，只能达到自我欺骗的效果，久而久之，还会发展成病态。

七、思维合乎逻辑

一个心理健康的人，无论做什么事都按部就班、有条不紊、专心致志，有克服困难的决心和毅力，而不是三心二意、有头无尾；思维合乎逻辑，说话条理分明，而不是东拉西扯，随说随忘。

据上述青春期心理健康标准，青少年朋友们可以体味下自己的心理是否在健康之列。若有不健康的地方，就应该积极纠正。青少年培养健康的心理应注意以下几点：

（1）培养正确的自我观念。正确的自我观念是心理健康的重要条件，一个人只有正确地认识自己，他的行为举止才能得体，学习和工作才能适应，才能努力地发展自己，主动地进行自我教育。如果自我观念不正确，他可能自以为了不起，去做力不能及的工作，他也可能自觉羞惭，不肯以本来的面目表现自己，以致形成沉重的心理负担，不能心地坦然。

（2）树立适度的理想目标。要了解社会对个人的要求，哪些是环境所允许的，哪些是不允许的，其变化趋势如何等。要善于将个人的优、缺点与环境的利弊因素综合起来分析，扬长避短，挖掘环境的有利因素，发挥个人的优势，一方面与命运搏斗，改造客观，一方面调整主观，确定合适的抱负水平，以免作出招致挫折的事。

（3）培养和谐的人际关系。与人相处时，不要吝啬你的赞美之辞，不要斤斤计较，不要损人利己，不要挑拨离间、脱离集体，要乐于牺牲个人的欲念去谋取集体的幸福。

（4）维持个人与社会的协调一致。自己的需要、愿望与社会的要求与他人的幸福发生冲突时，要放弃和修改自己的行动计划，以谋求与社会的协调一致。

（5）要善于把心灵中的积郁倾吐出来。思想和情绪上的矛盾长期郁闷在心中，会影响脑功能，造成心理失常。思维情绪上的问题只有将它倾吐出来，心情才会感到舒畅，青春发育才会正常。

男孩青春期常见心理障碍

心理障碍是心理极不健康的一种表现，是一种病态的心理，是对许多不同种类的心理、情绪和行为失常的统称。

它包括精神疾病、情绪障碍、变态行为、神经疾病、心理异常、精神反常以及神经系统障碍等。

步入青春期后的男孩，精力充沛、思维敏捷、记忆力强、情感丰富，是时代的希望所在。但由于青春期是男孩身心健康的定型时期，是走向成年的过渡阶段，心理发展和生理发育往往不同步，具有半成熟、半幼稚的特点。处于心理断乳期的青少年随着生理的变化以及环境的影响，心理上很容易出现一些不健康的倾向，如孤僻、易怒、苦闷、固执、轻率等心理异常。有的与老师和周围同学发生冲突；有的人为地制造与同伴的感情隔阂；有的则一味沉迷于个人和自我的小天地里自我陶醉。也就是说，正值青春年华的少男，其人格的突出表现常以自我为中心，一切为自己着想，按自己的意图和情绪办事，与人相处较困难。特别是有些青少年早年脱离母亲时产生并遗留在内心的极度痛苦并没有得以消除和克服，所以常会以情绪激愤、贪食、厌食以及与他人发生冲突等方式表现出来，一部分人则会出现自伤行为。如有些青少年感觉恐惧或是觉得心烦意乱时，由于难以忍受，就会用牙齿咬自己，用火焚烤自己或者狂饮烈性酒，有的则用锐器刺戳自己的身体。

青春期男孩的心理障碍通常具有如下表现：

（1）对社会的正常现象持否定态度。他们认为社会上的一切现象和活动都是虚伪的、骗人的，从而持否定态度，总想从反面去尝试一下，企图从中获得个人心理的满足。

（2）对周围的人持怀疑或戒备心理。他们认为周围人的言行都不可信，都是造作的，包括家长、老师都如此，是想了解自己的情况来惩罚自己。如有位 14 岁的中学生，父母晚上怕他着凉给他盖被子，下雨天给他送伞到学校，有时找老师了解他的学习情况等。他不仅不感激父母的关心与慈爱，反而认为父母是在监视其行动和收集材料，是对他的不信任。在家里提出不合理的要求而父母未答应时，则认为父母对他不公平，从而憎恨父母，讨厌父母。

（3）具有明显的攻击好斗心理，对人缺乏友善态度。他们做错事不是去赔礼道歉，反而指责别人。如有位青年在人行道上骑车乱闯撞伤 3 人，他反指责别人挡了他的路，于是扬长而去。这种逆向性变态心理的人，一般都是缺乏同情心和丧失社会公德意识的，好斗心理强，破坏性很大。

（4）是非观念淡薄，道德评价标准错误。少男们往往颠倒是非，对正确的东西看不惯、瞧不起，对错误的东西却崇拜得五体投地，并极力效仿。如对电影、电视、录像、小说中的黑社会人物极为崇拜，于是在社会上，在学校中寻找臭味相投的人，结拜金兰，拉帮结派。

有的搞所谓的行侠仗义，打抱不平，无视国家法纪去盗劫甚至杀人放火。

（5）心理脆弱，意志消沉。产生这种病态心理的原因很多，其中长期得不到“爱”的温暖，也就是长久地受到学校、家庭的严厉批评和指责是一个重要因素。因为他们经常处于提防、戒备，担惊受怕的环境中，久而久之便形成了这种变态心理。凡有这种心理障碍的青少年，他们都是关闭自己的心扉，对他人采取疏远的态度，结果便出现沉默寡言、情绪消沉、心胸狭窄、心理承受力差的脆弱心理。

（6）性情暴躁，反复无常。遇到顺利有点成绩时，便会趾高气扬，目空一切，而遇到不顺心或涉及自己利益时，便发脾气，对任何人都冷酷无情。如有个 15 岁的少年在学校打伤了同学，老师教育他时先指出他近段时间学习上有进步，他春风得意，当谈到他与同学关系处理不当而打伤人时，便满脸怒容，大吵大闹，结果离家出走，在外面混了几天，衣食无着落后才回到家中。

（7）缺乏上进心，虚荣心强。有这种病态心理的人，一方面对他人的教育和帮助无动于衷，或自暴自弃；另一方面在生活和享受上追求时髦，总想超过别人，于是他们总是关心流行的发式、衣服的款式等。这样的男青年的表现是留长发、袒胸露怀、吸烟、酗酒等，女青年则是涂脂抹粉，紧身细腰，挺胸露背，出入舞厅，而且过早地谈情说爱。有的女青年甚至行为放纵，同时与几个男生建立“恋爱”关系，引起争风吃醋、互相斗殴，以满足自己的虚荣心。

（8）想象具有空想性。凡是有心理障碍的青少年，总是空想连篇或漫无边际地乱想，而当这种脱离实际的想象不能实现时，他们便会心理失控，表现为情绪低落，意志消沉，心理脆弱等不正常心理现象。

（9）需求意识具有低级性。很多少男们认为人的本性就是自私的，“人不为己，天诛地灭”。因此，他们把自己的利益看得高于一切，没有远大的理想和抱负，追求的是吃喝玩乐，梦想的是金钱。他们对物质的占有欲很强，往往公私不分，不顾及他人利益；追求低级庸俗的精神享受，如对黄色书刊、录像感兴趣，并模仿效法。

当前青少年的种种心理障碍极大地影响了他们的健康成长，也是造成社会治安混乱的重要因素之一。家长和老师们应该联合起来，加强对有障碍心理的青少年的引导和教育，并向有关专家咨询如何解决，做到治疗与预防相结合、学校教育与家庭教育相结合，以便更好地促进青少年学生的人格健康发展，日臻完善。少男朋友们自己也要多学习一些调控心理状态的方法，做好自我调整。

青春期化解心理压力的方法

人活着就会感受到压力，没有人是可以免疫的。不管喜欢与否，压力每天都会陪伴着你。所谓压力，不是一种想象出来的疾病，而是指个体对没有足够能力应对的重要情景、某个人或者某件事情所作出的情绪与生理紧张反应。那些使人产生压力反应的事件被称为压力源。当人产生压力的时候，大脑分泌出肾上腺素等激素，通过血管流淌到身体的各个部分，于是就引起了生理反应。

压力本身并不是什么坏事。压力研究鼻祖汉斯·赛叶医生将压力分为有害的不良压力和有益的良性压力：不良压力使人感到无助、灰心、失望，而且它还能引起身体和心理上的损害；良性压力能够给人以成功感或振奋感，使人愉快并能有效地帮助人们生活。

人们从空中跳伞，有些人非常喜欢它，感到兴奋、鼓舞，于是感受到良性的压力，而有些人感到恐惧甚至变得歇斯底里。这就说明，压力的有害或有益不在于压力源的强弱或压力的种类，而在于个人对事件或环境的反应。

现在的青少年学生由于课业繁重、学习竞争激烈、青春期发育困惑等原因，心理压力问题日益突出。轻微的压力可以轻松消除，随时间淡化，或因个人感受不同而逐渐转化为一种推动力，增加进取心。长期过重的不良压力，则会对青少年的生理、情绪、认知、行为等诸多方面造成危害。

一、情绪危害

不良压力事件会使人产生忧郁、恐惧、焦虑、不安、无助、沮丧、烦乱或自责等不良情绪；高度压力下，人们多数会变得烦躁不安、暴躁易怒。长期承受不良压力的人，忧郁症和其他心理症状的易患率也比较高。

二、认知危害

不良压力会影响人的理解、记忆、注意力等认知能力，僵化人的思维，降低人的智力水平。比如学生的考试焦虑症，就是因为压力太大而出现大脑一片空白，原先记得的都想不起来、简单的问题也不会解答等不良表现。

三、行为危害

不良压力之下，人们的行为很容易失控，既伤害了自己也伤害了别人。比如，很多学生在强大的学习压力之下，会出现频繁逃课、对人怀有敌意、对同学言行攻击、撒谎、离家、偷窃、自残等症状和不理智行为。压力还会影响人的人际交往能力，如压力大的人常对人冷淡、容易与人起冲突等；会使人染上不良生活习惯，如有的人为了逃避压力而吸烟、酗酒、吸毒等；会使人形成一些强迫性行为。

四、生理危害

压力的生理危害有一个发展过程：

在不良压力之下，人们首先出现警觉反应，全身各部位自然动员，进入警觉状态以抵抗压力；然后进入抵抗期，即人体不断自我调整，保持高度的生理兴奋，抵抗压力；最后进入衰退期，此时由于人长期而持续暴露于压力之下，身体抵抗能量耗尽，高血压、偏头痛、腰酸背痛、心脏疾病、胃肠疾病、月经失调、皮肤病等其中一个或多个问题开始出现，此时要尽快找医生检查身体找出压力源，缓解压力。

五、压力危害的个人差异

不良压力人人都会有，但有无危害或者危害是轻是重却因人而异。个人心理素质好，或者自我调适能力强，压力对其危害就可能小一些；反之，压力危害就会比较大。

青少年应该如何缓解较重的心理压力呢？这里有个减压“3R 原则”，青少年朋友们应该了解。“3R 原则”是国际上比较流行的减压原则：即放松（relaxation）、缩减（reduction）、重整（reorientation）。就是说将减少遭遇压力源的机会、放松自己、重新调整要求或期望值三者结合起来，在已有的正面压力、自发压力与过度压力之间寻求一个平衡点。

在日常生活中，可以从小事着手来消除紧张情绪、缓解压力。

（1）热爱学业：学生的天职是学习，从主观上树立热爱学习的精神，排除对学习的抵触情绪。

（2）积极思考：停止消极的想法，重新考虑事物，变消极为积极。计划做一些有趣的事情。

（3）坚持运动：制定一个锻炼计划，有固定的锻炼时间、锻炼方式和锻炼频率。

（4）注意饮食：有计划地多吃一些能促进健康的食物，食物的数量和种类要合理。

（5）扩大交往：努力扩大社会交往，良好的人际关系对自己和他人都有好处。

（6）学习放松技巧：放松身体，可缓解压力之下的身心紧张。放松方法有很多种，下面列举一些，希望可以助你一臂之力。

大笑：大笑可以使处于紧张状态的身体得到迅速的恢复，由于血压和心跳有所缓和，全身如同卸掉千斤重担，感到轻松。

想象：想象你所喜爱的地方，如大海、高山等，放松大脑；把思绪集中在想象物的“看、闻、听”上，并渐渐入境，由此达到精神放松的目的。

打盹：学会在家中、学校等一切可能的场合借机打盹，只需 10 分钟，就会使你精神振奋。

按摩：紧闭双眼，用手指尖用力按摩前额和后脖颈处，有规则地向同一方向旋转；不要漫无目的地揉搓。

呼吸：快速进行浅呼吸，为了更加放松，慢慢吸气、屏住气，然后呼气，每一个阶段各持续八拍。

腹部呼吸：平躺在地板上，面朝上，身体自然放松，紧闭双目。呼气，把肺部的气全部呼出，腹部鼓出，然后紧缩腹部，吸气，最后放松，使腹部恢复原状。正常呼吸数分钟后，再重复此过程。

洗浴解压：理想的洗澡水温大约是 38 – 40℃，能增加血液循环，使人得到镇静，甚至能让身体发行某种生理变化，睡上一个好觉。为了提高热水澡的镇静作用，可以和身体的连续放松动作有机地结合起来。完全让手松弛，轻轻地浮在水面上，接着想象这种松弛感上升到肘部，沿着手臂、肩膀和背部到头上，出现在感到紧张的部位。同时可以哼个小曲。

发展兴趣：培养对各种活动的兴趣，并尽情去享受。

伸展运动：伸展运动可以使全身肌肉得到放松，对消除紧张十分有益。

放松反应：舒适地坐在安静的地方，紧闭双目，放松肌肉，默默地进行一呼一吸，以深呼吸为主。

摆脱常规：经常试用不同的方法，做一些平日不常做的事，如双脚蹦着上下楼梯。

超觉静坐法：在吃饭前做，每次大约 10 – 20 分钟。找一个宁静的地方，舒适地坐直，双手自然垂放在大腿两侧，然后轻轻地闭上眼睛，放松肌肉，可做几次深呼吸帮助人静。然后慢慢调整为正常呼吸，缓慢而自然，集中精神默念“宁静”或“爱”，吐气时重复默念。

缓解压力操

动作一：两手慢慢平伸，手握拳头，慢慢用力，包括上臂、前臂、拳头。慢慢用力、再用力，感觉肌肉的紧绷，达到自己可以承受的极致。然后慢慢放松，两手缓缓放下。

动作二：身体坐正，下巴往胸前压，两肩往后拉，然后往前压，再用力往后拉，用力，慢慢放松，动作要慢。

动作三：眉毛上扬，用力往上扬，用力、再用力，然后慢慢松开。

动作四：鼻子、嘴巴、眼睛用力往脸中间挤，慢慢用力，然后慢慢放松。

动作五：两嘴唇紧密，咬紧牙齿，用力咬紧牙齿，慢慢用力，然后慢慢放松。

动作六：嘴巴张开，舌头抵往下齿龈，用力张开，用力抵住，用力，慢慢放松。

动作七：身体坐直，身体往后仰，用力往后仰，再用力，慢慢回复原来位置，慢慢做两个深呼吸。

动作八：身体坐直，两腿伸直，脚板往下压，用力伸直，再用力，慢慢放松。

如果以上针对个人的减压方法不起作用，可以主动寻求社会支持，这也是减缓压力的有效良方。遇到困难、身处压力之下时，可以主动寻求父母、亲戚、朋友、老师等人的帮助支持。支持方式可以分为以下几种：

情绪支持：给予承受压力者关爱、同情、了解和团体归属感。

信息支持：与被支持者交流意见，给予忠告、建议与指导。

尊重支持：给予被支持者充分尊重，使其产生顶住压力的自尊。

实际帮助：给予被支持者必需的解决问题的资源。

陪伴支持：与被支持者共度时光和帮其分担一些工作。

如果你承受的压力过大以致不能有效地学习时，服用保健食品来减缓压力或者遵医嘱服用药物来帮助睡眠或许会对你有所帮助，但其有效性还需进一步证实。

青春期克服嫉妒心理的方法

所谓嫉妒，一般是指个人在意识到自己对某种利益的（潜在）

占有受到（潜在）威胁时产生的一种情绪体验。嫉妒心理总是与不满、怨恨、烦恼、恐惧等消极情绪联系在一起，构成嫉妒心理的独特情绪。不同的嫉妒心理有不同的嫉妒内容，在名誉、地位、钱财、爱情四个方面表现得尤为突出。还有的嫉妒者，只要是别人所有的，都在其嫉妒范围之内。

嫉妒心理有以下几个具体特征。

一、进攻性

古希腊斯葛多派的哲学家认为："嫉妒是对别人幸运的一种烦恼。"嫉妒心理具有明显的攻击性，其攻击目的在于颠倒被攻击者的形象。本来关系密切，由于嫉妒使道德天平倾倒，不看别人的优点、长处，而总是挑剔别人的毛病，甚至不惜颠倒黑白、弄虚作假。

二、指向性

嫉妒心理的指向性往往产生于同一时代、同一部门的同一水平的人中间，主要是因为嫉妒心理是一种以极端自私为核心的绝对平均主义者。因为曾经"平起平坐"过，或是曾经"不如自己"过，如今成了"能干"者，使嫉妒者产生抵触和对抗。

三、发泄性

一般来说，轻微的嫉妒仅表现为内心的怨恨而不付诸行为，绝大多数的嫉妒心理都伴随着发泄性行为。主要有三种方式：言语上的冷嘲热讽；行为上的冷淡，疏远被嫉妒者；具体行为，或是攻击性强的行为。

四、伪装性

由于社会道德的约束，嫉妒心理被大多数人所不齿，使嫉妒者一般都不愿直接地表露出来，千方百计的伪装，使人不察觉。如本来是嫉妒某人的某一方面，却不敢直言，故意拐弯抹角地从另一方面进行指责或攻击。

嫉妒其实是人类的一种普遍情绪，关键在于你怎样处理。轻微的嫉妒使人意识到一种压力，产生一种向他人学习并超越的动力，促使人去拼搏、奋进。我们应该将嫉妒的消极心理转为竞争的积极心理，以自己之优势胜过对方之劣势。但是，如果面对嫉妒导致的焦虑和敌意，觉得别人使自己难堪，由此而产生痛苦，甚至向他人发出攻击性的言行，就会成为个人成长和人际交往中的障碍，严重者还会导致人间悲剧。

产生嫉妒的原因有两方面：一、自己的需要得不到满足时容易产生嫉妒；二、在与他人比较来确定自身价值的过程中也容易产生嫉妒。如果别人的价值比重增加，就会觉得自己的价值在下降，从而就会产生一种非常痛苦的情绪体验。尤其是比较对象和自己不分上下或不如自己时，这种情绪很容易转化为对别人的不满或嫉恨，在行为上表现出寻找对方的不足，或认为对方之所以成功只是由于外部原因，通过诋毁对方达到自我心理上的暂时平衡。即使是控制自己不表现出上述行为，但是原来轻松无拘无束的交往气氛也会变得紧张起来。因嫉妒引起的人际关系疏远、紧张乃至冲突的事例很多。青少年的嫉妒点主要在于以下几个方面：

（1）学习、工作嫉妒。学业优秀、人际交往能力强、深受老师宠爱的同学往往招致嫉妒。

（2）爱情嫉妒。虽然大多数青春期的少男少女们并不知道爱情的真谛，可爱情却是他们最为关切和向往的事情。但爱情与嫉妒是一对双胞胎。轻微的嫉妒可以促进情感，一旦妒火过盛，则容易把爱情之花烧得枯萎，甚至导致杀人或自杀的严重后果。

（3）才貌嫉妒。才貌是指天生的智慧及外貌。优秀的才能和俊美的容貌容易使某位男孩或女孩得到老师和同学们的喜欢，而有的才貌较差的同学就难免生出嫉妒之心。

如何克服嫉妒心理呢？

（1）充分认识嫉妒心理的危害性。嫉妒是社会生活的腐蚀剂，腐蚀人的品质、损害人的事业、形象和身心健康。要克服偏激、增强自信，待人力求不受个人心境、情绪的干扰。

（2）调整自我价值的确认方式。简单地与别人比较往往会导致片面的看法。研究表明，自我价值确认越是倾向于社会标准（通过周围人、社会流行观念等)，就越容易引发嫉妒；越是以自己的思考、内在的准则为参照，就越会减少嫉妒。能够体现出个人价值的方面很多，而每个人的优势和劣势又不尽相同。所以，用统一的标准衡量人的价值是不准确的。人生更重要的事是不断超越自己，而不是超过别人。

(3)“想开些”。人生总有不如意之事，所谓“人人都有本难念的经”。如果正处在愤怒、兴奋或消极的状态下，能较平静、客观地面对现实，可以达到克服嫉妒的目标。

(4)自我驱除。嫉妒是一种突出自我的表现。无论什么事，首先考虑到的是自身的得失，因而引起一系列的不良后果。若出现嫉妒苗头时，即行自我约束，摆正自身位置，努力驱除嫉妒心态，可能就会变得“心底无私天地宽”了。

(5)减少自己的嫉妒心的同时有必要学会如何消解别人的嫉妒心。在与人交往时，尤其在不如意者和不如自己的人面前，应采取谦虚谨慎的态度，不要经常谈自己得意的事情，也不要过分夸大自己的成绩；应有意识地暴露自己的一些不足和苦恼，避免激起他人心理失衡，以赢得更多的朋友。

青春期抑郁症的表现及调整方法

抑郁症是一种以抑郁情绪为突出症状的心理疾病。抑郁症患者忧郁和厌世心理特点表现突出，主要症状有：

(1)生理方面：胃口变差、食欲减退或增加、体重明显减轻或增加、失眠或嗜睡、几乎整天都极度疲劳与缺乏能量、精神或动作反应激动或迟滞、性欲降低、头痛、头昏、眼睛疲劳、眼角酸痛、口渴、颈部酸痛、胸闷、呼吸不畅、胸痛、腹胀、频尿、身体酸痛、腰酸痛、盗汗与便秘感或一天数次大便等。

(2)心理方面：忧郁、心情沮丧、无望、易流泪、悲伤、激动易怒、害怕与恐惧、寂寞、无聊、感情淡薄、对自己不满意、满足感减少、兴趣明显减退、失去幽默感、低估自己能力、悲观、自我谴责（常感到罪恶感或无价值感）、低自尊、容易感到挫折、社交退缩、时常健忘、思考和决断力减退或犹豫不决、意志丧失、作业效率皆减少、胸部沉重苦闷与强迫回想旧事等，甚至有自杀意念及行为。

（3）严重忧郁症伴随症状：无用妄想、罪恶妄想、惩罚妄想、疾病妄想、贫穷妄想、幻听等，常导致医师误诊为精神分裂症。

抑郁症发病缓慢，往往先有失眠、食欲不振以及各种躯体不适感。主要由精神因素诱发的抑郁症则起病较急。发作多见于秋冬季，少数病人似有自己的好发季节。病程呈发作性，间歇发作或与躁狂症交替发作，有较为明显的缓解期。每次发作持续时间因人而异，多数为6个月，少数发作持续长达1－2年。一般发作次数越多或年龄越大，病程持续时间就越长，缓解期也相对缩短。

抑郁症对人的危害是很大的，它会彻底改变人对世界以及人际关系的认识，甚至会以自杀来结束自己的生命。

如何诊断抑郁症呢？各国诊断方法大同小异，按照国内的诊断标准，在连续两周的时间里，病人表现出下列九个症状中的五个以上，并且至少包括症状（1）或（2），并且这些症状是病人以前没有或者极轻的，就可诊断为抑郁症。

（1）每天的大部分时间心情抑郁（由病人自我报告或者通过旁人的观察）。但应注意，对于儿童和青少年可以表现为易激惹，而不是明显的心情抑郁。

（2）每天大部分时间，对所有或者大多数平时感兴趣的活动失去了兴趣（或者通过病人自我报告，或者通过旁人的观察）。

（3）体重显著减少或增加（正常体重的5%），食欲显著降低或增加。

（4）每天失眠或者睡眠过多。

（5）每天精神运动亢进或减少（他人可观察到）。

（6）每天感到疲劳，缺乏精力。

（7）每天感到自己没有价值，或者自罪自贬（可能出现妄想），注意这不是普通的自责或只是对自己的抑郁感到丢脸。

（8）每天注意力和思考能力下降，作决定时犹豫不决（自我报告或者是旁人的观察）。

（9）常常想到死（不只是惧怕死亡），或者常常有自杀的念头但没有具体的计划，或者是有自杀的具体计划甚至有自杀行为。

青春期少年由于性的成熟，学习的紧张，神经系统承受的压力更大，尤其是在遇到挫折和烦恼的情况下，神经系统的功能很容易失调，以致发生抑郁症。另外，人从儿童期到青春期，身体发生了质的飞跃，而心理意识上还处于幼稚的儿童阶段，对失败、挫折、缺点不能正确的认识，也可促进抑郁症的发生。

青少年抑郁症最明显的症状是情绪急剧地、长时间地低落，总感觉心里有无穷无尽的烦恼。从表面上看，他们表情忧伤，说话低沉、缓慢，有气无力，有严重的孤独感；有不爱交际，对任何事物都不感兴趣；心理过程和动作都产生障碍，书看不进去，字写不整齐，感觉做什么也没意思，头痛、胸闷、食欲下降、严重失眠；学习、工作能力明显下降，还常常产生自卑感、罪恶感，对生活感到失望，甚至产生轻生念头。

青少年朋友们，万一得了抑郁症，除了积极配合医生的治疗之外，还要进行积极的自我调整。

（1）要树立自信。抑郁症患者总是对自己没有信心，甚至全盘否定自己，认为自己所做的一切都是失败的。这样一来，难免会使自己陷入低落情绪的泥潭。因而，要积极回顾以前的成功往事，或去做一些定能成功的小事，努力树立自信。

（2）要广交良友。抑郁症患者普遍没有真心的朋友，出现不良情绪时往往只能自己默默地承受，缺乏排解的渠道，久而久之会加重病情。而经常和朋友保持交往的人，其精神状态远比孤僻独处的人好得多，尤其在境况不佳时，“朋友是良医”。交朋友首先是可以倾诉衷肠的知己，还要结交一些饶有风趣、逗人发笑、使人愉快的朋友。

养成和朋友经常保持接触的习惯，这样可以避免孤独、离异感，防治抑郁。

（3）要改变认知。抑郁症患者往往对自己不寄予任何希望，对未来不抱任何幻想，消极处世。在他们眼里，一切都是灰色的，这不仅不够客观，也不利于抑郁倾向的改变。因而，要积极、主动地多接触些良性刺激，培养积极认知。

（4）要走向集体。抑郁症患者喜欢独处，不喜欢参加集体活动，因为他们一方面觉得别人身上的毛病太多，另一方面认为别人会伤害自己。其实任何人和事都不可能十全十美，但只要理智地去寻找，就会发现任何人和事都又是有闪光点的；找到的越多就越会激发出接近集体的兴趣，抑郁情绪就会越少。

（5）要贴近快乐。抑郁的人却偏偏喜欢听悲伤的歌曲、看悲伤的电影、想悲伤的事件，始终让自己沉浸在悲伤之中。听欢快的歌，看幽默电影，想高兴的事对抑郁症症状有缓解作用。

（6）做最感兴趣的事。有计划地做些能够获得快乐和自信的活动，尤其在周末，譬如打扫房间、骑赛车、写信、听音乐、逛街等。另外，生活正常并规律化也很重要。尽量按时吃饭，起居有规律，每天安排一段时间进行体育锻炼。

（7）多参加体育锻炼。增加体育锻炼可以改善人的精神状态，提高自主神经系统的功能，有益于人的精神健康。在各种运动中，跑步对防治抑郁症疗效最佳。科学研究表明，每天跑步的人，会有一种特殊的欣快感。因为跑步能使人体的脑啡呔含量增加，脑啡呔是大脑分泌的一种生化物质，这种生化物质有类似吗啡的作用，是一种天然的止痛物质，能使人产生一种特殊的欣快感觉。由此产生一个专门术语“欣快跑”。美国精神病专家发现，他们诊治的病人约有70%患有精神抑郁症，而经跑步一个月后，80%～85%的抑郁病人均迅速获益，其效果远远超过药物治疗。

（8）饮食治疗。多吃些富含维生素B和氨基酸的食物，如谷类、鱼类、绿色蔬菜、蛋类等，对于摆脱抑郁症也有裨益。

芬兰研究人员通过对115名抑郁症患者的跟踪治疗证实，服用维生素B有助于抑郁症的治疗。研究人员先对每位患者的病情进行了评估，并测定和记录了患者血液中维生素B_{12}的含量。经过6个月的B族维生素服用，研究人员再次检测患者体内维生素B_{12}的含量，以便了解维生素B_{12}和抗抑郁治疗间的关系。结果发现那些抗抑郁治疗效果较好的病人血液中，维生素B_{12}的浓度更高。研究人员称，以往的相关研究表明，维生素B_1、B_2和B_6对治疗老年抑郁症患者有辅助作用，而这三种维生素B都有助于维生素B_{12}的产生。

消除青春期逆反心理的方法

青少年朋友，你是不是发现自己曾经那么依赖的父母变得老土或不懂风情了呢？是不是感觉老师课堂上的表现经常很可笑？是不是老是感觉某个同学很不顺眼？父母和老师们是不是经常训斥你“不听话”、“不可教”呢？其实对于青少年，这是很常见的情形，并不是别人差劲，也不是你“不可教”，而是青春期逆反心理在作怪。男孩的逆反心理往往来得更为猛烈。

青少年历来都受到心理学家、教育学家及家长的特殊关注。从十二三岁到十七八岁，是儿童生理上基本成熟，认识和情感有了飞速的发展，理想、信念、世界观开始形成的重要时期。在这个阶段，由于生理成熟与心理成熟的不平衡性，以及受自我意识觉醒等因素的影响，青少年心理发展呈现错综复杂、矛盾重重的局面，逆反心理的表现十分突出。

青春期少年为什么会产生逆反心理呢？原因表现在两个方面：

主观上，青少年正处于“过渡期”，其独立意识和自我意识日益增强，迫切希望摆脱成人的监护。他们反对成人把自己当“小孩”，要求以成人自居。为了表现自己的“非凡”，就对任何事物倾向于持批判态度。正是由于他们感到或担心外界无视自己的独立存在，才产生了用各种手段、方法来确立“自我”与外界对立的情感。

客观上，教育者的可信任度、教育手段、方法、地点的不适当，往往也会导致逆反心理。

（1）对正面宣传作反面思考。有相当数量的中学男生对家长的劝导和老师的教诲，表现出一种不认同、不信任的反向思考。他们往往以社会上某些个别的不公正的事实来以偏概全地全盘否定正面宣传。同样，也有一些中学男生不能从全局出发，从一定高度上去把握现实，片面地夸大社会的某些不完善之处。

（2）对榜样及先进人物的无端否定。老师和家长都希望通过先进人物的感人事迹来教育感染青少年，唤起热情，以期达到激励后进的目的。但结果却往往适得其反，一些先进人物被说成是“出风头”或“傻子”，无端怀疑这些先进人物的动机，进而否定他们的先进事迹。对于身边的榜样，则冠以“拍马屁”给予排斥和嘲笑。

（3）对不良倾向产生情感认同。有些经常打架斗殴、与老师公开对抗的中学男生往往被看作是够胆的英雄，甚至有些小女生为此而喜欢上某个男生。哥们儿义气等也是青少年常挂在嘴边的口头语。而对于乐于助人、爱护集体、爱护公物、遵守校规校纪的青少年，则经常被肆意讽刺、挖苦，造成在集体氛围里“正不压邪”的局面。

（4）对思想教育、遵章守纪的要求进行消极抵抗。青少年对于思想政治教育十分冷淡，认为思想政治教育屁用没有，不符合现实生活。因此，对思想政治教育采取应付、抵制、消极对抗的态度。

逆反心理虽然常见，但不可忽视其危害性。它很可能会导致青少年出现对人对事多疑、偏执、冷漠、不合群的病态性格，使之信念动摇、理想泯灭、意志衰退、工作消极、学习被动、生活萎靡等。逆反心理的深一步发展还可能向犯罪心理或病态心理转化。所以必须采取有效的对策来防治。

（1）走出学校小天地。青少年的心理活动，会受到社会经济制度变革，文化、道德、法律等意识形态发展，善恶、美丑、是非、荣辱等观念更新方面的影响。所以，要克服逆反心理，青少年不能仅局限在学校这个小天地里，要置身社会，把自身思想情操等各方面的培养同社会政治生活、经济文化活动以及社会道德风尚联系起来，提高心理上的适应能力，使自己能更好地适应社会，不致迷失方向。

（2）要学会正确认识自己，努力升华自我。要学会自我教育，经常思考自己，主动设计自己，并自觉能动地以实际行为努力完善或造就自己。前苏联著名教育家苏霍姆林斯基说过："真正的教育是自我教育。教育就是要迫使人去思考自己。"科恩在《自我论》中谈到自我教育时也说："在关系到最高生活价值方面，教会别人是不可能的，每一个人都应自己教育自己，可能做到的只是帮助他更深刻地理解周围世界和自己，成为自己，实现比他身上现有的更好的东西。"科恩的论述说明，克服逆反心理的最好办法是进行自我教育。

（3）教育工作者须尽到义务。引导青少年克服逆反心理是教育工作者的义务。教育工作者要懂得心理学和教育学，要掌握好青少年心理发展不平衡性这个规律；不失时机地帮助青少年克服消极心理，使其心理健康发展。教育工作者要努力与青少年建立充分信任的关系，要与他们交朋友，以诚相待，以身作则，杜绝出现"台上他讲，台下讲他"的情况发生。教育者要爱护和尊重青少年的自尊心，选择合适的教育方式和场合，注意正面教育和引导，坚决反对以简单、压制和粗暴的形式对待青少年。在人们的心灵深处，最渴望他人的赞美。赞美是一种鼓励，它在人们心灵深处植入的是信心和力量，播下的是奋进向上的种子；它是一种兴奋剂，让人更加充满活力和精神；赞美还是一种认可，一种肯定，能使人们坚定发展的方向。相反，批评虽然可以帮助受教育者认识错误，但其心理是不悦的，至于粗暴的批评，更是一种适得其反的做法。对青少年逆反心理的调适应采用少些批评多些鼓励、少些训斥多些赞美的方式。

（4）社会工作者要负起责任，实现社会风气的根本好转。青少年中逆反心理的产生，社会大环境的影响至关重要。无数事实表明，实现社会风气的根本好转，对于克服和防止青少年逆反心理大有裨益。

青春期对偶像崇拜心理的原因及对策

1993 年年初，南京电视台和南京广播电影电视报共同举办青少年心目中的“十大青春偶像”评选活动。在近 3 000 名青少年评出的“偶像”当中，有 9 名都是港台流行歌星，雷锋则是入选者中唯一的非歌星和内地人士，以 107 票位居第五。此结果一经公布，社会舆论骤起。

青春期少年偶像崇拜心理强烈，而且偶像往往都是色彩斑斓的影视明星，这已经成为人们的共识。中学生们从文具盒、手机、衣服到被子、枕头甚至指甲、皮肤往往都布满了诸如 Twins、Rain、Jay、超女等偶像或靓或酷、或大或小的图片。或许你读到此处时，额头上还贴着周笔畅的大头贴吧？

青春期少年伴随生理发育的日渐成熟，心理和社会性也开始趋于成熟，但又没有完全成熟。强烈的偶像崇拜心理是其突出特征。偶像崇拜是通过心理上的自居作用来达成的，那些被崇拜的明星，往往被青少年当作他们人生发展的楷模、参照系以及心灵的一种寄托。当代流行文化明星们所表现的特征——靓丽的外表、潇洒的风度、事业的成功、社会知名度、丰厚的收入、优越的生活条件，等等，都会强烈地吸引着青春期青少年；明星的作品如歌曲等，能够不同程度地对青少年起到特有的共鸣、宽慰、激励、引导、娱乐乃至宣泄作用，从而形成“爱屋及乌”的效应。

有几个明星偶像倒也没什么，可是千万别到了痴迷的程度，那样的话个人成长前途通常会受到严重阻滞。有的青少年朋友崇拜明星到了痴迷地步，甚至自残或自杀。例如，2005 年，17 岁的偏瘫少年周枫离家出走，从湖南追到上海、北京直到广州，其间住过 20 多个救助站，再将救助站的微薄资助一点一点积攒起来用来购买昂贵的演唱会门票，就是为了寻找自己的偶像周杰伦。在周杰伦广州演唱会上，周枫在看台上一口气服下了 30 粒安眠药。

青少年为什么这么容易痴迷偶像呢？从心理学的角度来说，主要有三个原因。

第一，追星的青少年是要追寻自我。当你们或早或迟地走过童年，面对纷繁的世界时，往往会感到无所适从：“我是谁？我从哪里来？我要到哪里去？”这种内心深处的困惑缘于心中没有建立起一个稳定的自我形象。此时，你们开始思索自我的意义，急需一个看得见、摸得着的活生生的形象作为自我代表。你们在公众人物中寻找那些具有自己欣赏特点的人物，于是明星出现了。如果明星能够有足以让你们佩服的表演，就会成为被崇拜的偶像，从这个角度来说偶像是崇拜者的代言人，是崇拜者的理想自我，也是崇拜者心目中的未来。

第二，偶像也是青少年心目中父母的替代品。青少年在生理上有了突飞猛进的发展，但心理上的发展却远远滞后。由于生理上的发展，你们认为自己已经长大了，希望能够独当一面，渴望摆脱父母的控制。然而，有限的生活经验又使你们不能没有父母的帮助，这种矛盾状况使你们感到很苦恼。因此，你们选择崇拜拥有能力、地位和独立的偶像，希望通过偶像崇拜来实现独立自主的目的。某种意义上，这不过是将偶像作了父母的代替品，让偶像来行使父母对自己的控制。

第三，偶像崇拜也是青少年融入自己团体的一种手段。有些追星族是为了保持与同伴的一致而被卷入追星的行列的，相形之下是二流的追星族。这些追星族追求的是让自己有所归属，是为了让自己和别人知道他属于那个团体。

青少年朋友应该积极地自我调控，防止偶像崇拜走向盲目和痴迷。

一、树立健全的自我概念

了解自己的兴趣和需求，认识自己，培养健全的自我概念，增进自我选择与自律能力，才不至于因丧失自信心而盲目崇拜，失去自我。

二、善待父母的劝导

父母毕竟是过来人，道理知道得多且深刻，其劝导必定是有利于你的身心成长的。要经常真诚地和父母交换看法，请他们指出你的对错，提出好建议。父母在言谈举止、待人接物方面也很值得你学习。在崇拜偶像之前，不如先崇拜下自己的父母吧。

三、正面性的英雄崇拜

在父母的协助下积极寻求有利于自身成长的英雄，如为国家利益献身的英雄、舍身救人的英雄、飞上太空的英雄，等等。以他们为榜样，你也会成长为一个被社会和历史认可的英雄。

四、涤除负面效应，发展积极自我

克制对影视明星的膜拜情绪，将更多的时间和精力放到学习上去。要积极认清自身责任，以健康的心态寻求合适的认同对象，才有助于成长与发展。

青春期男孩戒除“网瘾”及自控方法

走进街头的网吧，常常见到许多青春期男孩畅游于网际，或看网络小说或玩网络游戏或聊天或看在线电影等，个个都是不亦乐乎、忘乎所以的样子。现在是信息时代，因特网已经成了人们学习、生活和工作的必需组成部分，尤其是对于年轻人来说，会上网简直就像会吃饭一样，成了人生必备技能。然而，正处于青春期的朋友们好奇心强、自制力差，很容易上网成瘾，影响了学习和正常生活，甚至严重危害了身心发育。像某中学生整日泡在网吧不上学不回家被学校开除、某男孩连续几日上网猝死在网吧、某中学男生痴迷网络游戏跳楼身亡等等让人心痛的事例屡见不鲜。

你肯定也很喜欢上网吧？那么你是不是已经上网成瘾了呢？据心理学专家研究，判断上网是否成瘾可参照如下标准：

第一期：“接近成瘾期”，有下列明显特征：每天必上网打游戏；

一放学就进入网吧或回家上网打半小时至1个小时游戏；回家吃完饭，先要上网打一会儿游戏再去做作业；每天不上网会有点心神不宁。

第二期："轻度成瘾期"，有下列明显特征：非常喜欢上网打游戏或聊天；每天上网打游戏或聊天约2个小时；不上网会出现焦虑状态，即紧张、敏感、心烦意乱、坐卧不安、注意力不集中、对许多事物失去兴趣。

第三期："重度成瘾期"，具有下列明显特征：将上网列为生活中最重要和最幸福的事；每天上网5小时以上；上网不知疲倦，可以不吃不睡；不上网会出现严重的焦虑状态，有的甚至会出现生理上病态反应，如颈背肌肉痛、口渴、咽干、喉部梗塞感、手足麻木、头皮发胀、肌肉抽动，等等。

网瘾会给青少年带来很多危害，归纳起来主要有以下几点：

一是造成人格异化。

二是失学失业，网络成瘾的青少年大多辍学，很多已经参加工作的年轻人也因此抛弃了工作。

三是浪费了大量的金钱和时间。

四是造成视力下降、智商下降等症状，很多人甚至有脊柱弯曲、"键盘肘"等生理性病变。

五是导致家庭破裂。

如果你已出现网瘾症状或已"中毒"较深，不要惊慌，心理学专家说网瘾能治好。

据美国心理学会研究，大部分人会在上网的第一年成瘾，日后逐渐消退。对于症状最轻的网迷（一天上网4－5小时，一周上网次数达4－5天以上），用心理指导便可达到治疗效果。对于因学习失败而迷上网络的青少年，要给他们成功的体验，用丰富而充满希望的生活代替网络。对于症状严重的青少年，药物治疗十分必要。患了网络成瘾症，人就进入病态，常伴有抑郁、焦虑、社交恐惧和强迫症。这时就要进行以药物为主、心理引导为辅的治疗。在进行药物治疗时，都是针对具体症状，有抑郁症就吃抗抑郁药，有强迫症就用治强迫症的药。

下面几个自我控制方法，青少年朋友们不妨一试。

(1) 参与法：如果你沉迷于网络游戏想自拔而不能，不妨邀家长一起玩网络游戏，培养共同语言。这样家长可以有效地帮助你控制游戏时间，抑制网瘾。

(2) 转移法：中国孩子沉迷网络游戏的根源在于没有多方面的兴趣爱好，大都背负着沉重的课业压力苦不堪言地攀爬华山独路。不妨自我转移兴奋点，比如勤练书法、画画、登山、打篮球或者踢足球等，也可起到一定的抑制网瘾作用。

(3) 限制法：狠下心来，主动请家长限制玩游戏的时间，比如可以签订协议，限制时间为每天晚饭后一个半小时，周六、周日三个小时等。

(4) 设置法：咬着牙将电脑搬出自己的卧室，最好放在客厅或者父母的房间。这样在很大程度上可以限制上网时间。

另外，记得将下面的话告诉你的父母：

我们不能因为有些青少年上网成瘾就否定网络，因为网络上有丰富的知识和资源，懂得利用网络，对青少年的成长和发育都有好处。首先，父母要教孩子科学合理地应用网络资源，使之成为学习和事业的动力。孩子一旦有了网瘾，就像得了病，需要治疗和关怀，不能弃之不管。其次，家长要学会赏识孩子，要告诉孩子，失败不要紧，积累经验最重要。再次，父母应该联合和催促有关部门切实负起责任，严格执行网吧管理标准，向孩子推广绿色游戏。最后，学校要向孩子普及网络知识，多进行一些有益的课外活动。

青春期恋爱心理引导

青春期的少男少女们都情窦初开，有强烈的性好奇和异性爱慕心理，非常渴望品尝恋爱的滋味，尽管他们并不真正了解爱情的责任和义务。青春期的恋爱心理是可以理解的，但也是必须加以引导的。要知道，早恋、单恋和失恋的青少年朋友，若不加以积极心理引导，很可能作出一些傻事情，影响人生的走向，等长大了后悔都来不及。

一、早恋

早恋是指青春期或青春期以前的少年出现过早恋情的现象。早恋习称牛犊恋，多与环境因素引起早熟性兴奋和性萌发有关；一部分也与孤独、空虚，心理上缺乏支持有关。陷入早恋之中的少年男女因受到相互的吸引，互相爱慕、互相支持，情绪是欢愉的，情感是纯真的。由于情感处于主导地位，通常缺乏理性。多数人有肉体和性接触的意向，但不一定都付诸实践。相当多的早恋少年满足于温馨的情感交流和卿卿我我的言语交流。当然，也有一部分人基于性冲动和欲望而发生性行为。早恋是受了外部“催化剂”的性早熟的结果，很难指向一个固定的性对象；对某一异性对象的爱慕或倾倒是非理性的。例如，有的仅是因为对方声音好听而产生恋情；有的认为他（她）的异性伙伴有辆带遥控的玩具汽车。老师、父母一旦发现孩子陷入早恋的漩涡之中，或许感到震惊、愤怒。他们往往认为这些孩子太不争气，道德品质太差。其实早恋与少男少女道德品质的优劣无关，可通常情况下早恋确实是有危害的。

影响学习，磨灭理想。青春期是为各方面的成长、发展奠定基础的最佳时机，可谓黄金时代，此时的青少年精力旺盛、思想活跃、记忆力强，对新生事物极为敏感，是学习科学知识、提高各种能力的最好时期。因此每一个青少年都应该树立远大的理想，全力以赴、专心致志地刻苦学习，努力培养和磨炼意志，塑造美好的心灵，为最大限度地实现人生价值做好准备。如果这个时期涉入早恋泥潭，必定分散学习精力，浪费大好时光，无异于置一生远大前途而不顾。早恋极可能葬送了青少年的前途，以后追悔莫及。

对青少年的心理成长极为不利。青少年早恋，自知会受家长和社会上其他人的责备和议论，因而就要躲躲藏藏，长此下去，影响了与同学、家人的关系。同时，他们的思想上会产生很多负担，影响了青少年心理的正常发展。有的甚至会改变性格，本来活泼、天真的少年，可能会变得孤僻、冷漠。

草率地对待恋爱，会酿成终生苦果。青少年涉世不深、阅历较浅，生活经验欠缺，对社会缺乏足够的了解，往往不够理性。因此，处理事情时往往很草率，一时感情冲动便与异性确立了恋爱关系，以后伴随着心理上的变化，可能会对对方产生不满，进而中断彼此间的感情。这种情况，会引起青少年的失望情绪，使之消沉甚至形成心理障碍，从而影响青少年精神生活的健康发展。

出现过激行为，引发犯罪。青少年早恋，大多是由于感情的冲动或是出于对异性的神秘感和好感而已。这种神秘感、好奇心使他们盲目地效仿成人。当强烈的好奇心和感情上的冲动构成合力时，十分脆弱的理智防线就会被冲垮。在这种情况下，往往会出现过激行为，甚至造成不可弥补的损失，造成青少年心灵上的创伤。如果平时受到黄色书刊或者教唆犯的引诱，就极可能走向道德败坏或违法犯罪的道路。

如果你已经有了女朋友，最好赶紧下决心摆脱早恋的束缚，为此应该做到以下几点：

提高思想认识，勇于承认早恋行为。回避只能意味着放纵，就会任其发展；更不能找种种借口加以辩护，这样只会越陷越深，最终难以自拔。大胆地、毫不掩饰地承认现实，认识到早恋的危害，是摆脱早恋的第一步。

当机立断，痛下决心。任何事物的对与错、是与非都有其客观标准，青少年要在明辨是非的基础上，学会控制自己的感情，勇于改正自己的错误。既然认识到早恋是不对的，就应该彻底纠正。这样做也许会伤害对方的感情，不被理解，但从长远看，对自己和对方都有益处，终究会被理解的。

要努力说服对方，促使对方觉醒，共同用理智加以克制，逐渐淡化彼此间的感情，疏远相互间的关系。

采取积极的措施，把主要精力集中在学习上，发展和深化自己的兴趣爱好，多参加有益的课外活动，以弥补暂时的空虚，渡过冲破情网的难关。

二、单恋

单恋是指一方对另一方的以一厢情愿的倾慕和热爱为特点的畸形爱情。单恋多是一场情感误会，是青少年"爱情错觉"的产物。"爱情错觉"是指因受对方言谈举止的迷惑，或自身的各种主观体验的影响而错误地主动涉入爱河，或因自以为某个异性对自己有意而产生的爱意绵绵的主观感受。"爱情错觉"导致一厢情愿式的单恋，俗称"单相思"。单相思有两种情况：一种是毫无理由的单相思，对方毫无表示，甚至对方还不认识自己，而自己执着爱对方、追求对方，这种恋爱是纯粹的"单向"；另一种是自认为有"理由"的单相思，错认为对方对自己有情，于是"落花无意"变成"落花有意"，这是假"双向"，真"单向"。青少年心理尚未完全成熟，单恋现象比较常见，且较多地出现在内向、敏感、富于幻想、自卑感强的人身上。首先是自己爱上了对方，于是也希望得到对方的爱，在这种具有弥散作用的心理支配下，就会把对方的亲切和蔼、热情大方当作是爱的表示，并坚信不已，从而陷入单恋的深渊不能自拔。单恋者固然会体验到一种深刻的快乐，但更多会体验到情感的痛苦，因为他们无法正常地向自己所钟爱的异性倾诉柔情，更不能感受到对方爱意的温馨。

克服单恋的痛苦重在防患于未然。首先是要能避免"爱情错觉"，学会准确地观察和分析对方表情，用心明辨；要视其反复性，某种信息的经常出现可能意义很深，而单单一两次就不足为凭了；要学会用联系的观点去分析问题，把某种信息和其他因素结合起来考虑。

一旦单恋已经发生在你身上，那就需要拿出十足的勇气，克服羞怯心理和自我安慰心理的折磨，勇敢地用心灵去撞击。如果是"落花有意，流水无情"，则应该面对现实，勇敢地抛弃幻想，用理智主宰感情进行转移，通过思想感情的转换和升华来获取心理平衡等。

三、失恋

失恋是指一位痴情人被其恋爱对象抛弃。失恋引起的主要情绪反应是痛苦和烦恼。大多数失恋者能正确对待和处理好这种恋爱受挫现象，愉快地走向新的生活。然而，也有一些失恋者不能及时排解这种强烈的情绪，导致心理失衡、性格反常。具体到不同的个体，常常出现几种消极心态：失恋者羞愧难当，陷入自卑和迷惘，心灰意冷，走向怯懦封闭，甚至绝望、轻生，成为爱情的殉葬品。失恋者对抛弃自己的人一往情深，对爱情生活充满了美好的回忆和幻象，自欺欺人，否认失恋的存在，从而陷入单相思的泥潭。也有人会出现一个特殊的感情矛盾——既爱又恨，不能自拔。失恋者或因失恋而绝望暴怒，失去理智，产生报复心理，造成毁坏性的结局；或从此嫉俗厌世，怀疑一切，看什么都不顺眼，爱发牢骚；或从此玩世不恭，得过且过，寻求刺激，发泄心中不满。失恋的种种不良心态会严重影响青少年的身心健康，甚至会导致一系列社会问题。

正为失恋而痛苦的青少年朋友必须学会自我调整、自我拯救。例如，可以采取倾吐、移情、疏通或立志等方法来排解烦恼。

第3章　男孩社交方面应该知道的事情

青春期交友要分清友情与爱情

友情与爱情是人世间除了亲情之外的两种最伟大、最高尚的情感，是人与人之间相互理解和相互信任的结果。可是对处于青春期的学生来说，随着性意识的渐渐觉醒，使他们产生了对异性的朦胧的渴望，他们不仅呼唤纯洁的友谊，也憧憬着美好的爱情。在这一时期，他们对情感生活的追求达到了前所未有的高峰，但由于不懂得什么是真正的爱情，他们往往分不清爱情与友谊的界限。在做一项中学生关于什么是爱情的调查中，有很多同学都自称自己“正在恋爱中”，他们十分理直气壮地说自己爱得很认真、很严肃，不是小孩子在办家家，不会做什么出格的事情，请老师和家长一定要相信他们。其实，有很多学生根本没有分清友谊与爱情，更不懂碍什么是真正的爱情。所以，搞清楚什么是真正的友谊、什么是真正的爱情，对青少年的身心成长有着重要的意义。

爱情是爱人之情，是男女双方最真挚的一种爱慕，并且渴望对方能够成为自己的终身伴侣。爱情具有排他性、持久性和强烈性。男女双方一旦产生了真正的爱情，其最终目的就是结婚，组建一个新的家庭，并且双方要承担一定的道德义务和社会责任。

友谊是友人之谊，相对于爱情来说，友情是朋友或同学之间的一种深厚感情，它来自朋友之间的相互理解和支持，来自对美好生活和理想的不懈追求，来自心灵的碰撞和相互的倾慕。西塞罗说过，世界上没有比友谊更美好、更令人愉悦的东西了；没有友谊，世界仿佛失去了太阳。俄国大诗人普希金说：“不论是多情的诗句、漂亮的文章，还是闲暇的欢乐，什么都不能代替亲密的友情。”亲密纯真的友谊是人的一生中最宝贵的财富，是人类最优美的感情之一。它是人们在共同学习、共同工作、共同奋斗的过程中培养出来的相互团结、相互帮助，并激励人们不断前进的动力。管仲和鲍叔牙之间的深厚情谊、无产阶级革命导师马克思和恩格斯的友情、鲁迅与瞿秋白之间的友情不就是最好的证明吗？对于青少年学生来说，如果能在中学时期结下深厚的友谊，往往会令人终生难忘。

爱情与友谊有紧密的联系但又有本质的区别。友情虽是爱情的前奏，但友情却比爱情来得现实。友情的实质是付出，爱情的实质是收获。没有付出的友情必是浮萍，没有收获的爱情必是心恋。友情的途径是共鸣，爱情的途径是默契。共鸣的友情能够得到知己，默契的爱情能够得到依托。友情像甘露，饮了能令心田枯涸的人得到滋润。爱情像美酒，喝了能使人沉醉狂歌。友情很淡，却不乏清醒。爱情很浓，却不乏盲目。友情最珍贵的赠品是原谅与宽恕，爱情最珍贵的赠品是理解与信任，友情与爱情最接近的地方便是缘分。缘分尽了，再好的友情、再好的爱情也会失去。失去的友情，必会留下一种如水如酒的记忆。失去的爱情，必会留下一种冰般冷静又如火般热烈的心情。友情可以追述，爱情却不可追述。追述的友情会让人领略到心灵的慰藉，追述的爱情却让人领略到心灵的伤痛。友情与爱情的根基是现实不是幻想。幻想的友情将是神往，幻想的爱情却是梦萦。

对于青少年学生来说，友情并不等于爱情。有时男女同学之间的友谊特别深厚，感觉特别谈得来，就误认为两人之间有了爱情。实际上青春期阶段对异性产生好感是正常的，但这种好感并不是真正的爱情，因此中学生不要急于把这种好感发展成爱情。因为在人的一生当中，中学时期是最宝贵的黄金时期，精力充沛，记忆力强，思维敏捷，是学习文化知识、增长才干的最佳时期，也是确定人生道路的关键时期。由于世界观、价值观、幸福观和人生观尚处于不断完善时期，判断力和抉择力都还不够，对异性同学难以有人格和能力上的深入了解，若是让自己过早进入恋爱阶段，不免带有极大的冒险性和盲目性。这对于自己和别人都是极其不负责任的。

人生如四季，但青春期却不是播种爱情的季节，虽然青春期的爱情像朦胧的月亮遥远而迷人；但是青春期的爱情也像昙花，美丽的刹那过后，却摆脱不了凋零的命运。而我们只是一棵成长中的小树，脚下的土地是那么的贫瘠——知识还很贫乏，身体还很稚嫩，精神有待丰富，个性有待成熟，何况，“初恋时我们不懂得爱情!”那么，我们将用什么来支撑不合时宜的爱情？诗人维舍斯拉夫斯基说得好：先安身立命/再奠基自己的爱情，否则你美好的憧憬就会落空/轻率和非分/使你抱憾终生。建立在贫瘠土地上的感情之花，前途是迷茫的，果子是苦涩的。所以，青少年应该广交朋友，开拓自己的生活空间，从各个方面不断地丰富自己、完善自己。切不可过早地谈情说爱，把大好的光阴浪费在花前月下，否则必然会分散精力，以致丧失求知、求发展的大好时机，以后在回首往事时难免会悔恨万分。

同学之间需要同情和理解

向阳中学初一 2 班有个叫李娜的同学，从小就失去了父亲，后来母亲改嫁，她就和外婆相依为命，生活极其困难，每个月仅靠外婆 200 多元的退休工资过日子。每次学校开展集体活动，如春游、秋游、看电影等，她都找借口不参加，实际上，老师明白她内心是非常渴望能够参加班级的集体活动，可是外婆那一点退休工资两个人过日子还不够，又怎么支付得起其他的费用呢？

开学后，学校要求每位学生定做一套秋季校服，不久，班里其他学生都穿上了漂亮的西装，个个都兴奋不已，不用说，李娜同学没有钱交。看着别的同学神气的样子，她只好一个人偷偷地落泪。甚至有少数男生说她是个穷鬼，拖全班的后腿，影响班级服装整齐。老师在得知这一情况后，专门召开了一次主题中队会，内容是讨论给李娜同学捐款买校服这件事。会上，同学们围绕该不该给李娜同学捐款展开了热烈的讨论。班长马燕南第一个发言："老师，我们为什么要给李娜同学捐款?"老师说："李娜同学家庭困难，大家都生活在同一个班集体中，她的困难就是我们大家的困难，我们应该帮助她。""可她平时表现不好，没有同学愿意和她玩，我们干吗要给她捐款?"马燕南似乎一百个不愿意，别的同学也跟在后面起哄。老师继续耐心地做同学们的思想工作："李娜同学是我们班集体的一分子，她有了困难，我们怎么能不闻不问呢？试想想，如果是你，别人这样对待你，你心里会怎么想？同学们不妨设身处地地替别人想想。"然后老师又接着把她去李娜家家访时看到的祖孙俩相依为命，过着贫困生活的情景向同学们描述了一番。听着老师动情的描述，许多同学都很专注，当老师最后说到你们平时可以在爸爸、妈妈怀里撒娇，让他们给你们买新衣服，带你们吃肯德基时，李娜同学正孤零零的一个人在家。说到这，李娜同学趴在桌子上哭了，其他同学的眼圈也红了，马燕南的眼眶也湿润了，他站起来，大声说道："老师，我错了，我不应该这么自私。您说得对，别人有了困难，我们应该主动去帮助他们。我捐五元，同学们，大家都献出你们的爱心吧!"说完，他走上讲台，掏出五元钱，放在讲台上。也许是班长的带头作用，同学们纷纷掏出自己的零花钱，你一元，我三元，不一会儿，就凑足了订校服的钱。看着身旁同学的一张张笑脸，李娜同学又一次流下了晶莹的泪花，这泪花是激动的泪花，是幸福的泪花!

是啊！我们绝大多数中学生生活得都很幸福。父母的爱护、老师和同学的帮助、社会的关怀就像一股股暖流流向我们每一个人的心田。但人总免不了有忧愁烦恼的时候，学习上的困难，同学之间的别扭，老师的批评，以及其他种种不尽如人意之处，都可能会使我们心情低落。人生就像万花筒，变幻莫测；也像晴雨表，时高时低。“人有旦夕祸福”，谁都可能遇到困难、挫折和不幸。因此，每个人都需要理解与同情。我们总是把同情与理解挂在嘴边，渴望别人同情自己、理解自己。反过来想想，人与人之间是相互的，别人可能更需要你的同情与理解。

同情和理解，是指对他人的不幸遭遇能够产生共鸣，能设身处地理解他人当时的思想、感情和需求，并给予及时的关心、安慰、支持等情感援助。当代美国著名教育家威廉·贝内特在他精心编制的长达八百页的《美德书》中把“同情”列在经典性的、不会随着时代与价值变迁而消逝的永恒美德的首位。苏霍姆林斯基则是在《怎样培养真正的人》一文中苦口婆心地告诫教师要教会孩子善于理解人的悲痛，培养孩子具有善意感。甚至，在他的著作中将同情视为人之所以成为人的重要标志。

英国有一所“同情学校”，英国散文家卢克斯在参观时看到，有个学生要人搀着走，好像瞎了，某个学生夹着T字杖，在窗口看别人走动，好像她是个跛子。其实，这些孩子既不瞎，也不跛，只是学校要求他们某一天要做一回盲人，某一天要做跛子。这样学生们才能知道盲人和跛子的痛苦，将来长大成人，才会同情那些不幸的人。卢克斯跟那个“瞎子”学生谈了，她说做盲人最苦，她将来照应盲人会特别小心。

但是要记住：同情不是怜悯，或者说不仅仅是怜悯。任何人在遭受不幸时都需要同情，但不是任何人都需要怜悯。真实的同情，是一种在理解基础上的同感，就是将自己的心溶入他人的心；将他人的苦痛视为自己的苦痛；像感受和保护自己的内心尊严一样去感受和保护他人的内心尊严。苏霍姆林斯基说得好，教育首先是小心翼翼、无微不至、关怀备至地触及年轻的心灵！学校是养护心灵的圣殿，是高贵灵魂的伊甸园，是崇高精神与细腻内心世界的蓄水池。而我坚信，只有经过同情浸润与洗礼的人才是真正受过良好教育的，才具有良好的素养。

理解也是如此。陈子昂在他的《登幽州台歌》中写道：前不见古人，后不见来者。念天地之悠悠，独怆然而涕下。短短几句就已经写尽了人类渴望理解又常常不被人理解的境地。洛克在他的《人类理解论》中说："人的理解可以说是心灵中最崇高的一种功能，因此，我们在运用它时，比在运用别的功能时，所得的快乐要较为大些，较为久些。"理解，本来就是指感情和思想上的交流。父母和孩子之间需要理解，老师和学生之间需要理解，同学之间、朋友之间也需要理解，我们生活的空间无时无刻不需要理解。理解可以拉近人与人之间的关系，理解可以消除人与人之间的隔膜，理解是人际关系的催化剂。但是我们也悲哀地发现，由于现代生活竞争的激烈，关系的复杂，使得人们之间很难真正相互理解，所以，人与人之间的理解就愈发显得弥足珍贵。

理解代表着一种宽容、一种认同。当你理解同学时，不仅可以使对方从心底感到愉快和安慰，也能让他感到信任和满足。当一个同学向你诉说他的烦恼时，在你看来可能是一件微不足道的小事，甚至有点枯燥乏味，但请以充分理解的态度倾听，使他感到你的同情和关心，这对他来说是莫大的精神安慰和支持。善于理解，及时发现同学的困难和苦恼，并给予精神上适当的支持和行动上的建议，可以说是我们的义务。"心有灵犀一点通"。理解其实并不需要太聪明的头脑，只要我们拿出真心去参与，通过心与心的接触，才能理解别人，同时被别人所理解。

所以，当你看到雨天滑倒的小朋友，见到正在过马路的残疾人时，请拿出一颗同情的心去帮助他们吧！当你的朋友受了委屈向你倾诉时，当你的父母、老师善意地批评你时，请用理解的心去包容他们吧！因为只有善于同情和理解别人的人，自己才会感到快乐！

与同伴交往有方法

人生活在社会上，有着各种各样的人际关系。与他人交往，既是人的一种心理需要，又是一种社会需要。社会越先进，人际关系就越会显示出其特有的价值。正是在与人的交往中，才会慢慢形成与他人相处的方式，形成自己独特的性格和对外界的看法，从而促进个性的形成和提高适应社会的能力。对青春期的男孩来说，同学之间的交往尤为重要。心理学家指出：人们总是希望有人与他（她）进行交流，从而摆脱孤独与寂寞；希望参与具体活动，希望加入某一群体，并为之所接纳，从而获得归属感。这样，快乐时有人与他（她）分享，痛苦时有人为他（她）分担，迷惘时有人给他（她）指点，困难时有人给他（她）援助，忧伤时有人来安慰他（她），气馁时有人来鼓励他（她）。通过交往，人们能够寻求心灵的沟通，能够寻找感情的寄托。

那么，该如何与同学相处呢？其具体方法如下：

一、互相尊重

古人说：“爱人者，人恒爱之；敬人者，人恒敬之。”意思是说：爱护别人的人，别人也总是爱护他；恭敬别人的人，别人也总是恭敬他。互相尊重，就是人与人之间要彼此尊敬和重视对方。要知道尊重别人也是尊重自己，也只有尊重别人，才能赢得别人的尊重。我们尊重同学，就应该尊重他的一切，包括尊重同学的人格，尊重同学的愿望、感情、爱好和民族风俗习惯。那么，尊重同学应该体现在哪呢？比如说：在学校里，应该尊重高年级同学，爱护低年级同学，尊重女同学，不取笑同学，不给同学起绰号、不背后议论同学。同学间每天见面时要相互问好、离校时说声“再见”。这虽然很简单，但这却是真诚、礼貌地表示，也是尊重别人的一种必要形式。有一个小故事：有一次朱师傅为周总理刮脸，突然总理咳嗽一声，朱师傅没提防，给总理的脸上刮了个小口，朱师傅忙道歉说：“对不起，总理！”总理却亲切地说：“怎么能怪你呢？我咳嗽没和你打招呼，幸亏你刀子躲得快。”这个故事告诉我们：只要有一颗尊重别人、爱护别人的心，才能使上级和下级、老师和同学、同学之间平等相待、彼此尊重。同学之间互相尊重还必须注意从“我”做起。每个同学都希望得到别人的尊重，如果总是让别人尊重自己，唯我独尊，那是不现实的。只有从我做起，先尊重别人，才能赢得别人的尊重。每个同学都有自尊心和荣誉感，我们有些同学不大注意这一点，常常用自己的长处去讥笑别人的短处，跟别人说话不分大小，拌嘴专门揭短，开玩笑开过头，侮辱人甚至捉弄生理有缺陷的人，这些都是不尊重别人的表现，是不应该的。

二、互相关心

生活在学校这个大家庭中，我们每一个人都希望得到别人的关心和爱护，这是人的一种正常需要。当一个人能够感到周围的同学对他十分关心时，他心中会感到很温暖，会充满自信和快乐。“投我以木瓜，报之以琼琚”。同样，受到别人关心的人，他也会去关心别人，这样相互之间就建立了一种友好、亲密的关系。雷锋生前有一句名言：“自己活着，就是为了使别人过得更美好。”雷锋小时候十分关心同学，爱护同学。一天早晨，同学们上学遇到大河涨水，石桥被淹没了，一群低年级小同学不敢趟水过桥，正急得没办法，雷锋见此情景二话没说，卷起裤腿，趟着没膝深的河水，把小同学们一一背过了河。雷锋的一位同班同学，因患病几天不能到校上课，雷锋每天放学后来到这位同学家，一面安慰同学安心养病，一面耐心地帮助同学补习功课。在雷锋的热情帮助下，这位同学没有因为患病落下一节课。我们要以雷锋同志为楷模，同学之间要互相关心、互相照顾、互相爱护。但是关心同学一定要真诚、要热情，不要只留于口头上。当同伴有求于自己时，应该竭尽所能满足对方的要求：当看到别人有困难时，要主动去帮助、关心和体贴。

三、文明交往

同学之间在交往时要举止稳重、大方、行为适度。与人谈话，不要对别人拍拍打打或用手对别人指指点点。不要当着同学的面与别人交头接耳，同时不要在别人单独谈话时凑上前去听。自己讲话时注意离对方不要太近，尤其不能溅出唾沫来，走路时不要搭着别人肩膀走。在同学面前，特别是在女同学面前不要乱开玩笑，更不能搞恶作剧，同学之间逢年过节、过生日可以送点小礼物，最好是自己动手制作，如贺年卡、生日卡等。在与同学交往中还要注重讲礼节。妨碍别人时要立即改正，并说“对不起”、“请原谅”；当别人妨碍自己，并表示歉意时要说“没关系”；当别人给了自己方便和帮助时，要说声“谢谢”；当帮助别人做好事、受到感谢时要谦逊地回答“不用谢”、“别客气”；当你需要别人帮助时要用商量的口气说“请”。礼貌是交往的桥梁，不讲礼貌的人是没有人会喜欢的，自己也会失去朋友。我国古代大教育家孔子曾说过这样一句话：“独学而无友，则孤陋而寡闻。”意思是说，独自学习而没有朋友，将是一个学问浅显，听不到太多东西的人。同学们要学会文明交往，广泛交朋结友。

四、互相理解、互相宽容

作为同学、朋友，我们要学会理解和宽容别人。当同学、朋友遇到挫折、苦闷、压抑时，他需要一个发泄情感的对象。如果我们能够真诚、耐心地倾听对方的诉说，就是对朋友莫大的理解和支持。在倾听过程中，不时插上一两句富有情感并且发自内心的安慰话语，可以引导他走出烦恼与不快的泥淖，同时他也会为有你这样的朋友而感到骄傲和自豪。另外，同学之间，由于性格、生活等条件迥异，相处时难免有矛盾冲突，所以同伴之间被人误解是在所难免的。因此，同学之间交往时一定要学会宽容。一个对别人宽厚、有气量，不计小隙，能宽容异见的人才能为大家所喜欢和接受，同时你也能赢得更多的友谊，拥有更多的好朋友。

五、要主动与同伴交往

在紧张的学习生活之余，不妨主动地找同伴谈心，讨论某些问题，交换一些意见，互相传递信息，这样可以加深彼此的了解和信任。

六、交往要有“度”

中国有句极富哲理的话：“物极必反。”生活中，任何过了头的东西都会走向它的反面。同学间的交往也是如此，交往过密，反而容易出现裂痕；而把握适当的“度”，才能使同学间的友谊成为永恒。

人不是自己独自生活在这个地球上，每个人都有交往的需求。而朋友是人生的任何阶段都需要的，如果没有朋友，就像春天没有美丽的花草，夏天没有热烈的阳光，秋天没有田野的果实，冬天没有皑皑的白雪。所以，我们一定要珍惜同学之间的珍贵友谊，让友谊天长地久。

学会欣赏别人，也要学会欣赏自己

这个世界上没有十全十美的人，每个人都会或多或少地存在着这样那样的缺点，只有学会欣赏，才能以彼之长，来补己之短，有助于自己逐渐走向完美。齐桓公欣赏管仲，成为春秋时期第一个霸主。刘备欣赏诸葛亮，三分天下有其一。刘邦欣赏韩信，不因为他是个胯下之夫而拜其为将，打败了强敌项羽，最终开创了汉朝五百年的基业。

一、学会欣赏才能赢得朋友

花园里种着各式各样的花朵，在阳光明媚的春天里，大家纷纷展示自己的美丽。玫瑰开起红色的花朵，散发出一阵阵扑鼻的清香，使得其他花朵都为她的娇艳所倾倒，暗暗自叹不如。

种在玫瑰旁边的鸡冠花，长得瘦瘦长长的，头顶上的花朵像鸡冠一样鲜红。当她看见玫瑰绽放出高贵迷人的花朵，觉得自己真是太难看了，于是她带着既羞怯又羡慕的口吻对玫瑰花说："玫瑰啊！你真是太漂亮了，开的花朵美丽极了，简直就是花园里的皇后！每个人看到你都忍不住要停留他的脚步，欣赏你柔媚的姿态。即使是神，也会被你的美丽吸引。我虽然不好看，但我还是欣赏你的美，我会永远祝福你。"

玫瑰听到鸡冠花对她的赞美，心里虽然十分高兴，但是她却一点也不骄傲，因为她深知自己的缺点。于是玫瑰对鸡冠花说："鸡冠花，谢谢你的欣赏和赞美，我的外表虽然美丽，但是却不长久，不能经受风吹雨打。你虽然乍一看，不怎么显眼，但却能长久地留在别人的视野里。无论刮风下雨，都开着花朵，看起来一直都很健康、年轻。”懂得欣赏别人的鸡冠花与谦虚美丽的玫瑰从此成为了无话不谈的好朋友。

鸡冠花用她真诚的语言欣赏和赞美玫瑰，玫瑰花也谦虚地说出了鸡冠花的优点。在人生旅途中，欣赏是一种最容易获得的愉悦。著名的大作家马克·吐温毫不掩饰地说：“一句美好的赞扬，我能多活两个月。”这句话道出了人类共同的心理需求，因为欣赏是滋润人与人的友谊之花的最美的甘霖。

欣赏别人，是对别人的鼓励。正如威廉·詹姆士所说：“人性中最深切的心理动机，是被人赏识的渴望。”我们都渴望得到别人的欣赏，同样，每个人也应该学会欣赏别人。

欣赏别人，是自己前进的基石。一位西班牙学者说：“智者尊重每个人，因为他知道人各有所长，也明白成事不易。学会欣赏每个人会让你受益无穷。”当你向别人说出“你真是好样的”时，其实你已在无形中为自己找到了新一轮的奋斗目标。

欣赏别人，是做人的一种美德。在人生的道路上，任何人都不可能一帆风顺。别人的欣赏和鼓励有时候就是一剂良药。俗话说：“良言一句三冬暖。”欣赏别人，不仅能给人以抚慰、温馨，还能给人以鞭策，使人的潜能被充分地激发出来，去争取更大的成功。

欣赏别人，更是一种气度，一种发现，一种理解，一种智慧，一种境界。著名报告文学家黄宗英看了女诗人柯岩的一篇报告文学后，笑着说了一句震世骇俗的话：“我可爱的劲敌！”这是一个多么高尚而磊落的欣赏者的胸怀！

学会欣赏别人也不是容易的，首先必须具备豁达的胸怀。因为羡慕和嫉妒本是同根同源，处理不好就很有可能损人损己以致危及社会。那么，怎样才能学会欣赏别人呢？

学会欣赏，首先要培养豁达的人生态度。人生就是一个大舞台，每个人都是舞台上的主角，人人都有自己的归宿。要相信“人外有人，天外有天”，勇于承认别人比自己高明、优秀的地方，以欣赏的眼光努力向别人学习，从而发奋图强，实现自己的人生价值。

学会欣赏，不仅要欣赏别人的优点，还要欣赏他的缺点。因为缺点和优点是很难截然分清的，在不同的情况下，缺点往往也会有它的可爱之处，就看你从哪个角度去看。因此，不仅要互相理解，而且要互相包容。

学会欣赏，要拥有一颗健康的心，去分享别人的成功，用一种赞美的眼光去肯定别人的成绩，那么你的人生境界也会因此而得以提升。

学会欣赏就要有发现别人长处的能力。善于发掘自己生活中美好的一面，善于发现和赞美别人身上的优点，努力营造健康和谐的人际关系。"生活中从不缺少美，而是缺少发现美的眼睛。"

所以，欣赏一个人，是一种求知，一种境界，一种涵养，一种素质；也是对他人的一种肯定，一种理解，一种尊重；是一种给予，一种馨香，一种沟通，一种祝福。

二、学会欣赏自己

一个人在欣赏别人的同时，也应该学会欣赏自己。卡耐基说过一段耐人寻味的话："发现你自己，你就是你。记住，地球上没有和你一样的人……在这个世界上，你是一种独特的存在。你只能以自己的方式歌唱，只能以自己的方式绘画。你是你的经验、你的环境、你的遗传造就的你。不论好坏与否，你只能耕耘自己的小园地；不论好坏与否，你只能在生命的乐章中奏出自己的音符。"

罗慕洛是一位国际政治舞台上有名的矮个子。他穿了鞋子去量身高，也只有 1.63 米。他长期担任菲律宾的外交部长。菲律宾是个小国，在世界地图上只有那么一小点。有一次，在巴黎举行的联合国会议上，前苏联代表团团长维辛斯基很轻蔑地讽刺他："你不过是个小国家的小人罢了。"

矮人常为世人所欺，这在菲律宾也不例外。罗慕洛上中学时曾穿过高底鞋，但他认为用这种法子把身材加高实在不舒服，这不是指身体上的，而是指精神上的不舒服。他抛弃了这种自欺欺人的做法，再也不穿了。有一年，他在哥伦比亚大学参加一次辩论比赛，因为个子矮小，样子像个小学生。一开始，听众就为他鼓掌加油，他顿悟出这样一个道理：矮小的人最初总被人轻视，后来，他有了表现，别人觉得出乎意料，不由得就会佩服起来。因此，矮小的人作出的成就相比之下就格外出色。

1945 年，联合国创立会议在旧金山举行，罗慕洛以无足轻重的菲律宾代表团团长的身份应邀发表演说。讲台差不多高过他的嘴巴。等到大家静下来，他庄严地说出这样一句话："我们就把这个会场当作最后的战场吧！"全场顿时寂然，接着爆发出一阵掌声。他于是放弃了预先准备好的演讲稿，畅所欲言，思如泉涌。后来，报上登出他的这样一段讲话："维护尊严，言词和思想比枪炮更有力量……"从那天起，小小的菲律宾在联合国大会中就被当作资历十足的国家了。

罗慕洛承认自己是个矮人，但他从来不自卑。他不喜欢别人以侮辱矮人为乐。如前面提到的前苏联代表维辛斯基出言不逊时，罗慕洛跳起身来告诉联合国大会的代表说："此时此地，把真理之石向狂妄的巨人眉心掷去——使他们的行为变得检点，是矮子的责任！"维辛斯基一时目瞪口呆，竟未吐出一个字来。

"我愿生生世世做矮人！"这就是罗慕洛流传于世的名言。他不仅能证实生活中的自我，而且因自己与别人身体的不同而感到快乐和自足。

像罗慕洛一样欣然接受自己吧！但是，有几个人能够真正做到欣赏自己呢？总是在怀疑自己身上到底有什么可以值得欣赏的地方呢？其实，不是没有，而是有很多，只是自己没有发现罢了。事实上，欣赏自己便是发现自己、更全面地了解自己。看着镜子里的自己，勇敢地对自己说："我欣赏我自己"、"我欣赏我的生活"、"我欣赏我的财富"、"我欣赏我的健康"、"我欣赏我的幸福"、"我欣赏我的充裕"、"我欣赏我的富有"、"我欣赏我的爱心"、"我欣赏我对人的关切"、"我欣赏我的与人分享"……只有先学会欣赏自己，才会让别人也欣赏自己。

那么，该如何做呢?

学会欣赏自己，首先必须了解自己，只有了解自己，你才会发现你自己的闪光点，才会知道自己的优势所在，这样你才会欣赏自己。

学会欣赏自己，要培养自己优雅的举止。优雅是“以最少的能量创造最大的效益”。仔细注意镜头中的自己，看看自己的举止是否得体，微笑是否怡人，大胆 对自己评头论足一番。你如何观察别人，就如何观察自己。只有你使自己看起来优雅脱俗，你才会成为别人眼中的一抹亮色。

学会欣赏自己，一定要有自信心，相信自己一定能行。培养自信，你会更加清楚地认识到自己的价值，一个有价值又有自信的人怎么会没有魅力呢?

欣赏自己，就是在无人为我们鼓掌的时候，给自己一个鼓励；在无人为我们拭泪的时候，给自己一些安慰；在我们自惭形秽的时候，给自己一片空间，一份自信。

所以，人世间可欣赏的太多了。当我们欣赏儿童时，儿童的天真、活泼给我们带来了愉悦；当我们欣赏青年时，青年的朝气给我们带来欣喜；当我们欣赏杰出的人物时，他们使我们看到了自己的差距；当我们欣赏有缺点的人时，他们会使我们引以为戒……

学会欣赏别人，是一种人格修养，一种气质提升；学会欣赏自己，是一种自信，一种豁达!

学会合作才能生存

有这样一则寓言：一位商人赶着驮了货物的一头驴和一匹马在沙漠中行走。驴对马说：“你帮我分担一点吧，我累得快不行了。”马不理睬，继续走它的路。驴终于累死了，主人就把驴身上的全部货物都卸到马身上，最后，马也累死了。

马的教训给了我们什么启示呢？那就是要学会与他人合作。假如马当时答应驴的请求，与它合作，想必是不会有那样的结局吧！有时候，帮助别人就等于帮助自己，一个人的力量是单薄的，与他人团结起来才能够聚集强大的力量，完成个人所不能做到的事情。生存是一门艺术，学会合作才能生存。

一、合作是一种生存技巧

在一个大森林里，一场激烈的战斗结束了，双方伤亡极其惨重。在遍野的横尸中爬出了两个人，一个是甲方的伙夫，他的眼睛全瞎了；一个是乙方的侦察兵，可惜他的双腿炸断了，不能直立行走了。他们知道，如果不及时地走出森林，随时都有被野兽吃掉的危险。侦察兵唉声叹气地望着大自然的壮丽景色：夕阳烧红了天边的云霞，落日的余晖映照在茂密的枝叶上，跳跃着一个个迷离的小精灵。四周，不知名的小虫细细簌簌地唱着哀怨的歌。一只大鸟不知被什么一吓，扑扇着翅膀，迎着夕阳向远方飞去。瞎子呢，只觉得四周是漆黑的深渊，死亡和灾难向他逼来。当他听到唉声叹气的呻吟声时，他的精神为之一振。在与对方侦察兵做了一番交流后，瞎子作出了一个惊人的决策：两人相依为命，合作走出死亡的边缘。于是瞎子背着瘸子，一步一步，开始了漫漫的人生之旅。“向左……向前……慢一点……注意……前面上坡……好……凹塘……”瘸子不停地发出信息，瞎子不停地作出调整，从生疏到熟悉再到和谐，渐渐地融合，浑然一体，你中有我，我中有你。当他们走出森林的时候，两人已经不能分开了。是啊，合作使他们共同走出了困境，合作使他们共同走出了死亡，迎来了新生，合作拯救了他们的生命。

对于瞎子和瘸子来说，互相合作已不仅仅是一种精神，更是一种获得生存的技巧。

这里还有一个小故事，也能说明这个道理。一位外国的教育家邀请中国的几个小学生做了一个小实验。一个小口瓶里，放着七个穿线的彩球，线的一端露出瓶子。这只瓶子代表一幢房子，彩球代表屋里的人。房子突然起火了，只有在规定的时间内逃出来的人才有可能生存。他请学生各拉一根线，听到哨声便以最快的速度将球从瓶中提出。实验即将开始，所有的目光都集中在瓶口上。哨声响了，七个孩子一个接着一个，依次从瓶子里取出了自己的彩球，总共才用了3秒钟！在场的人情不自禁地鼓起掌来。这位外国专家连声说："真了不起！真了不起！我在许多地方做过这个实验，从未成功，至多逃出一两个人，多数情况是几个彩球同时卡在了瓶口。我从你们身上看到了一种可贵的合作精神。"在我们的生活中也一样，只有不断地寻求与他人的合作，才能提高自身的效率，达到事半功倍的效果。

二、万事万物都是相互联系、相互制约

在非洲的密林中生活着两种动物：蜜獾和响蜜。蜜獾嘴的前端很长，但是腿和爪子很强健，专以蜂类为食。响蜜也嗜食蜂蜜、蜂卵等，但是嘴很短，爪子也不发达。它们都善于发现蜂巢，但不适合在蜂巢中采食。当响蜜发现蜂巢时，便会飞落下去，啄蜜獾的头。于是蜜獾开始追赶响蜜。这样，响蜜把蜜獾引到蜂巢前，在树枝上静观蜜獾捣毁蜂巢。蜜獾喝足蜂蜜，吃够蜂卵扬长而去。这时，响蜜就飞下树枝，不慌不忙地享用剩余的蜂蜜。

这个故事说明，任何事物都处在相互联系、相互制约的系统中，如果能够互相合作，同心协力地向着共同的目标努力，就会形成整体合力，就会产生大于各个要素单独行动时所取得的效果。

美国南部的一个州，每年都举办南瓜品种大赛。有一个农夫的成绩相当优秀，经常是首奖及优胜奖的得主。他得奖以后，毫不吝啬地将得奖种子分送给街坊邻居。有一位邻居就很惊讶地问他："你的奖项得来不易，每季都看你投入大量的时间和精力来做品种改良，为什么还这么慷慨地将种子送给我们呢？难道你不怕我们的南瓜种子超过你的吗？"这位农夫回答："我将种子分给大家，帮助大家，其实也就是帮助我自己！"原来，这位农夫所居住的城镇是典型的农村形态，家家户户的田地都毗邻相连。如果农夫将得奖的种子分送给邻居，邻居们就能改良他们南瓜的品种，也可以避免蜜蜂在传递花粉的过程中，将邻近较差的品种转而传播到自己的地里，这位农夫才能够专心致力于品种的改良。相反地，若农夫不将种子不送给邻居，则邻居们在南瓜品种的改良方面势必无法跟上，蜜蜂就容易将那些较差的品种传播给他的作物，他反而必须在防范外来花粉方面大费周折而疲于奔命。就某些方面来看，这位农夫和他的邻居们是处于互相竞争的形势，然而在另一方面，双方却又处于合作的微妙状态。

事实上，合作与竞争是现代社会的一种普遍现象，它们既相互联系又相互矛盾。竞争不仅是促进个人和社会发展的手段，更是社会进步的动力，竞争的目的在于促进社会的发展和进步，在此过程中发挥个人的潜能，促进个人发展。没有竞争，会使我们安于现状、墨守成规，也就没有个人的进步和社会的发展。

三、合作使人走向成功

合作是成功的土壤，是人类生存的必须手段。人类正是因为有了成功的合作，才取得了一个又一个的进步，实现了一次又一次的飞跃。马克思和恩格斯因为合作，所以有了伟大的《共产党宣言》；居里夫人和她的丈夫因为合作，有了镭元素的发明；因为共同的合作，我们有了2008年举办奥运会的成功。所有这些真诚的合作，使得我们步入了一个文明进步、积极向上的社会。

四、学会合作，体会幸福

有人和上帝讨论天堂和地狱的问题。上帝对他说："来吧！我让你看看什么是地狱。"

他们走进一个房间。一群人围着一大锅肉汤，但每个人看上去一脸饿相，瘦骨伶仃。他们每个人都有一只可以够到锅里的汤勺，但汤勺的柄比他们的手臂还长，自己没法把汤送进嘴里。有肉汤喝不到肚子里，只能望"汤"兴叹，无可奈何。

"来吧！我再让你看看天堂。"上帝把这个人领到另一个房间。这里的一切和刚才那个房间没什么不同，一锅汤、一群人、一样的长柄汤勺，但大家都身宽体胖，正在快乐地歌唱着幸福。

"为什么？"这个人不解地问，"为什么地狱的人喝不到肉汤，而天堂的人却能喝到？"

上帝微笑着说："很简单，在这儿，他们都会喂别人。"

故事并不复杂，但却蕴含着深刻的哲理。同样的条件，同样的设备，为什么一些人把它变成了天堂而另一些人却经营成了地狱？关键就在于，你是选择相互合作、共同幸福还是独霸利益、独享痛苦。

合作精神不是生下来就有的，它需要后天的培养。那么，该如何培养合作精神呢？

要懂得协调自己与他人的利益，这样才能使整体活动得以进行。这里并不要求放弃自己的要求，但要明白，如果想使整个家庭生活的秩序不被打乱，每个家庭成员的生活要求都能得到最大限度地满足，就需要每个人向同一方向努力，学会从整体考虑，从大局出发。

培养合作精神，要懂得合作需要付出自己的爱心，需要牺牲精神，还需要人际交往的技能。如果缺乏这些技能，合作是不顺利也不能持久的。如果合作者只向着自己的利益，却不愿意尽自己的义务，那么，必定不能实现既定的目标，成功合作就更不可能了。

合作的前提是信任，合作的基础是理解，合作的关键是宽容。所以，培养合作精神，就要先学会相互信任、相互理解、相互宽容。

人的一生中要经历许许多多的事，但是个人的能力是有限的。只有学会合作，才能到达成功的彼岸。

应对社交恐惧有方法

晓萌是一名高三的学生，性格内向。上高一时，由于不经意间多看了同一排的男生几次，引起了对方的反感，同班同学还经常取笑她想和那名男同学谈恋爱。晓萌为了避免同学们说闲话，就尽量使自己不再看那个男同学了。但到了高二，她发现自己几乎不敢看身边的任何一名男生。甚至有时面对女生，她也不敢抬头，心里很紧张。遇到陌生的人，这种情况会更严重，经常令她面红耳赤。晓萌心里认为世上最难打交道的是人，每次遇到必须轮流上台发言的时候，她宁愿装病逃学。用她的话说：“站在台上，不知道别人是怎么看我的，他们可能都在嘲笑我、讨厌我，与其那样，还不如把我给杀了。”

还有另一位男生说：“我特别怕到人多的地方去。比如商店、广场、集会或穿越马路，参加宴会，每当这时，我就感到心惊肉跳，既不敢抬头看人，也不敢与人交谈。我曾经问过我妈妈这是为什么？妈妈说我在幼儿园时，有一次表演节目时在台上出了丑，老师批评了我几句，从此就再也不愿去幼儿园了，后来在六岁时，妈妈带我去逛商场，人多又把我给挤丢了。我在人群里大喊大叫找妈妈，吓得尿了裤子，从那以后，我就害怕去公共场合。”

从晓萌和那位男生的表现可以看出，他们患的是青春期社交恐惧症。这种症状多发于青少年期，男女都可能出现，因为青少年正处于渴望友谊，希望广交朋友的年龄阶段，有些比较害羞或胆小的人一到具体的交往，如找人交谈、或者别人与自己打交道时，就会出现恐惧反应。表现出不敢见人，神经处于非常紧张的状态，这就是社交恐惧症。随着青少年的增长，独立性的增强，需要与外界打交道的机会也越来越多，部分同学对社会交往尤其是那种面对面式的交往的恐惧也在不断地增长。每一次在公开场合的抛头露面都会令他们紧张不安，甚至于进教室的这个简单过程也会让他们感到浑身不自在，似乎有几十双眼睛在盯着自己。如果再遇上班级组织集体发言，他们更是能躲则躲，这使十分不安的心又添了许多懊悔和自责。在对北京某中学进行的 1 337 名中学生社交恐惧的现状调查中发现，有 67. 5% 的学生说自己偶尔会有社交恐惧的感觉，频繁出现这种感觉（每周 3 次以上）的学生占 10. 7%，1. 4% 的学生被怀疑是社交恐惧症。这听起来有点像天方夜谭，但其实距离我们并不遥远，有些就发生在我们的身边。

那么，到底什么是社交恐惧呢？它是指以焦虑、恐惧和自闭为主要特征的一种综合心理障碍，一般表现为：自我封闭、不敢交友、害怕社交，除了几个亲近的人之外，他们很难和外界沟通，这些人无法主动走出自我的世界，也不愿意加入人群。在人多的地方会觉得不舒服，担心别人注意他们、担心被批评、担心自己格格不入，由此而产生焦虑、不敢面对挫折、逃避现实，觉得只有躲在没人的地方才是最安全的。社交恐惧不仅仅只表现在面对陌生人时手足无措，还表现在不敢在公共场合打电话，不敢大声说话，不敢单独见陌生人，不敢在有人的注视下进行正常的活动等。如果严重时，还会伴有心慌、颤抖、出汗、呼吸困难等症状。一般可用以下的专业测试来测试你是否有社交恐惧：

（1）我害怕在重要人物面前讲话。答：（1　2　3　4）

（2）在别人面前脸红心里感觉很难受。答：（1　2　3　4）

（3）聚会及一些社交活动让我害怕。答：（1　2　3　4）

（4）我常回避和我不认识的人进行交谈。答：（1　2　3　4）

（5）让别人议论是我不愿的事情。答：（1　2　3　4）

（6）我回避任何以我为中心的事情。答：（1　2　3　4）

（7）我害怕当众讲话。答：（1　2　3　4）

（8）我不能在别人注目下做事。答：（1　2　3　4）

（9）看见陌生人我就不由自主地发抖、心慌。答：（1　2　3　4）

（10）我梦见和别人交谈时出丑的窘样。答：（1　2　3　4）

每个问题有4个答案可以选择，它们分别代表：1. 从不或很少如此；2. 有时如此；3. 经常如此；4. 总是如此。根据你的情况在上表中圈出相应的答案，此数字也是你每题所得的分数。将分数累加，便是你的最后得分了。

得分在（1－9分）放心好了，你没患社交恐惧症；（10－24分）你已经有了轻度症状，照此发展下去可能会不妙；（25－35分）你已经处在社交恐惧症中度患者的边缘，如有时间一定要到医院求助精神科医生；（36－40分）很不幸，你已经是严重的社交恐惧症患者了，快去求助精神科医生，他会帮你摆脱困境的。

中学时期正是一个人生理和心理都在发生急剧变化的时期，如果在这一阶段遇到心理问题，没有解决好，就可能会影响到他们将来的升学、求职、就业、婚姻等一系列社会化进程。那么，我们该如何来应对社交恐惧呢？

第一，战胜恐惧，改变自己的认知。艾默生说过："恐惧，比世界上任何东西都更能摧毁人心。”其实，如果你仔细想想，我们在别人面前之所以那么紧张，言谈举止会不自然，主要是因为我们太在乎别人对自己的看法，总想给别人留下一个好的印象。自然过分注意的结果就是导致我们不能专注于自己要说的话和要做的事。所以，战胜恐惧的第一件事就是忘却自己，要认识到别人对自己的评价是暂时的、偶然的，不要过多考虑别人对自己的评价。要知道每个人都是自己舞台上的主角，尽量使自己进入一个“忘我之境”，无拘无束地表现自己。

第二，增强自信心。美国的心理医生藩尼洛普·罗西诺夫曾风趣地说：“你要推销的第一个对象就是你自己。你越是对自己有信心，越能表现出一种自信的气概。你必须确信自己有权呼吸，有权占有一个空间，而且在任何地方都感到很自在。一个感到自在的人就会坐在整个椅面上，而不会只坐在边缘上，一个高大的人，绝不会缩着头颈。”

第三，努力改变自己的性格，培养自己“外向型”的兴趣爱好。害怕社交的人多半性格比较内向，因此，在平时应多参加一些体育、文艺等集体活动，比如健身、打球、聊天等“外向型”活动，让自己“动”起来，让自己“敞开”。只有在外向型的兴趣交往中，一个人的社交能力才会慢慢提高。同时，尝试主动与同伴和陌生人交往，在交往的过程中，也会逐渐消除羞怯、恐惧感，使自己成为一个开朗、乐观、豁达的人。

第四，寻找机会反复锻炼自己。多争取一些社会工作和与人接触的机会，尽可能多地与人交谈，表达自己的观点。我们发现，那些经常做班级干部工作的同学在公共场合表现得落落大方，谈吐自如，这就是长期社交锻炼的结果。所以，社交恐惧，也只有在与人交往的实践中慢慢消除。卡耐基说过：“克服演说恐惧症的最好方法，除了练习，还是练习。”

第五，多学习社交技能。要在交往中使用适当的技能，以赢得别人更多的接纳。比如，学会倾听和倾诉，学会对别人的交往信号作出积极的反应，学会主动交往，等等。要掌握这些，就需要你提前做好一些准备，对你要接触的人、要讨论的问题有充分的了解。美国前总统林肯说过，即使对一个有实力的人来说，若缺乏周全的心理和知识上的准备，不对他即将从事的活动做到胸有成竹、了如指掌，行动中的无条理和内心的慌乱是在所难免的，即所谓“未做准备而对人演说，无异于以裸体示众”（布拉斯达语）。

第六，适当降低要求。容易社交恐惧的人一般都注重完美主义，希望自己在所

有人面前、在任何场合、在各个方面都表现得完美无缺，得到别人的称赞。但是人

无完人，这样就不可避免地造成反复的自我挫败。

第七，自我放松，转移情绪。有一个故事，说一个人对上台演讲恐惧得要命，所以他巴望着人们都不去注意他。可他上台后发现大家个个都心不在焉。于是，一种愤怒的情绪取代了上台演讲的恐惧，结果这场演讲反倒十分精彩。由此可见，转移注意力和情绪有助于忘却恐惧。此外，也可以进行一定的自我暗示，把自己想象或一个谈吐大方、镇定自如的人，并努力作出一副轻松的样子，这在一定程度上可以帮我们摆脱困境。

事实上，每个人在公共场合都会有恐惧心理，不是只有我们才有。要克服社交恐惧，其实并不难，只要你打开心门，真诚地和别人交往，你会发现，你也能融人人际交往的海洋。

第 4 章　男孩情感方面应该知道的事情

不要盲目地向对方表达感情

歌德说："哪个少男不钟情，哪个少女不怀春。"对青少年来说，青春期就是人生的春天。春天万物生机勃发，桃红柳绿，是一个充满生机与活力的季节。处于青春期的少男少女在这个特别的年龄开始情丝萌动，对异性产生爱慕之情。青春期男孩往往会被"早恋"的芬芳所吸引，他们的内心会产生朦胧的情感，产生对异性的爱慕之情，会渴望与喜欢的异性交往，会主动接近自己喜欢的异性。如果双方相互倾心，早恋就会发生。早恋毕竟是羞涩的、含蓄的、隐秘的，大多数孩子不敢直接向对方敞开心扉，而是通过"情书"来打开情感的心锁，尤其是那些刚刚进入中学的孩子们，"情书"就成了他们表达爱慕之情的通用工具。这些纷飞的信笺犹如一朵朵带刺的玫瑰，有时会将人无情地刺伤，有时来不及触摸就凋谢了……

王攀是个 14 岁的男孩，刚上初中二年级。他不但学习成绩好，性格也很好。他为人稳重大方，主动热情，而且是写作能手，老师让他当语文课代表，很多同学都喜欢跟他一起讨论语文作业和写作文的方法。

一天上作文课的时候，同学们都在写作文，坐在他前排的一个女生把昨天借他的一本作文辅导书还给他，露出一副非常不好意思的样子。“怎么了？这书你要是还没看完就拿去接着看吧。”王攀对女生说。“不，我看完了。我是想说第56页的那篇文章写得非常好，你也看看吧。”女生说完就低着头快步走开了。王攀拿起书翻到第56页时发现里面夹着一张小纸条，上面用很小的字体写着：王攀我喜欢你，我们恋爱吧。王攀顿时脸红心跳，手足无措。那一整天他都精神恍惚、心慌意乱，仿佛感到同学们都在用火辣辣的双眼盯着他。他再也无法像以前那样集中精神学习了，即使在课堂上也总是走神，对于老师所讲的内容他几乎什么也没有听进去，心里总是想着那张纸条与写纸条的那个女生。

其实，王攀以前与这个女生关系不错，这个女生经常向他请教写作文的方法与技巧，没想到时间一长就对他产生了爱慕之情。王攀一点心理准备都没有，面对这突如其来的感情，他陷入了心慌意乱之中，完全乱了方寸。两天后当王攀与那个女生的目光再次相遇的时候，王攀的心里情不自禁地涌出一股激流。两人便悄悄地表达了爱慕之情，不久就发展到炽热的程度，他们的“恋情”很快就成了校园里人人皆知的“秘密”。当女生的父母知道这件事情以后，马上给该女生办理了转学手续，他们的感情就这样终止了。此后，王攀学习成绩急速下降，他变得不像以前那样开朗、快乐了。显然，这次早恋给了他莫大的打击。

异性相恋是一种美好的情感，可以给人带来愉悦的体验。处于青春期的男孩对异性产生爱慕之情是很正常的，也是很合理的，可是男孩的年龄和能力也远远没有达到可以为这份情感负责的程度，男孩对爱情的理解还不够深刻全面，不要盲目地向对方表达感情。再说，青春期男孩生理和心理都没有发育成熟，过早地坠入爱河则会给身心健康带来很大的影响。青春期的异性感情通常是一种幼稚、盲目并带有冒险性的异性交流，青春期孩子在感情的把握上难免会出现失误，对于怎样追求爱情还缺乏理智和正确的认识，盲目草率的感情尝试大都会以失败而告终，而失败会给人带来很大的痛苦与伤害。

过早的恋情与感情是很难开花结果的。万一它突然来临，青春期男孩一定要理智一些、冷静一些，要把眼光放得长远一点，应多为自己的未来考虑，把自己的精力放在学习上，要把对异性的感情化作自己努力前行的动力。面对朦胧而甜美的感情，面对异性的爱慕与追求，青春期男孩到底该怎么做呢？希望以下几点能对你有所帮助：

（1）尊重追求者

人人都有追求爱情的权利，不分美丑，不分贫富贵贱。当有异性向你表达爱慕之情时，就算你不喜欢她，也要尊重她，理解她，以诚相待，在不造成伤害的前提下委婉地拒绝。

（2）集中精力学习

学好文化知识、锻炼身体素质是一个青春期男孩当前最重要的任务。青春期是人生中最宝贵的时期．是长知识、长身体的重要阶段，一旦错过，将再难寻回。在这个年龄阶段．孩子不管是在记忆能力、思维能力还是学习能力上都比成年人强，如果在这时加强自己各方面的能力就会取得事半功倍的效果。在这个无比美好的时期，我们一定要抓紧时间学习，珍惜机会，切勿将时间浪费在谈情说爱上。

（3）保守秘密

追求异性是人在青春年少的时候都有过的冲动。对于一个大度的男孩来说，即使你不喜欢追求你的女孩，你也不可鄙视她，应婉言拒绝，同时还应为女孩保守秘密，不可随意告诉你的同学或好朋友，以免给女孩带来心理负担，造成不必要的心理伤害。

（4）坦然面对女孩

写情书或表达爱意也许是人一时的冲动，特别是处于青春期的少男少女们，往往会因为对方一个无意的关心而喜欢上对方。当发现某一女孩特别想亲近你或给你写了一封令你脸红心跳的情书时，切不要慌乱，更不要急于回信，以免对方误解。这时，你应该保持冷静，可以装出一副若无其事的样子，像往常一样生活，见到对方时表现落落大方、言行自如，像对待普通朋友一样。这样对方会感觉到你的无意，也不会再继续缠着你了。

（5）分清好感与爱情

异性相吸是自然法则，男孩喜欢女孩或女孩爱上男孩，都是自然而然的事。一般来说，青春期女孩与男孩的感情只不过是一种朦胧的、带有好感的或是欣赏的感觉罢了，根本算不上爱，更谈不上爱情，因此不要盲目地将对方的好感当成爱情，要分清好感与爱情的实质，切不可随随便便陷入情网。

（6）在合适的时间拒绝

通常来说，当一个人向喜欢的异性表白之后会非常紧张和不安，既盼望对方能接受自己，也担心对方会拒绝自己。因此，这个时候不要断然拒绝追求者。有专家认为，当一个人表白了自己的爱慕之情三四天之后，情绪就会渐渐趋于稳定。如果在这时再向对方说明自己的本意，即使拒绝对方也不会令对方感到太难堪或痛苦。

从失恋的自卑和迷惘之中走出来

恋爱就像一支芬芳的玫瑰，香气怡人，令人陶醉。然而，失恋却像一支凋谢的玫瑰，让人痛彻心扉。失恋是一种非常痛苦的情感体验，会给人造成身心伤害，比如失眠、厌食、心痛、精神萎靡、注意力不集中等，被动放弃的一方往往会产生剧烈的心理创伤。处于青春期的男孩，一旦失恋，心理创伤会更大，因为他们心智还不成熟，很难从痛苦的阴影中走出来，有的甚至还会产生绝望与轻生的念头，严重影响自己的身心健康与人生发展，也会产生一系列的社会问题。

王川上高二，他的学习成绩属中上等。他性格稳重．言行得体，深得女生的喜欢。王川喜欢班上的一位女生。这个女生不但长得漂亮，而且性格活泼开朗，爱说爱笑。跟她在一起，王川觉得非常开心，似乎处处都充满阳光。但是好景不长．一个学期之后，这个女生随着父母的工作调动转到外地上学去了，王川再三挽留，可女生还是跟随父母走了，连联系方式也没有告诉他。

刚开始的几天，王川还是感到好像缺少了什么东西，可是后来每当回想与该女生在一起的快乐时光，他就痛苦万分，尤其是每当他走到他俩一起待过的地方就会触景生情。渐渐地，他变得心神不定，精神萎靡，晚上睡不好觉，常常恶梦不断，白天上课时注意力不集中，成绩大幅下降。他把自己的内心封闭起来，不跟同学交流，也不向父母诉说，他感觉生活失去了意义……

所谓“失恋”，就是相恋的两个人有一方不愿意再维持恋爱关系而终止了恋爱，使感情无法再维持下去。失恋是一种痛苦的情感体验，会使人的正常生活受到很大的影响。有的人失恋后会心灰意冷，嫉俗厌世，对生活失去信心与热情，陷入极度的自卑和迷惘之中，特别是一些正处于青春期的男孩，失恋往往会给他们的心理带来更大的创伤。因为他们的人生经验和生活阅历都还太少，加上心理还没有完全发育成熟，对痛苦的承受能力还很差，所以在失恋的巨大压力下，他们的心理会产生强烈的挫折感，首先是羞愧难当，再就是暴怒绝望，最后会变得郁郁寡欢，感觉生活中的一切都没有意义。如果长期处在这种抑郁的状态下，有些男孩会做出一些极端的行为来。“失恋”是一把无形的刀，会将人伤得体无完肤。因此，只有学会自我心理调节，让自己重新振作起来．将满腔的热情投入求知之中，才不会辜负这大好的年华！希望以下几点能对你有所帮助：

（1）学会情感转移

每个人失恋后都会觉得自己在情感上失去了依靠，觉得很孤单寂寞。殊不知，虽然你失去了恋人，但还有很多人关心你，比如你的父母、兄弟姐妹、同学、朋友，还有一些喜欢的事物或物品，这些都可以成为我们在情感上依靠的对象。男孩要想办法转移注意力，比如做一件自己非常感兴趣的事情，或是把心里的苦闷向父母或好朋友诉说，这些都是宣泄情感的好方法。

（2）失恋是梦醒时

当两个人因为某种原因不能再在一起时，虽然双方努力维系但还是只得分开，那么我们必须学会坦然接受。分开之后无论是心碎、孤独还是难过、伤心，都必须承受。失恋后，不要说没面子，更没有必要伤心欲绝。要知道，失恋才是梦醒时，梦醒了，一切也就划上了句号。

(3) 倒出心中的苦水

我们知道失恋是无比痛苦的，不良的情绪会随之产生。长时间的情绪压抑容易导致心理疾病。我们可以向一个知心的朋友或亲近的家人诉说一下，将失恋的苦水全部倒出来，从而缓解痛苦。

(4) 重新振作起来

失恋的确会给人带来很大的痛苦，同时也会磨掉许多脆弱的东西，比如草率、依赖、幼稚、冲动、幻想、盲目等，我们在经受了痛苦之后会变得成熟。青春期男孩要坦然地接受恋爱关系的终止，承认这一切都已经是过去式。既然不痛快的一切都已经过去，那么自己要重新振作起来，继续自己的生命之旅。其实，历史上很多名人也都经历过失恋之痛，比如诺贝尔、贝多芬、牛顿、歌德、居里夫人等，他们也曾经像你一样有过失恋的痛苦，但他们用积极的态度审视自我，很快就从失恋的深渊中解脱出来，后来他们用有限的生命创造了辉煌的成就。

(5) 学会自我激励

男孩要学会自我激励，充实自己的生活，摆脱失恋的痛苦。要想办法多激励自己，给自己一些积极的心理暗示，比如“失去的未必是最好的，下一站或许更灿烂”“何必单恋一支花，天涯何处无芳草”“失恋能成为我前进的动力”等，相信这些自我激励的心理暗示可以给你带来巨大的精神力量，帮助你尽快摆脱失恋的痛苦。

(6) 学会放开

有话说“越害怕失去越易失去”。凡事就像沙子，你越握得紧，它流失得越快。感情也是如此，你越害怕失去，就越容易失去。男孩要学会看开一点，不妨豁达一点：该走的自然会走，不该走的自然会留下来。

(7) 让心理平衡

世上没有完美的人，即使再优秀的人也有缺点。为了减轻心中的痛苦，为了使自己能尽快从失恋的困境中走出来，不要总想着对方的好，不妨多想想对方的缺点。你可以把该女孩做得不对或与你争吵的事情记下来，不时看一看，想一想，你就会觉得她其实也没有你想象中的那么好。慢慢地，你就能逐渐释怀，回到正常的生活轨道上来。

理智地对待初恋

有话说“人生最美好的莫过于初恋”，初恋是在青春年少时的情窦初开，它纯真而美好。初恋是每个少男少女身心发展的必经之路，也是青春苏醒的呼唤。青春期男孩的生理和心理不断发育成熟，对异性的情感也开始萌发，遇到自己心怡的异性便会萌发出爱恋之情。这种感情不仅使人感到快乐，而且刻骨铭心、回味无穷。它是人生第一次对异性爱的体验，更是生理因素和心理因素走向成熟的过程。初恋虽然美好，却并非都能结出果实。刚进入青春期的少男少女虽然身体发展开始走向成人化，但在自我意识方面还不够成熟，很多想法还很天真幼稚，还没有能力对自己的行为负责。再说，这种感情大多是对异性的好奇，不能算真正的爱情。男孩一定要理智，把自己的感情埋在心底，把精力用在学习上，以免耽误了前途。

李景读高中一年级，学习成绩不错，人也长得高大帅气。李景自上高中后，课程增多了，天天埋头在学习之中。到了下学期，李景依然像以前一样努力学习，可是他的精神却集中不起来了，只因他恋上了班里的一个女生。女孩不但人长得漂亮，而且学习成绩很好，她那甜美的模样让李景心动不已。李景每天都注视着女孩，观察女孩的一举一动，而女孩也时不时地看向他。她那美丽的大眼睛总是温情脉脉，这令李景心生激动。这样一来二往，两人相互表露了心意，之后他们很快就陷入了热恋之中。两人在一起吃饭，一起买东西，一起上学，一起回家，一刻都不想离开对方。开始时他们两人也不敢声张，悄悄地行动，但纸终归包不住火．他们的“秘密”很快就被同学们发现了，也传到了老师与双方家长的耳朵里。先是老师找他谈话，接着就是父母的说教，李景心烦意乱，再也不能静下心来认真地学习了，学习成绩自然是越来越差。他意识到初恋虽然美好，却不适合还未成年的他，可是他又无法克制自己的情感。他陷入了深深的痛苦之中……

初恋是一种美好的情感，是一个人一生中最真诚、最认真的感情。这份感情虽然美丽，却往往很难开花结果。在这青涩的年龄，我们需要集中精力学习文化知识，而不是将大好年华浪费在明知不可为还要为之的恋情之中。虽然情感经历也是人生中必须要上的一课，但现在它来得还不是时候。我们应该适度地调配自己的感情，让初恋的美好情感得以升华，让它成为我们积极向上的动力。我们应尽力将精力与时间用在学习上，化情感为求知的动力，使自己成为一个有文化素养、意志坚强的男孩，这才是我们的当务之急。

那么，作为一个有志向的男孩，我们应该怎么做才能从初恋的美丽魔网中走出来呢？希望以下方法能对你有所帮助：

(1) 冷静地控制感情

初恋虽然很美好，但它很脆弱、很稚嫩，经不住风吹雨打的考验。初恋感情的萌发往往是由于喜欢而产生的，比如因为对方的某一优点而喜欢她，或是因为对方的帮助使自己感动而产生了感情，因此，不要草率地把爱慕之情演绎为爱情。爱慕之情或感激之情并非真正意义上的爱情，而且它是极其脆弱的，遇到一点阻力就会退缩，严重的还会给将来的恋爱与婚姻带来不良的后果。当初恋之芽即将萌发时，青春期男孩一定要冷静地控制自己的感情，切勿陷入不理智的情感之中。

(2) 感情面前要理智

青春期男孩的心智还没有发育成熟，尤其是他们的自我控制能力差，容易意气用事，千万不要轻易点燃爱情之火，以免伤人伤己。当感情来临之时我们一定要理智，控制好自己的情感，切莫因为一时的冲动而影响学习甚至误了终生。我们应以学习为重，只可将情感当作自己成长过程中的一段经历或一个小小的插曲。

（3）让感情升华

男孩总是朝气蓬勃、满怀自信，对什么好像都满不在乎，但对感情往往特别上心，特别专注。在感情面前他们变得神秘而复杂，一旦感情破裂，就会形成无法弥补的伤痕。在这个特殊的时期，学习文化知识和提高身体素质才是至关重要的。当感情来临的时候，我们要把它建立在正确认识的基础上，让内心多凝聚正能量，用崇高的追求替代情感的冲动，让自己成为一个朝气蓬勃、情操高尚的男子汉。

青春期男孩虽然在渐渐长大，但他们对感情还很迷茫，分不清什么应该做什么不应该做，父母要让他们认识到现在谈感情还不到时候，告诉他们如何正确处理遇到的感情问题。希望以下几点能对你有所帮助：

（1）和男孩一起制定“恋爱条约”

恋爱是每个人都要经历的事情，青春期孩子自然也会经历此事。当得知儿子恋爱了，我们没有必要过于紧张，因为对于孩子来说这是再正常不过的事情，再说这也不是一味阻止就能解决的事情。不过，对于男孩的恋爱方式与方法我们却不能不管不闻，听之任之。父母可以与男孩制定一个“恋爱条约”，规定他谈恋爱可以，但不能破坏条约，条约中可以规定双方约会频率，约会时间，恋爱交往的禁区，还可要求恋爱不能影响学习，成绩不能下降，花销不能太大等，这些“条约”可以适当约束孩子的恋爱行为，帮男孩学会调适学习和恋爱的天平，懂得为自己的行为负责等。

（2）多关心男孩

当父母得知男孩恋爱了也不要惊慌，因为这个讯号是在告诉我们男孩长大了。这时我们要做的就是相信他的选择是有一定理由的，多关心男孩，多找机会和男孩沟通。其实男孩早恋的讯号是在提醒我们，男孩心中可能缺失爱，所以才对于同伴或异性情感有着强烈的需求。这时我们应该找些共同的话题与他交流，也可以培养一些兴趣爱好，让他把心思转移到他喜欢的事物上，这些都是避免孩子过早陷入感情之中的不错方法。

（3）帮男孩树立正确的恋爱观

虽然男孩在青春期谈恋爱是很正常的事情，但他们对恋爱本身缺乏正确的认识，对什么是爱情什么是友情分不太清楚。其实，很多时候他们喜欢与异性相处只是渴望与人交流或是想找个人倾诉内心的烦恼而已，并不是真正地喜欢上了对方。青春期男孩学业繁重，心理压力大，他们希望从别人那里获得某种心理满足，以放松郁闷的心情。因此，我们有必要为孩子树立一个正确的恋爱观，让他们知道真正的爱是宽容、义务和责任，爱应该建立在自尊自爱的基础上。青春期是增长知识与能力的黄金时期，只有心智成熟的人，才能从容地去爱别人。

单恋对身心健康不利

进入青春期的孩子情窦初开，会对自己喜欢的异性产生倾慕之情。异性之间相互吸引、激起感情涟漪是很正常的，但如果这种感情对方并不知道，就会带来难以预料的伤害。这种对方不知道的依恋在心理学上被称作“单恋”，也称“单相思”，就是一方对另一方的感情是一厢情愿的，对方根本不知道被人爱慕也不可能有感情的回报。男孩通常会在心底默默地对某一异性产生情感依恋，并以此作为精神的寄托，而这种依恋之情对方往往并不知晓，但男孩却一往情深地爱着对方。有单恋倾向的男孩大都性格内向，不喜欢交流，一旦感情受挫就会沉溺在感情漩涡之中而不能自拔，长期下去会产生许多忧郁和苦闷的情绪，这对身心健康非常不利。

杨贺今年 17 岁，上高中二年级。他虽然长得很帅气，但生性腼腆，与人说话时易脸红，特别是与女孩说话时总觉得很不好意思。可是，最近这段时间杨贺非常渴望见到班上的英语课代表，看不到她就觉得心里空空的，好像少了什么东西似的。英语课代表叫洁茹，是个漂亮的女生，她不坦英语成绩全班第一，而且性格开朗，特别爱笑，这令杨贺非常着迷。前一段时间英语考试，杨贺的英语老是不及格，他在班上受到老师的点名批评之后心里非常难过。下课之后，洁茹竟然主动找到他，说要给他补习英语，这令他有点受宠若惊。此后连续两周，洁茹都会抽时间给他补英语。她态度温和且有耐心，这让杨贺非常感动，他的英语成绩很快得到了提高。不知从什么时候起，杨贺发现自己悄悄地喜欢上了洁茹。她的一颦一笑、一举一动都让他怦然心动。每次听到她的声音，看到她的笑容，他都觉得非常快乐，一会儿看不到她，他就会魂不守舍，一副失魂落魄的样子。就这样，杨贺陷入了深深的“单恋”，学习时注意力无法集中，上课时老是走神，根本就没有心思学习。洁茹对此一点儿也不知道，而杨贺又不敢向洁茹表白．何况学校禁止谈恋爱。“到底该怎么办?”杨贺的心里矛盾重重。

对于大多数青春期孩子来说，单恋是一场美丽的“感情误会”。青春期男孩正处在一个以自我为中心的年龄阶段，他们精力旺盛，但在思想上有强烈的主观性，又往往考虑欠妥，一旦自己产生了情感就易产生这种“爱情错觉”。青春期男孩不像女孩那样善于表达自己的情感与内心的感受，如果他们单恋了就会更加焦急、无助与痛苦。一般来说，处于青春期的“单恋”男孩，有着与成年人不同的心理特点。他们都是先爱上对方，由于性格内向或自卑而不敢向对方表达，自己一味地深陷其中并坚信不疑。这种单相思大都是男孩自己的主观感受造成的。很多男孩都会把某一女孩的热情大方、温柔可爱、友好亲切等当作是爱的表示，其实这只是女孩的待人之道，只是女孩受人喜欢的一种性格，并非是对男孩的示爱之举。

一般来说，单恋有两种情况：一是错认为对方对自己有情，固执地认为自己的单恋是有“理由”的；二是纯粹的单恋，自己执著地爱着对方，而对方丝毫没有发觉，只是自己一味地追求对方。虽然当事者也能体验到一种感情有所寄托的快乐，但却感受不到对方的爱意与两情相悦的愉悦。很多陷入单恋的男孩由于无法正常地表达自己的感情而不知所措，会觉得自己痛苦不堪。当男孩陷入单恋之中时一定要学会冷静地观察和分析情况，当发现这份感情不能发展下去时，要及时悬崖勒马，将痛苦的影响减到最小。希望以下几个方法能对你有所帮助：

(1) 客观地审视对方

每个人都有自己的长处与优点，你对某一个人倾心，往往是因为这个人身上的某些优点让你特别喜欢。任何人都不可能十全十美，有优点的同时也往往有许多缺点。因此，我们倾慕一个人不要单看她光鲜的一面，还要从多方面考虑，看看她有什么缺点，你是不是可以接纳和包容这些缺点。男孩要学会客观地审视自己加在异性头上的光环，全面地认识对方，使自己尽快地从单恋的泥潭中挣脱出来。

(2) 减少接触机会

青春期男孩一味地沉溺于单恋的泥潭里苦苦挣扎、不能自拔，这是得不偿失的，也是很不明智的。男孩应该克服虚荣心理，借助理智的力量减轻因对方的冷淡而给自己造成的痛苦，这样才能获得感情上的解放，恢复正常的生活。俗话说，眼不见心不烦。一旦发现自己陷入单恋之中，就要果断地减少与对方的接触，减少与对方见面的机会，渐渐缓解单相思的苦恼。

(3) 不要自我封闭

单相思往往会使人愁肠百结、苦恼不堪，要想告别这种令人郁闷的感情，就要放下心中的顾虑，多和朋友交往，敢于向你的知心朋友或你信得过的人倾诉心中的苦闷。交往的人越多就越能使自己对异性有清醒的认识，当你听到众人的评说与劝慰后，你的心境便能平静很多，慢慢淡化单相思之情。一个聪明的男孩，一定要敢于从自我封闭的圈子中跳出来，用坦然的心态去面对自己的感情，跳出单恋的怪圈。

(4) 避免产生“爱情错觉”

男孩要学会观察和分析对方的言行，从中发现对方是否对自己真的有意，不要单凭感觉。建立在“感觉”基础上的“爱情”往往是不真实的，因为感觉是一种不可靠的东西。当你感觉到某一位异性的温情时不要盲目地认为对方爱上了自己，一定要冷静地思考。

当父母发现男孩陷入“单恋”时，要教会他们如何正确处理这种感情，使男孩尽快回到正常的生活中来。希望以下两点能对你有所帮助：

(1) 帮男孩调节情绪

当你发现男孩对某一异性产生了爱慕之情时，不必大惊小怪，应告诉男孩正确地审视这份感情，如果男孩已经单恋某一女孩，而且这种感情给他带来了不安与痛苦，我们不能一味地指责男孩，要帮助他调节情绪，多带他参加有益的体育锻炼，多做他感兴趣的事情，使男孩把注意力转移到有意义的事情上来，让他从焦虑、无助的不良情绪中解脱出来。

(2) 引导男孩正确对待“单恋”

父母不要把男孩的单相思看成洪水猛兽，更不可小题大作，那样只会使男孩的心情更压抑，把事情弄得更糟糕。父母要对男孩多引导、多宽慰，引导男孩正确对待“单恋”，帮助他平静地度过这个非常时期。

畸形恋是一种不健康的恋爱

“畸形恋”是一种不健康的恋爱，是非道德和法律不允许的恋情，是一种扭曲变形的恋爱。一般来说，这种恋爱的当事人在年龄或双方关系上违反了正常的人伦，与道德伦理、法律规范等都是不相符的，比如亲属恋、忘年恋、同性恋、师生恋等。发生在青春期孩子身上的“畸形恋”多为“师生恋”。情窦初开的男孩会把自己的美女老师想象为恋爱的对象，苦苦追求老师，朝思暮想着能天天与老师在一起，可他们全然不知这种恋情的危险性与可怕性。畸形恋不但是婚姻不幸的最大根源，也是发生刑事案件的导火索之一。这种不被他人认可的恋情带给双方的只会是无尽的痛苦和伤害。

张杰今年读高二，是个刚满 17 岁的帅气男孩。他开朗热情，爱说爱笑，与同学们很合得来，学习成绩也不错，尤其是他语文很好，每次考试在班上都是前几名，老师让他做语文课代表。这样，张杰与语文老师的接触很多，收发语文作业本为他提供了天天与语文老师见面的机会。最近一段时间，张杰感觉好像哪儿出了问题，因为他觉得自己貌似一刻也离不开语文老师了。无论做什么，心里全都是她的影子，脑子里时时出现她的面孔，耳边也时常响起她的声音，尤其是她那亲切的眼神与甜美的笑容，更是让他欲罢不能，让他觉得语文老师简直就是他心中的女神。

语文老师刚参加工作，年轻漂亮。知性与美貌的完美结合，让青春年少的张杰不由对她怦然心动。每当张杰想对语文老师表达爱慕之情时，语文老师总是有意地将话题转开了。有一天张杰听说语文老师要结婚了，他一下子就崩溃了，他心中勾勒的爱情蓝图彻底瓦解了。他再也没有心思学习了．每天魂不守舍，无奈之下他只好退学了。

老师大都是有涵养、有文化的知识分子，在各方面都显得比较有修养、比较成熟。由于老师与学生朝夕相处，正值青春年少、情窦初开的少男少女们很容易把老师当成自己倾慕的对象。那些善于循循善诱而又性格温柔的美女老师，自然容易博得青春期男孩的爱慕。美国心理学家赫洛克认为这种青少年爱上老师的“恋师情结”是青春期惹的祸，故将其称为“牛犊恋”。他说青春期性意识的萌发是最根本的原因，他认为进入性萌发期的青少年，尤其是那些生理与心理发育较快的孩子，在这个时期大都会对某一年长的异性产生倾心和爱慕之情，而老师往往是他们爱慕的选择对象。

在这个特殊的年龄段，青春期男孩容易倾心于那些比自己强的异性，并将对方偶像化。一旦他们喜欢上对方的某一优点，就往往会迷上对方的一举一动，从而对对方崇拜得五体投地，并且会对对方产生强烈的精神依恋。这时男孩眼中的老师，不但比其他同龄人多了一分成熟，还多了一分文化修养，而且比父母多了些和蔼可亲。男孩容易对他们的女老师产生特殊的感情，觉得她是这个世界上最好的人，老师的温柔体贴、美丽容貌、善解人意以及举手投足，都在青春期男孩心目中占有特殊的位置，使男孩流连忘返。这种畸形的师生恋，通常会给双方带来无尽的痛苦。有志向的男孩，一定要学会当机立断，拿出快刀斩乱麻的勇气，尽早结束这种不理智的恋情。希望以下几点方法能对你有所帮助：

(1) 珍惜师生之情

师生恋情大都难以开花结果，尤其是中学时代的师生恋多以惨败而告终。纵然你非常喜欢自己的老师，对她无比倾慕，但这种感情也只能停留在“喜欢”与“倾慕”的基础上。请好好珍惜这份无比美好的师生之情，千万不要让它越过雷池。

(2) 转化为学习动力

爱慕异性是人之本性。青春期喜欢自己的女老师也不是男孩的罪过，但一定要明白“一日为师，终身为父”的道理。老师是你的长辈，你要用理性克制自己的这份情感，不可以有非分之想，要把对老师的爱慕转化成你学习的动力。

(3) 当作永远的秘密

如果你想给自己的人生留下一个美好的记忆，那么就请你将自己对异性老师这份情感永远珍藏心底，在若干年之后，你会发现当时的自己是多么的明智：当你找到了自己合适的爱情时，你就会觉得当初的这份情感是多么的好笑—为了不耽误自己的学业和未来，为了不给自己和老师带来困扰与痛苦，请你把对老师的爱当作秘密收藏起来，不要轻易表白，也不要轻易触碰，让它永久尘封。

(4) 把喜欢当作一种幸福

步入青春期的男孩喜欢自己的异性老师也没有什么错，但是不要对这份感情抱有太大的幻想，也没有必要产生罪恶感而给自己带来巨大的心理负担。其实，喜欢一个人也是一件很幸福的事。你可以把她写在日记里，把她放在心里的某一个角落里，想起来的时候开心地笑一笑，这也是一种幸福的感受。

把握好爱情和友情的尺度

我们常听到一些青春期孩子说：“我非常喜欢某某”“我很爱某某”或是“某某说她很爱我”“某某非常喜欢我”或是“某某特别关心我，我很爱她”“看到她那可爱的样子，我打心眼里喜欢”。这些关于“喜欢”或“爱”的字眼往往令大人目瞪口呆，大人们怀疑十几岁的孩子知道什么是爱、什么是喜欢吗？可是，确实有一部分孩子，还没有搞清楚什么是“爱”什么是“喜欢”，更不明白什么是爱情什么是友情，就已经将所谓的“爱情”进行得轰轰烈烈了。有些男孩见到漂亮的女孩就心生好感，不顾一切地追求，有些男孩一见女孩对自己有好感，就认为女孩爱上了自己，从而要与女孩建立恋爱关系。这种盲目的恋爱观混淆了爱情与友情的界线，影响了孩子正常的学习与生活。有些男生女生本来可以在一起学习、聊天，像好朋友一样交往，但这种关系一旦跨越了友情的界线时，不仅朋友做不成了，还会引起误会甚至反目成仇。

毛宁今年 17 岁，正在读高一。他性格稳重大方，学习成绩也不错，人缘也好。班上的女生林怡经常与他在一起学习，他们两人有很多相同的兴趣，在一起的时候总是很默契。

有一年植树节，学校组织同学们到郊外帮助附近的农民植树造林，并且要求每个同学栽五棵小树。到了郊外，植树活动开始后，林怡主动要求跟毛宁一起栽树．毛宁欣然答应。于是两个人高高兴兴地开始劳动。毛负责挖树坑、填土等，而林怡则负责往树坑里放置小树苗以及浇水等，两人合作得很愉快。虽然累得满头大汗，但两人的心里无比高兴。突然，毛宁不小心被小树枝划破了手，鲜血顿时流出来．林怡赶紧帮毛宁捂住伤口，待血止住之后，又用矿泉水把毛宁手上的血迹冲洗干净，然后取出自己随身携带的创可贴将毛宁的伤口包好。林怡这么关心自己，毛宁的心里自然非常感激。由于毛宁受了伤，林怡便自告奋勇地担负起剩下的任务。她拿起铁锹挖树坑，而毛宁站在一旁看着林怡一个人劳动。看到林怡一边干活一边说笑的样子．毛宁觉得她非常可爱、美丽，心里突然产生了一种不同以往的喜爱之情，这种感情令他脸红心跳。这次植树活动很快就结束了，而这份情感却一直留存在毛宁的心中。

此后，毛宁无论学习还是吃饭心里都想着林怡，并且总想跟她在一起。一天，两个人又在一块学习，毛宁向林怡表明了自己的心意，说自己很喜欢她，希望她能做自己的女朋友。他本以为林怡会欣然答应，但没想到林怡说自己跟他只是普通同学关系。林怡的话让毛宁心里凉了一截。他想林怡对自己这么友好、关心，难道还不是喜欢自己吗？而自己又这么喜欢她，这不是爱情又是什么呢？于是，他又鼓起勇气再次向林怡表白，林怡断然拒绝了他，说以后再也不想跟他在一块了。这令毛宁非常痛苦，不知道自己该怎么办。

通常来说，青春期对异性的关注是从“喜欢”开始的，有了喜欢才会产生好感，有了喜欢才会产生友谊，才有可能发展为爱情。但就一般情况而言，青少年异性之间的喜欢是一种自然、纯洁的情感流露，大多是对对方的一种好感或关注之情。如果说这就是爱情，显然有点牵强附会，因为这时的他们对“爱情”的了解往往还停留在好奇和懵懂的层面。不过，大多数青春期男孩常常误以为自己对女孩的喜欢或倾慕是“爱”，对对方穷追不舍，这样会使双方再也不能像之前那样愉快地在一起学习、聊天，甚至再也无法正常相处。

青春期男孩要学会控制自己的感情，如果能将自己对对方的喜欢当成美好的友谊，也许彼此都会轻松许多。如果自己已经陷入其中，就要学会及时调整心态，把精力集中到学习或一些有意义的事情上，转移自己的精力和注意力。爱情的种子只有在合适的季节播种，才能收获甜美的果实。友情是青春期弥足珍贵的财富，它不但可以让我们在困难的时候感受来自朋友的温暖，还可以让我们在烦恼的时候获得心灵的平和。如果青春期播种友谊，那么友谊之花就会遍地绽放，还能得到美丽的硕果。

青春期男孩要把握好爱情和友情的尺度，就要会区分两者之间的不同之处．那么，如何区分爱情与友情呢？希望以下几点能对你有所帮助：

（1）不同的情感体验

异性间真挚的友情可以给人带来温暖，双方长时间不见，就会产生想念或相见的渴望，心中也想知道对方在干什么，最近过得怎么样等。异性之间如果是爱情，在一起的时间就会渴望有身体上的亲密接触，一旦分开就会想方设法与对方取得联系，心里会产生强烈的相思之情。异性之间的友情则不会出现这样的感觉，即使很长时间没有见到对方也不会影响到自己正常的生活。

（2）两者本质不同

有人说甜美的友谊是爱情发展的生命力所在，爱情是异性之间高层次的友谊。那么，是不是友情继续深入地发展就可以成为爱情了呢？回答既不是否定的，也不是肯定的。的确，很多爱情故事往往是友谊和恋爱互相交融演变而来的。可是，也有无数的友情故事无论如何交往与演变，都没成为爱情，这就说明了“喜欢”与“爱”的本质不同。因此，当你发现付出巨大努力后，你与对方的感情都不能再进一步时，那就不要再徒劳了。

（3）没有全面而深刻的交融

相爱的两个异性，总是渴望彼此能有全面而深刻的交融，比如双方在追求、人生观、爱好、情趣尤其是思想、情感上能有一个深层次的交流，即心灵上的沟通，往往会心有灵犀。而友谊再深也不可能达到这样的程度，因为双方有很大的独立空间，它不需要彼此了解对方的一切，更不需要对方向自己付出一切，这就是两者之间的差别。

（4）爱情浓似酒，友情淡如水

有人说友情是爱情的练兵场，它可以孕育爱情，也可以使异性间的感情轰轰烈烈、沸沸扬扬。爱情是惊险、激烈而残酷的，对人的考验要求很高，自然付出的也更多。相比之下，友情就显得平淡了许多。如果说爱情是一杯浓浓的酒，那么友情就是一杯淡淡的水。

（5）维系的方式不同

爱情建立在一个相互吸引的层面上，维持爱情的基础也相当复杂，不但相爱的两个人需要具有相同的志趣，彼此之间还需要相悦相知，而且在人生追求、社会地位、人生观、家庭观念、个人价值观等诸多方面需要达成一致或达到对方的要求或认可，才可能使双方的关系继续下去。维持友情的基础相对来说就简单多了，只要双方有同样的理想、兴趣，或是喜欢同一个明星，或是具有同样的经历等都可以成为朋友。

（6）排他性不同

爱情是有排他性的，特别是对对方常接近的异性，往往有着强烈的排斥感。如果别的异性总是接近自己的恋人，自己就会感觉不舒服，会极力阻止，而异性间的友情却没有如此明显的排他性。这就是说友情具有广泛性，爱情则具有专一性。因此，异性之间爱情区别于友情的一个最显著的特点就是爱情的排他性很强。

异性之间的正常交往，对青春期的心理发展是大有裨益的。双方友好相处，一起欢笑，一起学习，一起拼搏，不但可以让人生得到更好的发展，还可以为自己留下一份纯洁、美好的回忆。其实，少男少女在相互交往中所产生的喜欢与好感，通常只是友谊并非爱情。一个理智的男生，不能简单地把这种好感与喜欢当做爱情去理解。异性之间美好的友谊，使枯燥单调的校园生活充满无限的欢乐与情趣，也为我们成长中的情感世界增添了一分美丽和珍贵。大家在学习上互相帮助，在生活上互相照顾，这可以使双方在个性上取长补短，在发展中相互完善。纯洁的异性交往是青春期男孩人生中一笔宝贵的财富。青春期男孩要了解友情和爱情的本质区别，弄清楚摆在自己面前的究竟是友情还是爱情，把握好“喜欢”和“爱”的尺度，学会与异性适宜地交往。

代沟是可以跨越的

美国著名的特纳公司的老板特德·特纳是美国最有钱的人之一，他为人宽厚，头脑敏捷，是美国新闻界和娱乐界的焦点人物。然而如此成功的一个人当被问及最大的憾事是什么时，他却难过地回答："没能做一个像样的儿子。"

老特纳当年是一个相当有知名度的广告商，他与儿子在早年便有许多思想上的隔阂，在许多方面都难以达成一致。知情人说，这父子俩只要单独在一起超过十分钟，便会争吵得不可开交，谁也说服不了谁，谁也不让谁，每次都搞得不欢而散。那时，年轻气盛的特德·特纳总认为，有个性的人必须是坚持自己的主张的，即便是对自己的亲生父亲也不例外。直到后来，有一次父子俩为是否卖出一部分名下的产业而产生分歧，正在人们观望这对父子俩到底谁会占上风的时候，老特纳却突然饮弹自尽了，虽说死因并非完全与此事有关，但至少也是因素之一。

特德·特纳为此深受刺激，后悔不已。他深信，如果不是自己那么激烈地与父亲争论，以至伤了他的自尊，如果自己能把自己的观点先放一放，慢慢地用事实来说服父亲，也许父亲就不会自杀。自己在商场上能与对手求同存异，为什么不能与父亲这样做呢？

这样的例子还能举出很多很多，我们发现，"代沟"就像是一条"鸿沟"，横在两代人之间，阻碍了他们进行思想、感情和生活上的沟通。

一位中学生在日记中这样写道："今天又是阴天，我的心情也是阴天，灰色的天空，看不见一点云彩，冷风瑟瑟，鸟儿蹲在光秃秃的树枝上，好像和我一样孤独。昨晚又和爸妈大吵了一架，这是我有生以来和父母的第一次"大规模"战争。我不明白，上网到底犯了什么错误，他们根本不知道我在想什么，却偏偏要干涉我的思想，让我按照他们的想法走下去？我不是躯壳，我有灵魂，有自己的思想，有自己的感觉，我会思考。可是他们为什么总是教训我呢？认为我什么都不懂，什么都不会，还经常拿他们的事例来教训我："我像你这么大时，已经一个人卷着铺盖去上山下乡了。"可是他们为什么不想想呢？我们毕竟不是一个年代出生的人，不同的时代造就不同的人。我们有着不同的社会环境，当然理想也不可能相同。也许我们现在的叛逆，在他们眼中叫"混日子"；也许我们的标新立异，独树一帜，他们认为是胡来。我觉得很苦恼，和他们没什么话题可聊，年龄所产生的代沟越来越大，越来越深，怎么也逾越不了。可是父母终究是父母，这时无论如何也改变不了的事实。我该怎么办呢？"

在一次对500名中学生的问卷调查中，反映与父母有"代沟"的选择较为集中，具体表现为"穿衣打扮"、"父母唠叨"、"业余爱好"、"零用钱消费"、"课外读物"、"交友"、"隐私"等方面的分歧。

心理学家认为儿童和成人，孩子和家长即使生活在同一时代、同一社会环境下，他们在思想观念和行为方式上也会存在着差异和裂痕。

那么，什么是代沟呢？代沟就是指两代人由于生长环境的差异，所处的社会环境、价值观念、生活方式等的不同，在对事物的认识上会产生一定的距离。

代沟是如何产生的呢？

(1) 两代人的时代感不同。年轻的一代一般对新事物很敏感，他们不易受传统观念的束缚，勇于打破常规；而上一代人更安于现状，对新事物一般采取比较保守的态度，容易受传统观念的影响。例如，我国伟大的革命家、敬爱的周总理，年轻时就志向远大，准备投身于革命，而他的父亲却顾虑重重，劝其安心读书。而周总理没有听他父亲的劝告，献身中国的革命事业。这说明，时代感、世界观的不同容易形成两代人之间的代沟。

(2) 两代人的行为表现和生活态度不同。在行为表现上，上一代人比较迟缓，年轻人则比较敏捷、快速；在生活态度上，上一代人比较注重实际，而下一代人却比较多幻想。

（3）两代人的心理状态不同。上一代人由于经历的事情比较多，看问题更深刻、透彻一些，所以在处理问题时一般比较冷静，重视人生的经验和教训。但有时由于过分受传统观念、封建意识的束缚，比较保守，因循守旧等。还有一些父母由于受封建思想的影响，要求子女无条件地服从自己，比较专断。而年轻一代，可以说“初生牛犊不怕虎”，对未来有着远大的理想，有着美好的憧憬，反应灵活，容易接受新鲜事物，适应环境的能力强。他们敢于打破陈规陋习，但是由于经验不足，处理问题时往往会有些片面。

（4）上一代人望子成龙，恨铁不成钢，要求既高又严，总喜欢年轻人规矩、听话、顺从；而下一代人感到上一代人的要求过高过严，力不从心，总希望家长给予平等和尊重。

所以，对于代沟，我们应该有一个正确的看法：

首先，承认父母与子女之间存在的代沟，要认识到它并不是一件坏事，我们不应该排斥它，而应该欢迎它。

其次，换一个角度思考一下，我们与父母的想法不一样，说明我们更加独立了，更加成熟了。代沟是活力的表现，是社会进步的标志。如果我们的想法都和父母一样，与父母保持一致，那么我们的思想也会慢慢变得僵化，我们也会故步自封。

再次，应该正确地看待代沟，正视代沟的存在，在与父母产生分歧、发生争执时，要自觉地意识到双方的矛盾有其产生的客观原因，从心底谅解父母，并改正自己的毛病。

那么，如何来解决代沟问题呢？

代沟虽不能消除，但可以通过自己的努力来缩小。缩小代沟的最佳方式就是与父母进行思想沟通与交流。良好的沟通是减少父母与子女之间差距或消除误会的有效方法，它就像一座桥，架在父母与子女之间。一方面我们可以从父母那里得到一些社会经验，另一方面，也可以让父母更加了解我们的想法。另外，采取折中和并存的方法，这就要求两代人都作出让步，各取所长，各弃其短。

所以，当你和你的父母有了代沟时，不必苦恼。打开心扉，让父母走进来，了解自己，明白自己。如果我们每个人都能用欣赏的眼光来看待“代沟”，你会发现“代沟”中容纳着多少清新、智慧、融洽、和谐与天伦之乐！

应对爸妈偷看日记有方法

“今天，老师给我们讲了许多新知识，回家我讲给妈妈听，妈妈也很高兴。”一名小学生在交给老师的日记里写下了上面的内容。老师在日记后面批了个“优秀”。晚上，他回到家里，又翻开另外一本硬皮的日记本，宣泄自己的不满：“今天，老师又拖堂了，只有两分钟时间上厕所，又接着上第二节课……”

“孩子有两个日记本，其中一个记录的全是自认为私密的事情，另一个则是拿出来公开展示，供老师批改的。”学生的母亲最先发现了儿子的“双面日记”。据说，学校老师要求学生每天都要写日记上交，以培养锻炼作文能力。可孩子不可能将心里话写在上面，于是另外准备了一个日记本，还特意将日记本配上密码锁，不让任何人看。

无独有偶，2004 年 4 月，家住哈尔滨市的小学生高强因父母偷看自己的日记而去派出所投诉父母侵犯了他的隐私权。他平时有两本日记，一本是老师留的作业，父母、老师都要经常翻看，还有一本记了一些自己的私事，从来没有让别人看过。近几个月以来高强发现，每次与父母发生矛盾时，父母都能用他写在隐私日记中的几件事情来讽刺他，他认为可能是父母偷看了自己的日记，便做了个试验。高强学着电影中的办法在日记中夹了几根头发，结果晚上回家后发现日记中的头发不见了，他由此断定父母偷看了他的日记。他觉得即使是父母也不应该随便看孩子的日记，觉得自己就像一个透明人，心里很难受。

一个学生曾经这样描述了他的感觉："不知从哪一天开始，我渐渐地发现自己变了，变得寡言少语，不爱玩，不爱闹，常常情不自禁地沉湎于自我遐想之中。回到家便走进自己的房间去看书，想心事，不停地记日记。爸爸妈妈对我的日记很敏感，可我不愿意拿给他们看，我的很多想法他们是不能理解的。有一次，我从学校回家，发现我放在抽屉里的日记本被人翻看过，我气愤至极点，从此与父母反目成仇。"

成长中的青少年最渴望拥有的就是一本带锁的日记，一张小小的写字台，一间独立的小房间，有了心事，打开日记，一吐为快。但是生活中经常会有这样的事发生，父母偷看日记，自己感到很愤怒、很难过，觉得父母侵犯了自己的隐私。其实日记只是倾吐心声的一种方式。随着青春期的到来、自我意识的发展，青少年学生的心中已渐渐开始有了秘密。但由于青春期的闭锁心理，他们觉得自己周围的人难以细致入微地理解自己，很难对其他人产生信任感，因此他们不想轻易地向别人打开自己的心扉，而采取记日记的方式来表达自己的喜怒哀乐，使自己的心灵得到安慰。日记变成了他们倾吐自己内心世界的对象，写日记成了他们自己内心的独白，这在某种程度上已成为青少年表露自我意识的一种方式，是他们独立意识和自尊意识的体现，表明了他们渐渐从幼稚走向成熟。

从父母的角度来讲，"望子成龙，望女成风"是天下父母共同的心愿。哪个父母不希望自己的孩子茁壮成长，有一个美好光明的前途呢？随着孩子一天天长大，生理趋于成熟，但心理却很幼稚，不稳定，父母很想知道他们的内心想法，不管是学习上的还是生活上的。但是处于青春期的青少年，大多都不愿与自己的父母进行沟通，诉说自己的真实想法。所以父母就采取了偷看日记的方法来了解子女心中在想什么，外面在做什么，有没有结交坏朋友，有没有"早恋"。虽然偷看日记的这种方式不对，但是父母的出发点是为了让孩子少犯错误，少走弯路，其出发点还是为了孩子。

作为孩子，日记被父母偷看，大多会感到自己的尊严受到了侵犯和伤害。因此，会对父母产生一种强烈的不信任感和抵触情绪，而这种情绪甚至会以反抗父母的方式表现出来。一个学生曾经这样说："如果用偷看日记的方式强行闯入我们不愿示人的心灵世界，只会让我们的心离家长越来越远，两代人之间的隔膜越来越深。"为了保密，他们往往会把日记上锁，而这更加引起了父母的恐慌与不安。所以，偷看日记这件看似平常的事，如果处理得不好，往往会造成父母与子女之间的感情危机，甚至引发家庭风暴。

那么，如果你发现了你的父母偷看你的日记，该如何做呢?

1. 日记作为一种隐私，有权进行保护

如果父母在没有经过自己同意的情况下，就偷看了日记，也不必大动肝火，可以婉转地与父母谈一次话，或是给父母写一封信，或在日记本里夹一张字条，明白地告诉父母：偷看日记的违法性和对自己造成的伤害。不论是成年人还是未成年人，其日记都是个人隐私，未经允许不得随便看，否则就是侵权。另外，告诉父母，自己并没有做什么坏事，日记里所记的事仅仅是一个孩子的隐私，让父母放心，并请他们尊重你的自由和权利，不要多加干涉。

2. 理解父母的良苦用心

作为子女，应该学着用心去体会父母的爱。试着告诉自己，父母不看我的日记固然是尊重我、信任我，但是看我的日记也是想更加了解我的一种方式。你不妨寻找机会加强与父母的沟通。例如，茶余饭后，主动与父母聊聊天，谈谈自己的学习、生活，听听他们的知识和经验。如果你向父母敞开心扉、倾吐心声，相信大家彼此之间会更加理解、更加信任。

3. 学会做父母的朋友

营造和谐的家庭气氛，主动与父母交往，把父母看作自己的知心朋友，把他们当成倾听自己心声的听众，让他们走进自己的内心世界。

同学们，当你的父母偷看了你的日记的时候，我想你已经知道该如何做了。看一看他们为你操心受累而头上添的白发和脸上增的皱纹，你就会有一种感动，他们因为关爱而犯的种种过错其实真的是可以原谅的。

记住：学会理解我们的父母，学会去爱我们的父母。

第 5 章　男孩学习方面应该知道的事情

青春期如何科学用脑

常言道：脑子越用越灵活。但是我们却发现：有的同学平时学习好像抓得并不怎么紧，但考试却考得好；而有的同学恰恰相反，平时总在学习看书，考试成绩却并不理想。这是为什么呢？其实，影响学习成绩的因素有很多，有的受教师讲课水平所限，有的是学习方法不当，有的是学习条件或环境较差，其中，最关键的问题就是没有学会科学地用脑。

脑是人体高级神经活动的中枢，是思想的器官。因此，了解脑的结构和功能，掌握脑的活动规律，是同学们在学习过程中不可忽视的问题。青少年时期时脑和神经系统最大的特点就是发育日趋成熟，大脑皮质的兴奋和抑制逐步趋向平衡；思维能力、理解能力、判断能力、反应能力等都有了进一步的发展，这就为中学生学习科学文化知识提供了物质基础。但是仅仅了解脑的结构和功能还不够，要想提高学习效率，取得优异成绩，必须得学会科学用脑。

怎样才能做到科学用脑呢？研究发现，应当从以下几个方面加以注意：

（1）劳逸结合。要科学地安排用脑，一定要注意劳逸结合，做到有张有弛。学习时专心地学习，休息时尽情地休息，只有这样才能保证高效率的学习。同学们在进行长时间学习或其他活动时，要注意适时地进行交替，这样可以避免大脑某一部位因长时间地工作而产生疲劳。比如说有的学生在看书时，把文理科的课程交替安排，这样大脑皮层的神经系统不但不会疲劳，而且还能让两科的学习互相促进。另外，要学会安排时间，将朗读、背诵、做作业、学习、休息，交替进行。例如，早晨起床后，大脑的活动能力很强，故记忆力最好，可做一些记忆性较强的工作；临睡前，可以将白天所学的知识在脑子里梳理一遍。

睡眠是大脑休息的主要形式。青少年时期，每天应保证充足的睡眠时间，否则会影响正常的记忆和思维。12 – 18 岁的青少年每天至少要睡 9 – 10 个小时，成年人要保证每天 8 个小时的睡眠时间。除此之外，中午也可以稍微休息一下，让脑细胞得到休息，可以保证有充沛的精力投入到下午的学习和工作中去。

（2）勤于用脑。大脑越用越灵活，这是由大脑的构造和工作特点所决定的。研究发现，多用脑可以使脑细胞保持充沛的活力，延长其生存时间，从而延缓大脑的衰老过程。

（3）要保证合理的营养。葡萄糖是脑细胞活动的主要能源，脑在工作时，每分钟会消耗 50 毫克的葡萄糖，这几乎占了全身葡萄糖消耗量的 1/4。为此，同学们一定要吃饱、吃好三餐饭，特别要注意吃好早餐，只有这样，才能保证一天充足的营养供应。另外，膳食要多食用新鲜蔬菜、水果、鸡蛋、大豆、猪肝、猪脑、核桃等一些补脑的食物，使大脑获得充足的营养。

（4）经常参加一些体育锻炼。积极地参加体育活动，不仅可以增强体质，而且对大脑来说也是一种放松，可以使大脑继续有效地工作。心理学的研究指出，运动员的思维敏捷性和准确性都比较好。一般人做出反应的潜伏期是 0.2 – 0.5 秒，运动员只需 0.12 – 0.15 秒。而且运动也可以保持良好的情绪，这对人脑的健康有着重要的意义。心理学的研究揭示，情绪的变化对脑有很大影响。精神紧张和焦虑、苦闷和悲伤，都能让大脑细胞的能量过度消耗，使大脑处于衰竭状态。所以，健康的身体与良好的情绪是科学用脑的主要方面。

（5）给脑补充充足的氧气。人脑是十分娇嫩的器官，虽然它只占成人体重的2%，但却需要用全身15% –20%的血液来滋养，要消耗25%的氧气。因此，同学们应在空气新鲜的环境里学习。即使是在冬天上课，课间也要把窗户打开，让空气得以流通，以保证有新鲜的空气进来。同学们也应该到教室外面多走走，或者做做深呼吸运动，这些都对大脑有益。只有足够的氧气才能保证大脑良好地工作，也只有这样，思维才能更敏捷。

科学研究发现，人的大脑潜力是很大的，现在人们只是开发应用了其中的一小部分，如果能长期坚持科学用脑，会有助于大脑潜能的开发。所以，学会科学用脑，养成科学用脑的习惯，从现在开始吧！

男生比女生聪明的说法不正确

我们常听很多人议论男生比女生聪明，这实质上是在智力发展方面判断男女孰优孰劣的问题。在中学，很多同学根据名人名家中男的多于女的，或者班上男同学成绩远比女同学好便认为男生比女生聪明，甚至连女生也常常自叹不如男生，从而产生自卑心理，丧失学习的进取心。那么，男生比女生聪明的说法到底对不对呢？

事实胜于雄辩。让我们翻一翻心理学家的研究结果和调查报告，看一看男、女两性在智力方面究竟有没有差异？有什么差异？为什么会有这些差异？

早在20世纪30年代，英国就有学者做了相关调查。他测验了各年龄阶段的儿童近9万人，结果发现男孩和女孩的智力平均水平没什么差异。他甚至还比较了同一天出生的男孩和女孩，发现他们也不存在智力上的显著差异。我国近十余年的研究也说明了这个问题。卫生部曾对我国的青少年做过一项调查，结果表明：女性的成熟期平均在

13 岁；男性的成熟期平均为 14.5 岁。也就是说，我国的女孩比男孩早成熟 1.5 个生理年。我们知道，人的智力水平同他的生理成熟基本上是成正比的，女孩的生理成熟既然早于男孩，那么，在这个时期她的社会感受能力、经验分析能力和意识承受能力肯定会优于男孩。这也就形成我们平日随处可见的，在小学和初中阶段，女生的学习成绩比男生好的现象。但是，在女孩子第二性征出现之后，生理上的成熟会逐渐变得缓慢，在 15 岁左右还会有一个记忆发展的暂时停滞阶段，这尽管是暂时现象，但还是会给初中、高中的女孩带来一定的影响。而与此同时，男孩在 15 岁左右无论在生理成熟还是在心理成熟上都在突飞猛进地发生变化，他们的接受能力、分析能力、联想能力会变得优于女孩。这种能力落实到成绩上，自然就表现为女生的成绩不如男生。实际上，这种状态是非常短暂的，随着年龄的增长和发育的成熟，女孩的记忆力会自动恢复。以后，男性和女性的智力发展基本上同步。类似的研究还有很多很多，大量的结果都证明：男生中智力水平高的多于女生，但男生中智力水平低的也多于女性。总体来说，男生和女生在智力发展水平上没有什么明显区别，男女生一样聪明，只是在智力发展的某些方面存在着差异，但这个差异并不能说明谁比谁更聪明，而是说明谁比谁在某一方面更擅长，并且这种差异不是固定的、直线式的，而是随着年龄增长和智力活动内容而发展变化的。这种差异主要表现在以下几个方面：

在感知方面，男生的视觉能力，特别是空间视觉能力明显优于女生，而女生由于触觉和痛觉阙限较低，因而比较敏感，嗅觉、味觉比较灵敏；对声音的辨别和定位，对颜色的知觉等方面优于男生。

在记忆方面，女生一般偏重于机械记忆和形象记忆，记忆面较广，量较大，短时记忆优；而男生倾向于理解记忆，在广度上虽不如女生，但比较深入，记住的信息能保持比较的时间。

在注意方面，男生的注意多定向于物，喜欢摆弄物体，喜欢操作；而女生的注意多定向于人，喜欢探索人生。

在思维方面，女生的心理感受性较强，情感较细腻，叙述事件常常带有浓厚的感情色彩，因而善于形象思维，通过书本或课堂听讲获取知识的能力较强，处理问题时注意部分与细则，但对全局与各部分之间的联系把握较差，创造性地运用知识解决实际问题的能力不如男生；而男生多偏于形象思维，逻辑推理、分析综合、抽象概括的能力较强，独立思考较多，处理问题时较为重视全局与各部分之间的联系，但对具体细节的注意不够。

在兴趣爱好方面，一般来说男生比较喜欢数、理、化等学科，而女生比较喜欢具有鲜明生动、直观特征的学科，如语文、外语、历史、地理、生物等。男生学数学的能力较强，在数学的解题灵活性、变通性、敏捷性方面占优势，但在在掌握知识的基本功、解题的基本技能和准确性方面女生占优势。再比如说作文，男生在叙述、描写、对事物的观察、运用词汇等方面不及女生，但善于标新立异，结构不拘一格，因而又以思维的灵活性弥补了语言方面的不足。

从以上所述可以看出，男女由于在生理、心理特征方面的不同、兴趣爱好的不同，可能会造成智力上的差异，但这种差异并不是指男女智力有高低之分，况且这种差异又不是一时可以清除的。所以，我们既要看到男女两性智力发展的均等，也要看到各自的优劣所在，通过各种努力使优势方面得到充分发挥，使薄弱方面得到更好发展。特别是女同学，应正确看待男女生的智力差异，树立女生并不比男生笨的观念，按照自己的心理特点、智能优势，扬长避短，充分发挥自己的聪明才智。

走出开学恐惧症的阴影

每次暑假或寒假快要结束的时候，很多家长都有这样的体会：孩子在假期里生活得很快乐，悠然自得，旅游、上网、玩电子游戏、听音乐、看电影、逛街等，忙碌而又充实。一到假期结束、新学期来临的时候，孩子就像换了个人似的，变得闷闷不乐起来。有的男孩会情绪无常、脾气暴躁、精神萎靡，有的男孩出现头痛、呕吐、肚子疼等身体上的不适症状。只要提起“要开学了”，他们就会心烦焦虑，惶恐不安，整个人像蔫了的茄子似的。很多父母纳闷：孩子不但没有进入新学期的喜悦，反而精神不振，一副厌倦、消极的样子，没有一点男孩的朝气和活力，这是怎么回事呢？其实，这就是典型的“开学恐惧症”。

暑假，松松别提有多高兴了，不用天天待在教室里的日子自由自在。这些天，松松在家里想躺就躺一会儿，想睡就睡一大觉，想吃就开心地吃，想看电视就尽情地看，日子过得太爽了。

开学的日子越来越近了，这种神仙般的日子很快就要结束了，松松的心情越来越不好。

其实松松并不是不想学习，只是讨厌没完没了的功课与作业，讨厌没完没了的唠叨。自从他上高中以来，繁重的功课压得他喘不过气来，他常常有一种“厌倦”的心理。他知道高中阶段是一生中学习非常重要的时期，它关系着高考的成败，关系着自己今后的人生发展，他不得不硬着头皮学习。各科老师不停地增加作业量，他对学习与学校产生了厌恶的情绪。慢慢地他越来越不想学习，也越来越不想待在学校了。

开学日期的临近让松松感到越来越不安，心里越来越压抑，他对什么都不满意，常常无缘无故地发脾气．身体上也出现了问题，不是肠胃不适就是头痛失眠，夜里常常被噩梦惊醒。在这种巨大的心理压力之下，松松被击垮了。

每年假期生活结束、新学期开学，都会引发一些孩子的恐慌。尤其是那些处于初中或高中时期的孩子们，对学校的恐惧感更加强烈，因为这个阶段他们的学习任务繁重，而且这时老师对他们看管得紧，家长们对他们叮咛得多，他们没有休闲与放松的时间，整天埋头做大量的作业，身心疲惫，对学习、老师甚至学校都产生了厌倦与抵触的情绪。青春期男孩本该是阳光灿烂、活蹦乱跳的，但是在学业的巨大压力之下，他们远离了阳光，失去了笑容，也失去了活力。繁重的学习任务、无休止的做题，将他们都牢牢地锁在课桌上。于是，男孩厌倦学习、害怕学习、恐惧开学的消极心理就形成了。

此外，生活环境的变化也是男孩患上“开学恐惧症”的原因之一。假期中他们的生活轻松悠闲，身体和精神都处于比较放松的状态，而开学之后就要进入快节奏、高压力的状态，因而一想到“开学”，他们便会心生恐惧。

一般来说，对开学产生恐惧抵触情绪的主要有这几类学生：感到学习压力很大的学生；对自己各方面都要求完美的学生；心理素质差的学生；适应能力较差的学生；以自我为中心的学生；交际能力差、人缘不好的学生等。

学习是孩子探究世界奥妙的过程，这是一个充满乐趣的过程，如果在这个求知的过程中，孩子找不到任何乐趣，整天处于烦躁不安甚至痛苦不堪的学习环境中，那么就不会有良好的学习效率与学习效果。一旦孩子对学习抱有恐惧心理，不但不能好好学习，还会严重影响他的身心健康。父母应帮助孩子调节对抗心理，化解他对学校的厌恶心理，要想办法减轻孩子的思想负担，激发他求知的动力。希望以下几点方法能对你有所帮助：

（1）化解男孩对学校的敌视心理

如果一提起学校男孩就满脸不悦，这说明他对学校有敌视心理。为了缓解他对学校的抵触情绪，父母可以给男孩讲一些有关学校的奇闻趣事，或者是其他有意义的事情，在男孩心中塑造学校的好形象。父母可以让男孩与他喜欢的同学一起到学校，熟悉一下学校的环境，消除他对学校的陌生感。父母可以带男孩去拜访老师，让他与老师多沟通多交流，拉近师生之间的心理距离。如此一来，男孩就会改变对学校的成见，消除他对学校和老师的敌视情绪。

（2）让男孩跟上学习的节奏

有的男孩会由于听不懂老师的讲课而厌学，他们大都害怕老师提问，一旦听不懂老师的授课，不但不能很好地完成作业，而且老师当堂提问的时候回答不出，这时还会被老师批评，这样他会觉得在同学们面前很没面子，还会受到同学们的嘲笑或作弄。如果这种情况得不到改善，男孩的消极情绪会越来越严重，慢慢形成“开学恐惧症”。自尊心强的男孩被老师批评后就不想回到学校了。父母应积极寻求方法．如找老师一对一辅导，或让孩子参加辅导培训，让孩子尽快跟上学习节奏。

(3) 帮助男孩收回“玩心”

一般来说，孩子都会沉湎于某些有趣的活动，特别是男孩对自己喜欢的事情往往乐此不疲，常常玩得乐不思蜀，从而忘记了学习，忘记了新学期的到来。当要回到课堂上时，他们往往难以适应。针对男孩这种贪玩的情况，父母要提早把他的心思拉回到学习上，提前给他讲一讲与学校、学习等有关的事情，让他把心思尽快转移到学习上来。

(4) 给男孩积极的心理暗示

积极的心理暗示可以改变一个人的消极思想，使其朝良好的方向发展。当男孩对学习、学校及老师等有恐惧心理时，父母可以教男孩采取自我暗示的方法，对自己进行激励。比如，数学老师虽然有点凶，但他还是挺喜欢我的；校规虽然很严格，但校风校貌很好；同学们虽然都在比学习成绩，但大家还是很团结；我的学习成绩虽然不算太好，但三门主课还是不错，等等。这样可以淡化他对学校及老师的偏见，激发他对学校的热爱之情，逐渐融入学校，进入学习状态。

如何突破学习中的“瓶颈期”

我们常听一些孩子抱怨：“我学习很努力，可成绩上不去。”一些初三或高三的学生心里更加郁闷，他们拼命学习，成绩不但没有提升，反倒下降了。学习中常常会出现一种现象，不管如何用功学习都不见效果，这就是心理学里所讲的“高原现象”，也就是学习的“瓶颈期”。青春期男孩往往个性刚烈、脾气暴躁，当无论怎么努力学习成绩都上不去时，他们就会出现烦躁不安、焦虑失眠的精神状态，甚至产生厌学心理。

向飞自从上初中以来，学习成绩一直呈稳步上升趋势，多次受到老师的肯定与表扬，也经常得到父母的称赞。他现在读初三了，时间越来越紧，作业越来越多，他在学习上付出的努力自然也越来越多，可是他的学习成绩却退步了，竟然从班上的前十名一步一步下降到三十多名。这是怎么回事呢？眼看这学期就要升高中了，学习偏偏与他作对，这让他心烦不已。他的精神状态越来越差，白天烦躁不安，晚上焦虑失眠。爸爸妈妈四处为他求医问药，想尽各种办法，但于事无补。

学习止步不前，这让很多勤奋好学的孩子都苦恼不已。心理学研究认为，人的学习能力就像一条曲线，会随着不断的努力付出而逐步提高。当所取得的成绩达到一定的高度时，成绩便不再与付出的多少成正比例，也就是说曲线不再上升了。不管你付出多少，它可能保持在原有的水平止步不前，还会由于一些客观原因而逐步下降，但这种情况只是暂时的。在学习上，这种停滞不前的现象也是正常的，也因人而异，有的人持续时间长，有的人持续时间短。只要找到具体原因，找到合理的解决办法，就能帮孩子渡过这一难关。

一些教育专家认为，导致孩子学习产生“高原现象”的原因不是偶然的，有很多客观因素会直接影响孩子的学习情况。第一，孩子的情绪、注意力出现问题。男孩到了青春期，很容易出现注意力不集中、学习状态不佳等情况，虽然他们天天在学习，但他们注意力不集中，思想游离了。第二，学习超时引起的精神疲劳。长时间持续的学习，会使人精神涣散，出现倦怠感，大脑困乏就会出现反应迟钝的现象，这时就会造成学而没用的情况。第三，学习方法有问题。比如，你一直采用死记硬背的方法来学习单词，但这些内容需要不断思考、分析与推理才能更好地理解。又比如，你一直都采取一种固定的学习方式，但时间一长就会在大脑形成一种固定的思维，而这种思维不利于新知识或新内容的接受，那么这时就往往会出现对知识消化不了的状态。以上这些都是造成学习“高原现象”的原因。我们知道产生“高原现象”的原因后，就可以采取相应措施帮男孩打破学习的“瓶颈”。希望以下几点方法能对你有所帮助：

(1) 让男孩保持健康心态

一个拥有健康心态的人很少产生焦虑、急躁的情绪，能客观冷静地对待学习。要想克服学习上的“高原现象”，让男孩保持健康的心态很重要。

(2) 教男孩变换学习方法

变则通，通则达。当男孩学习出现停滞不前的情况，我们就应该考虑是否学习方法出了问题。这时就需要改变旧有的学习模式，换一种新的方式去学习，激发男孩对学习的热情。

(3) 让男孩找出自己的不足

一旦学习出现了“高原现象”，就表明该男孩在学习的某些方面存在着不足。这时父母最需要做的就是先和男孩一起找到学习上的不足之处，然后对症下药。比如，家长可以在孩子每次考试之后，帮助孩子对试卷进行详细的分析与记录，看看哪些是孩子的弱项，哪些是强项，让儿子对知识点各个击破，摸索出最适合自己的学习方法。

(4) 给男孩补充体能营养

学习是一个非常劳神费力的智力活. 旺盛的精力是孩子提高学习效率的基础。家长平时要注意孩子的饮食，给他足够的营养补给，如补充一些含有多元维生素功能的维生素成分以及一些高蛋白及营养丰富的食物等。男孩只有体力充沛、心情愉快才能全心投入学习，提高学习效率。

(5) 每天布置适量的作业

如果每天的时间都被作业塞得满满的，没有一点儿娱乐时间，孩子就会陷入高度的精神疲劳之中，会出现努力学习但没有多大学习效果的现象。父母要学会合理安排孩子的学习任务，给他留出适当的娱乐与休息的时间。如果学校给孩子安排的作业量过多，父母可以带孩子适当调整，对于那些经常练习的或是不太重要的可以选择性地减免一些。在学习的过程中，只有让孩子学得轻松，感受快乐，学习才会有更好的效果。

(6) 不让男孩成为分数的奴隶

一味地追求高分是学习的大忌，这样往往会让孩子产生急于求成的心理，在学习基础不踏实的情况下就会出现学习的“高原现象”。父母不要让男孩成为分数的奴隶，应让他做学习的主人，教他调整好学习与生活的节奏，通过改进学习方法突破学习障碍。男孩掌握了恰当的学习方法之后，学习成绩自然会提高。

(7) 告诉男孩全面掌握知识

知识是多元化的，每一门学科的知识点不是单一的，因此学习时一定要全面领会，灵活变通，才能以不变应万变。家长应告诉孩子掌握功课中的每个知识点，而不应只学习自己感兴趣的东西，刚学过的新知识一定要及时融会贯通，这样才不会在考试的时候对题目感到陌生。

(8) 激发男孩对学习的好奇心

好奇心是学习的动机之一，它可以持续不断地激发求知的欲望。孩子一旦对学习没有了兴趣，就会出现学习低效的情况。家长要想办法激发男孩对学习的好奇心，比如，遇到新功课时，可以就功课的内容向他提出几个小问题，然后让他记下来，这时他对这些知识点就会有一个深刻的印象。当老师在课堂上讲到与所提问题有关的知识时，男孩就会特别用心地听，这样往往可以取得良好的效果。

提高记忆能力有方法

有的男孩到了青春期以后，虽然个头与体重都增长了不少，但记忆能力不但没有增长，反而明显下降。有的男孩记忆力不如从前，刚学的知识过一会儿就想不起来。有的男孩对老师在课堂上讲的东西只能记住一些简单的，写作业时会感觉记忆模糊，不知从何下手。常常有一些父母说："我儿子最近做事总是丢三落四的，刚做过的事情转身就忘了。年纪轻轻的，整天丢东忘西，好像患了健忘症一样，真让人着急啊！"还有的父母会说："我儿子是不是越来越笨了，一到考试的时候简单的题目都不会做了。"对家长们的这些抱怨，我们表示理解。谁不希望自己的孩子有过目不忘的能力呢？谁不希望自己的孩子记忆力超群呢？

小刚是个开朗大方的男孩，学习成绩也很不错。虽然高一的课程不是很紧，但需花费很多时间来学习。上高中后，他比初中时学习更加刻苦、更加勤奋，对于一些新学的知识点反复记忆．有时候对一篇课文或一些英语单词往往要背上几十遍。每次做化学、数学或物理题时，他总是把公式记得很清楚，演算的时候也很仔细。对每门学科，小刚都学得非常用心，可以说他对学习付出了比别的同学多几倍的努力。看到小刚如此努力，爸爸妈妈很欣慰。遗憾的是每次考试，小刚不是不及格就是与同学们的分数差了一截。一个学期下来，小刚的成绩仍不见长。爸爸妈妈发现小刚的记忆力越来越差，很多事情跟他说了两三遍他还记不住。

小刚平时学习非常努力，但怎么考不出好成绩呢？小刚发现每到考试的时候大脑一片空白，熟悉的问题都不知道如何解答，之前学过的知识都想不起来了。

自己明明付出那么多努力，可怎么成绩就是上不去呢？小刚感到非常苦恼，他开始怀疑自己的能力，并且产生了消极的心理，对学习的热情也一落千丈。

"遗忘曲线"是德国心理学家艾宾浩斯提出来的，他认为人的记忆有一个"遗忘功能"，人学习的大脑有两种功能：记忆与遗忘。记忆力虽然是天生的，但"遗忘"能力在人刚刚学习时就开始产生了，并且遗忘能力比记忆能力还要先一步，因为人遗忘的进程往往有一定的不均衡的规律。对此，艾宾浩斯曾做过相关的研究，他发现大脑遗忘的速度常常受时间间隔影响，而且是先快后慢的趋势，还发现在记忆再认知方面，出现的错误与偏差都属于遗忘定律的范畴。对于记忆能力，他也做了相关的研究，他说我们学习过的东西在大脑的记忆过程里都会成为短时的记忆，但这种短时间的记忆是很容易消失的，但如果我们在遗忘之前能再进行一次学习，这时短时间的记忆就会成为长时间的记忆，就可以在大脑中保持很长一段时间：

从心理学的角度来说．人的大脑虽然包含无穷的潜力，但记忆力作为其中的一种思维能力，也不免会出现困乏或失去作用的时候，这时候就出现了“遗忘”，因此，遗忘是一种不可避免的脑力过程。不过，记忆力作为一种天生的智力，自然有它的发展规律，如记忆力的保持有长有短，我们只要能找到这个规律就能打开“遗忘曲线”的大门。对此，艾宾浩斯通过研究发现脑细胞的遗忘速度最快是在记忆的最初阶段，并且会随着时间的延长而逐渐减慢，到了很长的时间以后几乎就不再遗忘了。由此可见，大脑所记忆的事物如果在短时间内不断重复学习几遍，就可以延长记忆的时间，甚至不再遗忘。记忆时间的长短还与对该事物的理解与否有着很大的关系。如果在记住某件事物的同时又对该事物了解得非常详细或理解得非常透彻，那么该事物就容易记牢，不会轻易遗忘一这些都是“遗忘曲线”的运转规律。了解这些之后我们可以帮孩子做好学习的记忆力计划。不管学习什么，一定要及时复习，这样才能提高记忆能力。希望以下几种方法能对你有所帮助：

（1）通过温习刺激大脑皮质

心理学研究发现，“记忆”是大脑皮质受到一定刺激后所产生的痕迹，刺激的次数越多、刺激的程度越强烈，大脑皮质产生的痕迹就越深，记忆力也大大提高。为了使男孩对学过的知识记得更牢固，就要让他不断温习知识，因为温习是对大脑中的痕迹进行一次又一次的刺激，刺激的结果就是大大提高记忆力。

（2）先理解后记忆

记忆有机械性记忆与理解性记忆两种，机械性记忆远远比不上理解性记忆的效果与效率。对于一些较为深刻的内容，采取理解性记忆的学习方法才能记得更牢。当儿子学习难度较大的知识时，我们应该建议他尽量先理解所学的内容，将这些知识点都“吃透”，这样他就能牢记这些知识点。

(3) 通过反复练习加深印象

反复练习可以使人从不同的角度强化记忆力。要想让男孩记住所学的知识有让他们反复地练习，学会从不同角度来思考，反复强化这个概念。只有这样，才能加深这个知识点在他大脑里留下的印象。

(4) 抓住清晨醒来的时间学习

每天早晨醒来起床后的那一段时间，我们的大脑都特别清醒，很多平时想不起来的事情或不知道如何解决的事情都可以回忆起来或找到解决方法。这个时间大脑还没有受到外界的干扰，而且经过一夜的休息之后，脑细胞又到了一个发展的高峰期，这时非常适宜学习一些难以记忆的东西。我们应告诉孩子抓住清晨醒来的时间学习，提高学习的效率。

(5) 好好利用临睡前的时间

心理学研究发现，人在晚上临睡前的这段时间，如果对学过的知识稍加复习，便会加深记忆，可以使记忆能力由短时记忆转入长期记忆。在睡眠的过程中记忆能力并未停止，它会对我们白天学习的知识进行一定的整理，然后储存起来。“遗忘规律”提倡对学过的内容在24小时之内进行复习，因而晚上临睡前进行复习是提高记忆的最佳时间。

此外，为了提高青春期男孩的记忆能力，家长可以教男孩掌握一些高效的记忆方法，使他快速记住学过的知识。希望以下几种记忆方法能对你有所帮助：

(1) 视听觉结合记忆法

心理学家研究认为，人在学习时往往需要视觉与听觉两种功能相互配合才能将所学知识记得更牢。研究发现，视觉与听觉配合的学习方法可以记住所学知识的65%；而学习时用听觉只能记住所学知识的15%；学习时用视觉只能记住所学知识的25%。由此可见，学习时视听觉结合是提高记忆力的最佳方法。孩子在学习时我们可以让他采取一边读、一边听、一边写的学习方式，让大脑的多种感官都参与到学习中来，达到增强记忆的效果。

（2）同类归一学习法

青春期男孩虽然智能发展快，但由于年龄的关系他们还不太会处理繁杂的事物，父母可以让他们将所学的知识进行归类，将同一类事物归纳在一起，这样他们理解起来就容易多了。他们在归类的过程中会加深对该事物的了解，从而加深记忆的印象。

（3）发挥联想记忆法

如果让孩子学习时多发挥想象，将与所学知识比较接近的特点都联系在一起，就会便于孩子的大脑记忆。比如，先把所学知识的特点以及发生的时间、空间等一一联系起来，然后将所学知识形成一个知识网络。

厌学是一个充满“危机”的时期

常听到一些父母说：“儿子进入青春期后性格叛逆，讨厌学习。一写作业就说头痛，就算做了也是敷衍了事。孩子厌学的现象可谓屡见不鲜，特别是青春期男孩，出现“厌学”“逃学”现象的最多。某知名学校曾做过一项连续 3 年的调查，他们发现：1011 名初中、高中学生中约 62% 对所学课文的内容没有兴趣，并经常产生厌学心理；这群学生的逃学率为 7. 32% ；逃学的高峰年龄为 14 ~18 岁，逃学的性别比例，男生远远大于女生；逃学的时间与情况各不相同，比如，有的学生只逃特定的某一节课或某几节课，而有的学生则是整天都在逃学。这个调查充分说明了“厌学……逃学”是青春期男孩中普遍存在的现象。青春期是男孩人生中的一个充满“危机”的时期，父母一定要高度重视这个问题。

郝章在读高二，他学习成绩不错．老师们都很喜欢他。父母对他寄予很大的期望，希望他能考个好大学，将来有个好前程。最近一段时间，郝章觉得学习没意思．他有意地拖延和逃避写作业，甚至趁自习课老师不在，他偷偷地溜回宿舍睡觉。没多长时间，郝章的成绩一落千丈。爸爸妈妈不理解，原来那么爱学习的儿子，为什么现在如此讨厌学习呢？一天晚上，爸爸用电脑上网时，无意中点开了郝章的微博。当他看到儿子前些日子在微博上发的一段话时，他心中的谜团解开了。郝章在他的微博上写道：

“大家都夸我是个懂事的男孩，同学们都羡慕我成绩优秀，可谁知道我心里的苦呢？我对课本、作业、学校、考试早就烦透了，多想早日脱离这个苦海。爸爸妈妈和老师给我的压力太大，我越来越承受不起了。我本来打算高中毕业后，去一个离家远、没有熟人的地方读大学，一个人过一种自由、轻松的日子，可现在我对学习越来越厌恶，我真的不知道我的学习之路还能走多远……”

“逃学”是处在学龄期的孩子在上学期间擅自离开学校的行为，“厌学”是处在学龄期的孩子不愿意学习、不想去学校读书的行为。“逃学”往往是在“厌学”的基础上产生的，如果厌恶学习就可能产生“逃学”的念头。青春期男孩生理和心理还不够成熟，不会客观地看待事情，并且叛逆心理也非常强烈。这时候如果家长和老师在学习上给予他们的压力过大，他们就会产生一些情绪和行为的改变，会出现消极地对待学习的情况。通常来说，造成青春期男孩产生厌学心理主要有以下几点原因：

（1）消极情绪导致厌学

科学心理学研究发现，青春期是孩子产生消极、颓废情绪和轻生等念头的高峰期和危险期。一旦青春期男孩产生悲观厌世、消极绝望等情绪，就常常会做出一些极端的行为，如逃学、轻生、违法犯罪等。因此，消极情绪是青春期男孩产生厌学心理的主要原因。

（2）自由支配的时间少

青春期男孩可自由支配的时间很少，家长的严厉看管和学校的严格规定都让他们感到无所适从。这样一来，不管是回到家里还是在学校里，男孩都不能按照自己的意愿去生活，只能把各种困难和不快都压抑在自己心里。繁重的学习任务使他们没有时间与朋友交流思想，也没有时间与朋友一起玩耍，这样就造成他们不善于与人沟通。时间长了他们会产生消极情绪，对生活、学习失去兴趣，甚至产生厌学或逃学的行为。

（3）学习目标不明确

如果青春期男孩学习目的不明确或者没有学习目标，那么，他们在学习的过程中就没有动力。他们不知道朝哪个方向努力，也不知道如何学习才能取得好成绩，会整天处于迷茫状态，甚至产生厌学的心理。特别在考试屡遭失败之后，他们就越来越不想上学了。

（4）焦虑性强迫症

青春期男孩学习紧张，升学压力大，容易出现焦虑情绪。一个人如果长期处于焦虑状态，就易产生强迫症。强迫症使人的大脑思维能力像被什么东西控制了一样，让人不由自主地去想或去做某些事情，使人无法集中注意力，而且怎么也摆脱不了。

心理学研究认为，厌学心理会给青春期男孩的生理与心理带来很大的危害，不但影响他们的学业，而且会产生心理疾病。那么，如何帮男孩化解厌学情绪而又不影响他的身心健康呢？希望以下几点方法能对你有所帮助：

（1）多关心爱护男孩

关心与爱护是给心灵疗伤的一剂“良药”，它能化解孩子的厌学情绪。当男孩感受到父母对他那份浓浓的爱意与深情的关注时，他会用同样的爱来回报父母。如果他不改变思想，把心思放到学习中来，就会愧对关心、爱护他的爸爸妈妈。

（2）给男孩适当“减负”

孩子产生厌学心理主要是因为学习压力太大，如老师给他定的目标太高，父母对他们的期望太大等。优秀男孩的心理压力更大，他们需要为自己的优秀付出更多的努力。越是懂事的男孩，父母越要多给予理解，适当降低对他的期待，必要时还应给男孩减压，为他适当卸掉一些学习任务，让他有时间、有机会喘喘气，歇一歇，适当的放松会使精力更加充沛。

(3) *激励男孩成功*

成功能带给人兴奋和快乐，使人更加积极进取，可起到激励的作用。父母可以利用孩子取得的小小成功来鼓励孩子，比如，虽然男孩的学习成绩不是那么好，但他作文写得不错，父母可以夸奖他在作文上取得的成绩。男孩受到鼓励以后，对写作文就会更加用心，还会用心地学习与作文相关的语文课了。父母也可以给男孩创造取得成功的机会，激发他学习的积极性，产生乐于学习的积极心理。

(4) *给男孩一个宽松的学习环境*

青春期男孩大都过着“两点一线”的日子，生活单调而乏味。在学校要抓紧时间学习，回到家里仍然要不停地学习，学习成了他们生活的全部。很多家长对孩子管得很紧，不许孩子对学习有丝毫的松懈，不给孩子留一点娱乐的时间，这样只会让孩子心生厌倦。家长应该给男孩营造一个宽松和谐的学习环境，允许男孩做一些他自己喜欢的事情。当男孩感觉到生活的乐趣时，他就能积极地面对学习，面对生活。

考试作弊是虚荣心太强

近年来，学生考试作弊的现象时有发生，有部分学生为获得一时的高分，不惜与自己的人格与道德背离，弄虚作假，把抄袭所得当作自己的学习成绩。对考试“作弊”一事最头痛的应该是学生家长，因为孩子考试“作弊”，孩子的家长通常会被请到学校办公室，家长在老师面前会很尴尬，颜面尽失。古人云：“子不教，父之过”，孩子犯错误，父母自然无法推托责任。不管父母有多么的丢脸，也不管有多么的恼怒，唯一能做的就是面对事实，教育儿子端正学习态度，诚实做人。

亮子是个 16 岁的男孩，读高中二年级。他平时学习成绩中等，爸爸妈妈希望他学习再努力一点，可亮子压根就没把学习放在心上。高一上学期期终考试成绩出来后，亮子破天荒地考了个全班第三的好成绩，爸爸妈妈高兴得逢人便相告．对亮子又是夸赞，又是给予物质奖励。亮子在爸爸妈妈的夸奖与宠爱中过了一个快乐无比的新年。春节后开学这天，爸爸刚到公司上班，亮子的班主任老师就打来电话叫他到学校去一趟，说亮子期终考试时作弊了。爸爸不敢相信，儿子怎么会做出这种事情来呢？爸爸来到班主任老师的办公室，窘迫得一句话也说不出来。原来，亮子抄袭了同桌杨阳的卷子，他们两个人的英语与数学得分一样，答题一模一样，对的地方相同，英语卷子上几个错误的地方也完全一样。爸爸怎么也不相信自己的儿子会作弊，但当亮子与他的同桌杨阳两个人都承认了时，爸爸不得不接受了这个事实。

这次考试亮子的成绩一下子提升这么多，班主任老师心里有些疑点。开学这天，他早到教室一会儿，无意中听到了亮子与杨阳的谈话，他们的交谈证实了自己的怀疑。

“杨阳，我给你的智能手机，玩得还不错吧?”亮子说。

“不错不错，挺好的。”杨阳说。

“嗯．那你以后还得多帮我，不要见利忘义啊。”亮子说。

“瞧你说的．怎么会呢。这次要不是我的卷子让你随便抄，你的分数能有那么高吗?”杨阳说。

班主任老师将亮子与杨阳带到了自己的办公室，并给亮子爸爸打了电话。亮子爸爸得知情况后，严厉质问亮子为什么考试作弊，没想到亮子说是为了让他与妈妈开心。他说自己学习一直不好，而爸爸妈妈对他期望很高，总盼着他考出好成绩，能在亲友们面前有面子，于是他想到了考试作弊。同桌杨阳一向学习很好，亮子就送他智能手机，前提条件是让亮子抄袭他的试卷。爸爸明白儿子考试作弊的原因后陷入了沉思之中……

青春期男孩考试作弊，有的是因为有些孩子从就习惯了作弊，有些是因为孩子虚荣心太强，有些是因为父母过分看重孩子的分数。一般来说，处于青春期的孩子考试作弊的现象大都与他们的心理发育有关。男孩在这个时期，不但有个性，而且自尊心强，虚荣心强，他们明知作弊是不对的，但为了自己的面子，为了摆脱同学、老师等的“冷眼”，还是铤而走险。一般来说，男孩的作弊行为通常源于以下几种心理：

（1）急功近利心理

有些男孩个性急躁，没有耐心，也不刻苦学习，但又想拿到好成绩，以获得老师和家长的喜欢与同学的尊重。在这种急功近利心理的驱使下，他们便用考试作弊的方式来快速而简单地获取成果。

（2）投机取巧心理

有些男孩家庭条件优越，从小娇生惯养，没有学习目标，也不肯努力学习，再加上家长对孩子要求不严，于是他们形成了对什么都想投机取巧、坐享其成的心理。为了简单、轻松地获得好成绩，他们就想到了考试作弊。

（3）依赖成性心理

有的男孩大大小小的事都由父母一手包办，没有经历过生活的磨练。有的男孩意志薄弱，凡事喜欢依赖他人。依赖心理强的孩子在考场上也寄希望于别人，想通过作弊获得劳动成果。

（4）虚荣心理

有的男孩平时学习成绩不错，经常得到老师和家长的夸奖或奖励，但是这些奖励却助长了他们的虚荣心理，他们往往为了得到更多的称赞与奖励而不惜作弊。

青春期是一个人生理发育和心理发展的重要时期，自我意识发展很快。青春期男孩为了得到别人的表扬和赞美，往往会用一些出乎意料的办法来证明自己的能力。青春期也是一个人的道德品质形成的关键时期，是树立正确的人生观与价值观的重要时期。如果这个时期男孩没有得到良好的引导，反而受到不良之风的影响，那么他们容易形成不良的人格。家长要帮助孩子改掉考试作弊的不良行为。希望以下几种方法能对你有所帮助：

(1) 帮男孩减少学习压力

父母过高的期望、老师严格的要求以及他自己高远的理想等，都可能在青春期男孩的心理上形成一种巨大的压力。一般来说，男孩比女孩好胜心更强，他们凡事都想赢，考试的时候也会冒险作弊。男孩考试作弊的行为大都是由于心理压力过大而引起的。我们不要一味地责骂孩子，不能不顾他内心的感受，要先改变一下我们自己的教育方式，帮助孩子减轻精神压力，如告诉男孩学习的成绩和结果并不重要，也没有必要对一两次的低分耿耿于怀，告诉孩子只要他学习态度认真，付出努力，坚持不懈，父母就很欣慰了。男孩听到你这番话之后，就会放下顾虑和担心，沉下心来脚踏实地地学习。

(2) 为男孩树立正确的人生观

青春期男孩容易受一些歪风邪气的影响，比如，看到别人打架斗殴，自己也想一试身手；看到别的同学逃课，自己也想尝试；看到别人考试作弊，自己也想效仿；看到别的同学去网吧玩游戏，自己也想玩游戏等。这些不良行为与孩子没有正确的人生观有很大关系。父母平时应注意以身作则，用良好的行为与生活方式为男孩做榜样，帮助男孩树立正确的人生观。当父母看到男孩有某些不雅举动或不良习惯时，要及时帮孩子纠正，培养孩子良好的品质。

(3) 教男孩学会正确地对待输赢

男子汉既要赢得起也要输得起，一个不敢正视输赢的男孩不能算是一个真正的男子汉。男孩大都非常看重输赢，凡事喜欢取胜，一旦输了就愁眉苦脸。父母要让男孩学会正确对待自己人生中的输赢，不要一输了就批评他，使他垂头丧气，也不要一成功就大肆表扬，使他沾沾自喜，要让他学会用平和的心态看待输赢，用正确的眼光看待生活中的成败。

如何应对“考试焦虑症”

有些孩子平时活泼开朗，可一到考试的时候，他们不但饭吃不好，觉睡不香，而且总是沉着脸，情绪非常低落。每到大型考试的时候，这种情况更加严重，有的还会晕倒在考场上。为什么一到考试孩子的身体就出状况呢？父母和老师都很纳闷。生活中确实有一些孩子一到考试的时候就出问题，不是头脑不清醒就是心慌意乱，不是过度兴奋就是情绪低落。在心理学上，这种表现称为“考试焦虑症”。

小尊今年 15 岁，读初三，再过半年就要升高中了。这段时间他学习非常努力，但不管他如何用功，考试的成绩总是不理想，越是重要的考试成绩就越差，这令小尊非常懊恼。每次一到快考试的时候，他就觉得头昏沉沉的，脑袋里乱糟糟的，学习学不进去，睡觉又睡不好，总是惶恐不安。在考场上，他更加紧张不安，双手不由自主地发抖，看着那些熟悉的试题，他的大脑竟然一片空白，“千万别考砸”的念头总在头脑里不停地闪现。宝贵的时间在一分一秒地过去，小尊却不知如何下笔。他走出考场后，大脑又会恢复正常。这令他痛苦万分。

小尊是家里的独生子，爸爸妈妈对他格外关心，对他的期望也很高。爸爸妈妈给他提供优越的生活条件，总是告诉小尊要努力学习，争取考上重点高中。于是，小尊拼命地努力学习．总想考出最佳成绩。时间一长，这种想法成了一种巨大的思想压力。那种唯恐学不会、考不好的心理压力越来越沉重，慢慢地他产生了焦虑的情绪，出现了严重的“考试焦虑症”。

青春期孩子大都有争强好胜的心理。一个上进的男孩，无论做什么事情都不甘落后，总想考试成绩名列前茅。当他面对重要的考试时就像成人面对重大的考验一样，有一种恐慌的心理。在考试时如果过度紧张，身体就会不由自主地出现一系列反常表现，如头昏脑胀、手足无措，这就是“怯场”的表现，心理学上称之为“考试焦虑症”。

此外，心理素质不好和营养不良也是青春期男孩产生“考试焦虑症”的原因。有些男孩不但内心缺乏自信，不会客观地分析自己，还非常敏感，自我评价过低，一到考试的时候就担心害怕，焦虑的情绪也就自然产生了。另外，有的男孩由于学习紧张、压力过大，导致食欲不振、睡眠不佳，又缺乏一定的身体锻炼，这时往往会由于营养不良而使体能不足，在这种过于疲劳的情况下走进考场，自然会状态不佳。如果家长对孩子期望过大，甚至把自己未曾实现的愿望强加在孩子身上，就会给孩子造成很大的心理压力。每当考试的时候孩子总担心万一考不好无颜再见“江东父老”，特别是面对“一考定终生”的高考时，孩子生怕考砸的这种担心会更加强烈。

对于“考试焦虑症”．我们可以根据青春期男孩心理状态的变化规律做一些相应的调适与合理的改变，给孩子创造一个良好的氛围，让孩子消除焦虑。希望以下几点方法能对你有所帮助：

（1）让男孩考前放松心情

考试时如果男孩身心疲惫，就会大脑混乱、情绪波动，身体机能下降，出

现记忆障碍等不良状态，严重影响考试的成绩。因此，临近考试的前几天让男

孩适当休息，放松紧绷的神经，调节情绪，轻松愉快地面对考试。

（2）给男孩一个宽松的空间

有些父母对孩子十分娇宠，为孩子包办一切，特别是孩子临近考试之前的一段时间，对孩子照顾得无微不至。这种“滴水不漏”的关爱方式，给孩子形成一种无形的压力。男孩大都渴望拥有一定的生活空间或自主做事的权利，而父母浓烈的爱则会让他喘不过气来，而且还会让他产生一种“内疚感”。父母平时只要提供正常的生活所需就可以了，过度的关心反而会增加孩子的精神压力。

（3）深呼吸缓解法

心理学研究发现，焦虑紧张的情绪是大脑缺氧的一种表现，它是人面对不良的环境刺激时在生理上产生的一种应激的状态。比如，考试中感到心情焦虑，就是受到了考场严肃气氛的刺激。心理学家认为，深呼吸可以缓解人的紧张感，可以使紧绷的情绪放松下来。呼吸可以为大脑提供氧气，促进大脑功能的发挥，深呼吸可以在短时间内为我们的大脑提供更多的氧气，可以放松心情。在考试之前，父母应

该告诉男孩，如果感到焦虑紧张就做深呼吸。

（4）让男孩做好充分的考前准备

凡事预则立，不预则废。考试前做好充分的准备是必要的，也是非常重要的。考前父母应让男孩自己准备好考试所需的一切物品，弄清考试的时间、地点等，督促儿子考前充分复习，信心满满地应对考试。此外，考试之前一定要做到考试用具携带齐全，以免在考场因考试用具不齐导致发挥失常而懊恼。

（5）让男孩正确看待考试

考试对学生来说确实重要，尤其是升学考试更为重要。但如果过分看重考试，那么考试时心理负担很重，就难以发挥正常水平。父母应告诉孩子考前做好充分准备，考试的时候放下所有的包袱，轻装上阵。考前父母可以告诉孩子：考试就是一次集中练习，跟平常上课做题没什么两样。考试分数不重要，尽心去考、正常发挥就行。这样孩子就能放下包袱，冷静地面对考试。

第 6 章　男孩生活方面应该知道的事情

青春期应补充的营养

青春期是身体各系统器官快速生长的时期，尤其是骨骼和内脏器官的生长，需要大量的营养物质。为了使身体能够得到健康的发育，应该充分获得各种营养素。所谓营养素就是指能在体内吸收，有供给热量、构成肌体组织和调节生理功能，为身体进行正常物质代谢所必需的物质。人体所需的营养素有糖、脂肪、蛋白质、维生素、无机盐和水等六类，在青春期要大量补充蛋白质、热量、无机盐、维生素等，因为这一时期对这些营养物质的需求比在一生中的任何时期都高。

第一，对蛋白质的需要。人体许多具有生理作用的物质都由蛋白质构成，如调节新陈代谢的激素、催化物质的酶、承担输氧任务的血红蛋白、构成肌体骨架的胶原蛋白等，都离不开蛋白质。由于青春期生长发育旺盛，一般成人每天需要 79 克蛋白质，而处在生长发育中的青少年则要增加 25% －50%，因此，青少年要特别注意增加蛋白质的比例。营养素通常来自食物，但任何一种食物都不可能包含所有的营养素，各种食物中所含的营养素的种类和含量也不同。动物蛋白较多的食物有瘦肉、蛋、奶、鱼、虾、蟹及内脏；植物蛋白有豆类、花生等。此外，由于青少年喜欢活动，需要的热量高，一般也要比成年人多25% －50%。

第二，对热量的需要。人体热量的主要来源是食物中的碳水化合物、脂肪和蛋白质。所以，青少年应该增加饭量，尤其要重视从早餐中得到足够的热量和蛋白质，以保证生长发育和学习、活动的需要。

第三，对糖类的需要。糖类是人体所需能量的主要来源，也是维护心脏和神经系统正常生理功能的必要物质。我们大家都知道：肝脏有解毒作用，但只有糖较多地转化为肝糖原储备在肝脏时，肝脏的解毒作用才能得到很好地发挥。一般认为，糖占人体总热量来源的70%左右较为合理，青少年每日需热量2 500 －3 000卡，当糖类摄入不足时，会引起全身无力，体重下降，严重时会影响神经系统的功能，产生水肿；但是如果摄入糖类过多，则会变成脂肪贮存在体内，造成肥胖。所以，糖类的摄入要适量，既不多也不少，只有这样，才能保证人体所需的各种营养。

第四，对水的需要。在人的生命活动中除了氧气，水是人体的第二必需品。水是人体的重要组成部分，也是血液的重要组成部分，是人生命活动中不可缺少的物质，它参与体内许多代谢过程和体温调节，可以保证腺体正常分泌并在体内有润滑作用。它约占人体重的65% －70%，当体内丧失水分过多时，会导致血液浓缩、血流减速、影响对肌肉的供氧和代谢物的排泄，会出现肌肉酸痛、活动能力下降，当体内丧失水分达20%时便会危及人的生命。在不同的季节、不同的年龄，对水的需求是不同的。青少年的新陈代谢旺盛，活动量大，水分的排泄、消耗也多，一个青少年每天每公斤体重需水40毫升，每天通过食物中摄入水700 － 800毫升，其余都要通过饮水来补充。因此，青少年每天都要补充足够的水分，只有这样，才有利于身体的健康和发育。

第五，对脂肪的需要。脂肪的主要功能是贮存能量和帮助脂溶性维生素的吸收，它能溶解维生素A、D和胡萝卜素，促进对各种维生素的吸收和利用，可以防止体内热量的散失和保护器官不受损伤。如果摄入脂肪过多会引起肥胖，并诱发一些疾病，但如果摄人脂肪不足又会影响到人体对蛋白质、糖的代谢过程。因此，一个人每天的脂肪摄入量要适当，一般来说，脂肪所供给的热量应占每日摄入量的 30%。

第六，对维生素的需要。维生素，顾名思义，是维持人体正常生理功能所必需的一类有机化合物，是调节机体生理作用的主要营养素。它虽然不是构成身体的原料，也不能提供能量，但却能促进生长发育、增进健康，可以增加机体的抵抗能力。当体内长期缺乏某种维生素时，就会引起相应的代谢紊乱；如果长期轻度缺乏维生素可使工作能力下降，身体的抵抗力也下降。所以，为了保证维生素的供应，我们应当多吃一些富含维生素的食物，如动物肝脏、谷物、鸡蛋、奶制品以及新鲜蔬菜、水果，等等。

除了补充必要的营养素之外，青少年的食物种类还应该多样化，不偏食、不挑食。吃粮食要不分粗细，越杂越好，这样才能获得所需的营养；要多吃水果和蔬菜，以保证足够量的维生素；要注意矿物质的摄入，多喝骨头汤，多吃木耳、猪肝、海带、紫菜等。不要吃过多的甜食和咸食，更不要吃得过饱，而应该尽量将多种在营养素质量上各有特色的食物搭配起来，这样就可以得到身体发育所需的各种营养物质了。总之，要求营养比例适当，荤素结合；多吃植物油，少吃动物脂肪，降低饱和酸和脂肪酸的摄入量，要吃得合理，吃得平衡。

我们都知道，生命的存在，有机体的正常发育，各种生理活动及体力活动的进行，都有赖于体内的物质代谢过程。而体内进行物质代谢就必须源源不断地从外界摄取一定数量的新物质，主要从食物中摄取。所以，如果你想身体健康地发育成长，一定要特别注意营养物质的供给，只有这样，你才能长得更高、更壮！

多吃“快餐”无益

美国公映了纪录片《大号的我》（*Super size me*），在这部纪录片中，美国人摩根·斯普尔洛克以自己的身体做了一个实验：连续30天，他三餐只吃麦当劳的食物，只喝麦当劳的饮料，而之后他以纪录片的形式，让大家亲眼见证了吃麦当劳对自己的身体带来的变化。

这虽然只是一部电影，但是却让我们对快餐有了更多的思考。快餐，是随着现代都市生活节奏的加快应运而生的产物，已经迅速成为我们日常生活中必不可少的一部分。不管你什么时候来到快餐店，都会看到一副欣欣向荣的景象。对于一些工作繁忙、没时间做饭的朋友们来说，吃快餐更是家常便饭，有时甚至一周能吃上好几次。在饮食越来越讲究“绿色”、越来越强调营养健康的今天，这些快餐是否跟上了时代的步伐呢？我们虽不想吃快餐，但我们又离不开快餐，在文明人忙碌的背后，快餐文化显得特别昌盛，速食主义成为当代社会日常生活的主旋律。

那么，快餐究竟是指哪些呢？从地域上，我们先姑且把它分为本土快餐和洋快餐吧！本土快餐是指膨化食品、方便面、烧烤之类的食物；洋快餐一般包括各式汉堡、薯条、冰淇淋及碳酸饮料之类的食品。

那么，这些快餐食品有哪些危害呢？

营养供应有欠均衡。快餐一般只注重肉类、糖类及油脂类的供应，蔬菜、水果、矿物质等则比较缺乏，比如说汉堡包、冰淇淋等冷冻甜品类的食品，长期食用会导致营养失衡。

热量供应过量。快餐以油脂及单糖类为主要的能量供应者，比如说油炸食品，如炸薯条、炸鸡腿、烧烤等，我们可能轻易地吸取超过我们每日所需的能量，但是其所用油大多是动物性的，含有太高的饱和脂肪，所以容易导致胆固醇过高，危害心脏健康。

盐分供应过多。大多数快餐的调味料都是很浓的，含有大量的盐分，对心脏血管及肾脏都无益处，长久食用的话，身体健康肯定受损，只是危害并不明显，所以不为人所知。

含有大量调味料。味浓是快餐的特征，使人食得快，食得多，是快餐的特色。

维生素纤维含量很低，快餐在制作过程中尽量选用低纤维食物，令进食速度较快，人们进食过程不用太多的咀嚼动作，入口便吞下，并且所含的维生素在高温油炸过程中大多被破坏。

产生丙烯酰胺。高碳水化合物（或称淀粉类）食品如薯条、薯片经油炸后可产生丙烯酰胺。

含有较多的人工添加剂。

汽水可乐类饮料含大量的磷酸及碳酸，会影响体内各器官对钙的吸收，使体内的钙大量丢失。可乐中含有咖啡因，对神经系统起兴奋作用。除此之外，还会产生明显的饱腹感，在胃内产生气体，影响正餐摄入。

但是，快餐既然能够在长时间内深受都市人的青睐，一定有它自身的好处，否则也不会成为都市饮食中的一种主流。它的好处主要有：

快速补充人体所需的能量。当人们感到需要进食之时，也就是最需要能量的时候，当然希望能马上进食。但一般的餐厅、茶楼、酒家，当你点菜后，通常都需要等一段时间才有食物供应，所以不易满足人体即时的食物需求。

色、香、味刺激食欲。一般快餐店都采用色香味极高的烹调方法，例如，煎炸及高浓度配料等，都是一些刺激食欲的食物处理方法，力求做到吸引力十足。对于平日匆忙而又胃口欠佳的人来说，快餐的色香味是必需的成分，否则更难以下咽。

快餐易食。品种比较简单，进食方法非常方便，不用自己动手，随时随地都可以用膳，是快速填饱肚子的最好选择，大受都市忙人的欢迎。

在生活节奏日益加快的今天，人们在贪图简便、快捷时，可曾想过过多地食用快餐，会产生什么样的后果呢？

肥胖。由于摄热量过高，可导致肥胖，而肥胖是越来越受社会和家长们关注的青少年健康问题，影响青少年身心发育，并与成年的多种疾病如糖尿病、高血压、心脑血管疾病等有关。

维生素及膳食纤维缺乏，钙质丢失。

增加肾脏负担。盐摄入过多，溶质负荷过重，影响儿童肾脏功能，同时也是高血压的易发因素。

影响神经系统发育。可乐等饮料对儿童神经系统的刺激会对儿童神经系统发育产生不利影响。

影响身高。研究发现，过多食用快餐食品、油炸食品是影响孩子身高的罪魁祸首。这些高热量、高脂肪的“垃圾食品”被儿童摄入，再加上挑食等不良饮食习惯使得儿童饮食结构出现问题，带来的后果是生长激素峰值降低，该长个的时候不长。

可能的致癌作用。日本及欧美国家研究证实丙烯酰胺有可能的致癌作用。

其实，快餐是否健康并不在于快餐本身，而是进食快餐的人如何去选择所进食的食物。

只要选择得当，针对其缺点而改善之，配合各种食物的组合，进食快餐并无不可。那么，我们该如何食用快餐呢？

（1）尽量选择均衡的食物搭配。快餐其实有很多形式，在考虑进食时只要保证其中有肉类、淀粉类、蔬菜水果类及乳类制品就能达到营养均衡。

（2）不要选高油脂和高糖类的食物。太多油、太甜的食物都要适可而止或浅尝即止，不宜大量进食，否则会因摄取过高的热量，危害身体健康。

（3）不要选太咸的食物。汤类都要节制，如即食面的汤包、汤料等都含有很高的盐分，佐膳浅尝无妨，多用却并不健康。

（4）吃快餐要适可而止。快餐可以解决每日的一餐半餐膳食，但其余的应该正常饮食，以补充快餐的不足。

（5）要多吃水果。水果是快餐中比较缺乏的食物，可以考虑在快餐之后吃一个水果，如果太麻烦的话，可以用鲜榨的果汁代替，既快捷便当，又有益健康。

对于正处于生长发育迅速、代谢旺盛的青少年来说，青少年时期是人类对营养素需要较多的时期，除维持生命正常需要外，还需摄取机体生长发育需要的各种营养素与热能。如果在这个时期食用过多的快餐食品，不仅会影响生长发育，降低免疫力，甚至影响智力发育。所以，医学专家提醒人们：“快餐”也要慢慢吃！

远离青春期厌食症

某初一男孩，偶然听到同学说他胖后，便每天仅吃少量的蔬菜和水果，吃饭时不是推说已吃过了就是吃后再悄悄抠出来吐掉：三个月下来，体重从120斤降至95斤，并开始出现了食欲消失，情绪明显抑郁的症状。但该男孩还始终不认为自己瘦，仍坚持控制体重，其母发现后带他前往医院求治，经诊断为神经性厌食症。还有一位男学生，体重150余斤，自觉过胖，便盲目节食减肥，几乎达到了不吃食物的程度。不到两个月，体重锐减至120斤，但伴随而来的还有营养不良性水肿和神经厌食症。这已经是明显的矫枉过正了。

一般都认为厌食症多发生于女性，且年龄在13 – 28岁之间。但是实际上，有1/10的患者是男性，并且现在有越来越多的青春期男孩患此病。因为随着青春脚步的迈进，无论是男孩还是女孩都十分注意自己的形象，对美的追求也越来越强烈，这是一种强烈的情感，也是生理、心理发展日趋成熟的必然。并且现在的明星、名模，大多数也是一副仙风瘦骨的形象，直接影响了年轻一代对自身形象的追求，所以，一些男孩为了保持自己的形象盲目地节食，因此患上了青春期厌食症。

那么，到底什么是青春期厌食症呢？青春期厌食症也称青春期消瘦症或神经性厌食症，是指在青春期内发生了厌食的现象。这种厌食不是由疾病引起的，也不是平常所说的食欲不好，而是由于精神因素所致，它属于神经性厌食症范畴。一般患了此病的人拒绝进食，即使很长时间不吃东西也不觉得饿，精神萎靡不振，整天昏昏欲睡，最后会导致身体虚弱和其他身心疾病。比如，有的人总拿自己和明星相比，认为自己太胖，必须限制饮食；或认为越瘦越美，欣赏并追求苗条的身材，因而对食物产生了厌烦情绪，甚至见到食物就呕吐，以致体重急剧下降。轻者消瘦、营养不良、抵抗力下降；重者全身功能紊乱、心跳加速、卧床不起，需要送进医院治疗。如果体重下降到生病前的35% -40%时，心肌发生变化，可能突然死亡。由于这种厌食症的病因主要是精神因素，是思想上的错误观念所造成的，很难改变。因此，需要精神科医生进行配合治疗，不过，最好的办法还是预防。

时下的青少年非常容易患上厌食症，殊不知，这样对身体有严重的危害。青少年心理学家 Michael Morton 指出，患上青春期厌食症的孩子体重会很快减轻，失去活力和对生活的兴趣。他们常常感到悲伤和愤怒，他们努力想要保持社会生活，但是由于饮食失调造成的困扰使他们不可能参加社会活动，也使他们难以参加体育活动。主要表现在：

（1）脱发，因为头发的主要成分是一种称为角朊的蛋白质，锌、铁等也是毛发生长不可缺少的微量元素，而只吃蔬菜、水果与面粉等素食，会导致蛋白质与微量元素摄取不足，使头发严重营养不良。

（2）易患胆结石，由于过度节食，身体摄入的能量过少，导致沉积于组织中的脂肪库存消耗，使胆汁中胆固醇的浓度激增，胆汁变得黏稠，析出结晶而沉淀下来，记忆力下降。

（3）心理上对脂肪有一种恐惧感，即使体重减轻了，这种感觉仍然存在，拒绝保持正常体重。

（4）青春发育延迟。

（5）引起体内新陈代谢失调，甚至会造成死亡。厌食还会引起恶性循环，如食欲减退，胃液等消化液的分泌减少；消化液减少后更增加厌食的欲望，使进食越来越少，甚至对食物产生厌恶感，直至食欲消退。

为什么会形成青春期厌食症呢？青春期男孩患厌食症通常源于对锻炼的困扰、基因的异常、同龄人的压力、社会的态度，或者感冒的流行都可能成为诱发因素。除了上述原因以外，还有以下几方面原因：

（1）不良的饮食习惯。过多地吃零食是造成厌食的主要原因之一，经常吃零食使胃肠不停地工作，打乱了消化活动的正常规律，长久下去就会没有食欲。另外，吃饭时不专心，会使食物的色、香、味对感觉器官的刺激作用减弱，使大脑对进食中枢的支配作用减弱，消化系统功能降低，对进食缺乏兴趣和主动性。

（2）饮食结构不合理。主副食中的肉、鱼、蛋、奶等高蛋白食物多。蔬菜、水果、谷类食物少。冷饮、冷食、甜食吃的多。如果经常以巧克力、奶油蛋糕、乐百事等食品为主，血液中的糖含量高没有饥饿感，所以就餐时没有胃口。餐间再次饥饿，又再以点心糖果充饥，形成恶性循环。

（3）疾病的影响。如反复感冒或反复腹泻、佝偻病、缺铁性贫血、锌缺乏等疾病，因病未愈或服用药物也影响胃口，造成厌食。

（4）社会文化因素。社会的压力可严重地影响个人的观念及行为是毋庸置疑的，理想的体形是受社会文化因素左右的。在较不发达的时代（贫穷状态），丰满、肥胖是作为富有的标志，被人羡慕；而现代社会则以身材苗条作为有能力、高雅、有吸引力的标志，于是体重偏低受到人们的青睐。

（5）情绪因素。低落的情绪往往会造成食欲不振，导致偏食而造成营养不良，从而影响到身体健康。

那么，如何来克服青春期厌食症呢？

（1）补充营养，纠正营养不良，严重的营养不良患者可能会有生命危险。青春期厌食症的病人在严重营养不良状态下，死亡率可高达10%。因而必须紧急抢救治疗。如果患者拒绝治疗，应采用劝说及强迫方式使其住院，以挽救病人的生命。这时可补充血钾、钠、氯等元素。贫血可补充铁，服叶酸，补足维生素等。由于患者长期不进食，胃肠功能极度衰弱，因此进食应从软食、少量多餐开始逐渐增加，不能急于求成。

（2）心理治疗，要找经验丰富的心理医生来疏导病人的心理压力，青少年应对环境、对自己要有客观认识，找到适应社会的角度及处理和应付各种生活事件的能力。另外，对健康体魄的概念，标准体重的意义，对自己的身体状况有客观的估价。

（3）树立正确的审美观，真正地接纳自己，认识到自己的价值，在健康的前提下追求美，这样就会避免发生青春期厌食症。

（4）创设良好的就餐环境。如果在一个拥挤的地方吃饭，人多嘈杂，空气污染，也不利于就餐。因此，在一个安静舒适的环境里就餐，也有利于胃口大开。

（5）克服低落情绪，能激起对多种食物的欲望。所以，只有保持稳定的情绪，才能有利于身体健康。而保持情绪的最好方法就是锻炼身体，进行一些不太剧烈的运动，如跑步、打球等。

（6）培养广泛的兴趣，参加有益活动，转移注意力，减少对自己身材的关注，达到预防与治疗青春期厌食症的目的。

看了以上这些，你们一定知道厌食的害处了吧！要记住，一个真正美的人，是表现在仪表、举止、性格、谈吐、健康等各个方面的，仅仅表现在某一方面的美显然是不够的，应当集外表、心灵、健康于一体。只有这样，你才是最美的人！

损害大脑的生活因素

轻视早餐：不吃早餐会使人的血糖低于正常供给，对大脑的营养供应不足，久而久之会对人的大脑有害。此外，早餐的质量与智力发展也有着密切联系。据研究，一般吃高蛋白早餐的儿童在课堂上的最佳思维普遍相对延长，而食素的儿童情绪和精力下降相对较快。

甜食过量：甜食过量的儿童往往智商较低。这是因为儿童脑部的发育离不开食物中充足的蛋白质和维生素，而甜食会损害胃口，降低食欲，减少对高蛋白和多种维生素的摄入，导致机体营养不良，从而影响大脑发育。

长期吸烟：德国医学家的研究表明，常年吸烟会使脑组织呈现出不同程度的萎缩，易患老年性痴呆。因为长期吸烟可引起脑动脉硬化，日久会导致大脑的供血不足，神经细胞变性，继而发生脑萎缩。

睡眠不足：睡眠是消除大脑疲劳的主要方式。长期睡眠不足或睡眠质量太差，只会加速脑细胞的衰退，聪明的人也会变得糊涂起来。

少言寡语：大脑中有专司语言的叶区，经常说话也会促进大脑的发育和锻炼大脑的功能。应该多说一些内容丰富、有较强哲理性或逻辑性的话。整日沉默寡言、不苟言笑的人并不一定就聪明。

空气污染：大脑是全身耗氧量最大的器官，平均每分钟消耗氧气500－600升。只有充足的氧气供应才能提高大脑的工作效率。用脑时，特别需要讲究工作环境的空气卫生，如果吸进有毒气体，将对中枢神经系统产生慢性或急性毒性作用。

蒙头睡觉：随着棉被中二氧化碳浓度升高，氧气浓度不断下降，如果长时间吸进潮湿空气，对大脑会有极大的危害。

不愿动脑：思考是锻炼大脑的最佳方法。只有多动脑筋，勤于思考，人才会变得聪明，而且还会推迟神经系统的衰老，并且通过神经系统对全身的调节控制作用，达到养生延寿的目的；反之，不愿动脑只能加速大脑的退化，再聪明的人也会变得愚笨。

带病用脑：在身体不适或患疾病时，勉强坚持学习或工作，不仅效率低下，而且容易造成大脑损害。

长期饱食：现代营养学家在一项研究中发现，一种能促使大脑早衰的物质——纤维芽细胞生长因子，会在饭后增加数万倍，这是一种能促使动脉硬化的物质，能使毛细血管内皮细胞和脂肪增多，因而从长远意义上讲，如果长期饱食的话，势必会导致脑动脉硬化，出现大脑早衰和智力减退等现象。

除了以上十大因素以外，生活中还有许多因素也会导致大脑损害，比如说：

（1）一氧化碳中毒时，人的大脑也会因此受到损害。美国科学家最近发表的一项研究报告显示，无色无味的一氧化碳不仅会损害大脑，也可对心脏造成严重的伤害。

（2）高脂肪饮食可能导致大脑功能损害。一项新的动物实验表明，高脂饮食能减少大脑的能量供应，通过促进胰岛素抵抗而导致大脑功能损害。从而增加脑部负担。

（3）乏味的生活损害大脑。越来越多的证据表明，丰富多彩的生活可能会使脑细胞处于活跃的状态，而乏味的生活会使大脑处于抑制状态。

（4）酗酒也会损害大脑。科学家已证实，酗酒会使人的大脑受到酒精的严重损害，有时甚至会出现类似“白痴”的症状。

（5）压力损害大脑，研究发现，慢性长期的精神压力会让人感觉不舒服、焦虑、抑郁或疲劳，也会改变脑细胞的结构及功能。如果长期持续地处于压力之下会使大脑不堪重负，一些重要的神经连接会遭受破坏，最终损坏记忆，出现遗忘。“男性更应注意保护脑子，必须科学地用脑，因为男性脑萎缩比女性快得多”。这是美国一组科学家最近发布的一项研究结论。

（6）手机损害大脑。专家分析，手机的最大隐患就是手机辐射带来的健康问题。西班牙儿科研究院著名研究员卡安妮教授近日的一个试验结果显示：儿童在使用手机通话几分钟后，大脑的活动迅速减弱，特别是靠近手机一边的大脑；在通话结束后的 50 分钟内，儿童大脑大部分部位的活动都比正常情况下减缓。

（7）铅会损害大脑。研究人员发现，长期和铅元素接触的人，几年后大脑的脑细胞会有所减少，并且暴露时间越长，铅含量越高，脑容量减少越明显，大脑损伤越厉害，而这种损害表现为记忆力的衰退和思考认知能力的困难。

大脑是人体的高级中枢，是人类聪明才智的物质基础。那么，究竟该怎么来保护我们的大脑呢？

科学用脑，长时间地用脑会导致脑细胞受损与记忆衰退。因此，不熬夜是一种保护脑子的有效方法。人体内的肾上腺皮质激素和生长激素只有在夜间睡眠时才分泌，前者在黎明前分泌，后者入睡后马上产生。肾上腺皮质激素具有促进体内糖的代谢与肌肉发育的功能，而生长激素可促进青少年的生长发育，如果夜晚用脑过度，会使人的机体节律紊乱，导致脑细胞衰减。

保护大脑应多吃鱼，尤其是海鱼，对脑最有补益。鱼类含有丰富的不饱和脂肪酸，是健脑的重要物质。海鱼中含二十二碳六烯酸和二十碳五烯酸，是促进神经细胞发育最重要的物质，具有健脑作用。另外，蒜和葱也是健脑的重要物质。蒜和葱中含有一种叫“前列腺素a”的物质，能舒展小血管，促进血液循环，降低血压，具有较好的健脑功能。保持乐观的情绪，不抽烟，不酗酒，防止各种有害的因素对大脑的损害。平时生活要有规律、适当参加体育锻炼和文娱活动等，对保护和加强大脑功能也很有好处，如体育锻炼、跳舞、娱乐、野游、听音乐等。总之，要根据个人的爱好、身体素质和年龄来选择。

青春期男孩护肤的方法

前苏联诗人马雅可夫斯基有一句著名诗句：“世界上没有任何一件毛衫比健康的皮肤和发达的肌肉更美丽。”皮肤是给予人最直观的美的窗口，也是衡量美的不可缺少的标准。黑格尔也曾用“照下的海”这一绝妙的比喻来形容人体的肤色美：“我们从这海里既可以看出它所反映出来的各种形体，又可以看出水的晶莹和本有特性。”为了拥有这种肤色，身材狂好的胡兵在泰国拍摄 MTV 时，为了显示东南亚男儿的健康肤色，不惜赤膊上阵大搞太阳浴，使皮肤均衡黝黑，以求效果真实。

虽然男性以粗犷为美，但有谁不愿意在神采奕奕的面容中折射出干练果断的精神，以俊朗的形象愉悦自己、取悦他人呢？因此，一个男孩皮肤的健康与否，不仅直接关系到他在别人眼中的印象，也会影响到自己情绪的好坏。一般来说，男子在进入青春期后，由于荷尔蒙活动的过频会刺激皮脂腺的分泌，皮肤油脂过多，容易形成毛孔阻塞，使脸部出现粉刺（痤疮）。加上环境如灰尘、阳光、空气污染等的侵害，皮肤也会受到损伤，变得灰暗粗糙。所以，如果你想拥有健康润泽的皮肤，就一定要注意平时的保养，防患于未然。但是，保养皮肤不能在皮肤出现问题时才开始，而要从青春期就开始，因为即使是天生就健康的皮肤，也会随年龄的增长而发生变化。这是自然规律。

男性皮肤的特点：男性的皮肤天生比女性厚一些，并且更富有弹性，这是因为他们的皮肤纤维彼此联结得很紧密。男性的皮脂腺和汗腺较发达，对皮肤有很好的保护和营养作用，故男性出现皱纹、皮肤松弛等衰老迹象比女性要晚些。但是，由于男性皮肤厚度与密度大于女性，所以男性皮肤的变化看起来比女性更明显更清晰。

男性皮肤还有一个特点就是敏感，容易发红、脱皮、发痒等，这些与刮胡子、不正确的保养方式、不良饮食习惯、吸烟、心理压力是密切相关的。许多人试图用女性护肤品来减轻这些刺激，结果往往把皮肤弄得更糟。原因在于与女性相比较，男人的皮肤 pH 值呈酸性，多数适用于女性 pH 值的护肤品，对男性即使不产生什么刺激，也会有不舒服的感觉。

弄清了男性皮肤的特殊性，我们就可以对症下药啦!

（1）清洁皮肤。目的是为了清除皮肤上积累的污垢、油脂和坏死的细胞。由于普通香皂会破坏皮肤表层，刺激皮肤，故最好用专门的洗面奶或凝胶洗脸，以对皮肤起到很好的清洁作用。清洁皮肤的一般方法是用水打湿后，均匀涂上洗面奶，待揉出丰富的泡沫后，用清水洗干净，T 字部位可多用一点时间。可以使用粗糙的毛巾清洗和按摩皮肤，这样有助于促进皮肤的血液循环和清除坏死的细胞。要养成定期进行深层清洁的习惯，油性皮肤者、吸烟者、司机以及常年在室内氧气不足的条件下工作的人，更是要注意清洁皮肤。

（2）滋润皮肤。目的是恢复自然丧失的水分并保护其自然生存的环境。有许多男性的皮肤粗厚干皱，是因为他们往往只知道用洗面奶洗去污垢，却不注重润肤保湿，其实，仅仅将水撒在皮肤上是不具有任何保湿功能的，因为皮肤表面有疏水性，不含添加物的水根本无法渗透皮肤。所以，保持皮肤滋润首先要从人体自身做起，防止体内脱水，使皮肤有充足的水分和营养供应，方法是每天保证喝几杯水或饮料。美容专家建议，一个健康人每天最好用 200 毫升容量的杯子喝上 6 杯水，如晨起时 1 杯、上班前 1 杯、上午 10 点钟 l 杯。下午 4 点钟 1 杯、运动前 1 杯。睡觉前 1 杯。据报道，这是名噪世界的影星索菲亚 · 罗兰的美容秘诀之一，值得借鉴。另外，在洗完脸之后，涂上一些男性用的保湿霜来滋润皮肤。

（3）按摩皮肤。这不仅有利于血液循环，提高皮肤的新陈代谢，而且还可以调节皮肤脂肪的分泌，消除疲劳，有助于皮肤吸收营养，刺激皮下纤维组织，从而使皮肤保持弹性和光泽。采用的方法是在刚洗完脸以后，在手上涂些润肤霜，用无名指和中指的指尖和指腹按照由内向外以及与皱纹相反的方向按摩。

（4）合理饮食。有意识地根据自己的皮肤实际情况来选择食物，会有效地改善皮肤的状况。首先，合理的营养、平衡的膳食对增进皮肤的健康有很大的好处；其次，尽量不要吃一些刺激性的食物如烧烤、辛辣、奶油食品等；再次，多吃一些富含维生素的食物如水果、蔬菜等。

（5）充足睡眠。现代医学研究证明，充足的睡眠是保证健康乃至美容的重要条件，经常熬夜或者失眠的人容易衰老，包括皮肤衰老在内。特别是夜间 12 点到翌日凌晨 3 点这段时间，皮肤细胞代谢快，“以旧换新”的速度是清醒状态下的 8 倍多，故享有“美容睡眠期”的雅号。换言之，要想皮肤永葆青春，尤其要注意这段时间的睡眠，切不可错过。

（6）注意防晒。过强的阳光直射也会引起皮肤红肿、疼痛，甚至脱皮等损害，长期的损害会使皮肤出现皱纹、色斑甚至皮肤癌。因此，要尽量避免直接接触阳光。如果在夏天的上午 10 点到下午的 2

点之间出去的话，一定要涂抹防晒霜或带太阳帽、太阳镜等。

有很多男孩子会觉得护肤是件很麻烦的事，其实只要在生活中多加注意，养成良好的生活习惯，就可以让皮肤得到充分的保护。要知道，“没有丑女人，只有懒女人”，这句话同样适用于男士哦！

学会休息才能保证睡眠

进入青春期，男孩身体发育还没有完全成熟，身体各方面的素质还远远比不上成人，神经系统的调节能力还比较弱，无论是学习、劳动还是锻炼都容易引起疲劳，这就需要通过休息来补充体力，消除疲劳。休息的方式主要包括睡觉和一些消除局部疲劳的积极性休息。

一、充足的睡眠

自从工业革命发明了电灯以来，人们的睡眠时间就越来越短了。据睡眠与警觉性专家罗塞金德说，这影响到人们思考和行动的敏捷程度：“比你所需要的睡眠时间少两个小时就足以影响你的成绩，就像你喝了两三瓶啤酒，血液内有一定的酒精含量一样”。美国之音的记者埃尔马斯利报道：在我们当今所处的这个时代，过去只能在白天做的许多事情，比如购物、到银行存款，现在无论是白天还是夜晚随时都可以进行。可见科技的进步同时也剥夺了我们真正需要的东西：睡一宿好觉。我们知道，充足的睡眠对青春期的青少年作用非常大，是拥有健康身体的前提和保障。因为人的思维、记忆等，都是通过大脑皮层来完成的，大脑皮层约有 140 亿个神经细胞。人在两岁以后，神经细胞的数量就不再增加了，但是脑的发育却仍在进行，特别是脑功能的提高仍有很大的发展，这种发展一直要到 14 岁或更晚些。科学研究证明，神经细胞的发育完善过程，主要是在睡眠中进行的。因此，充足的睡眠有利于神经细胞的发育，对促进青春期思维能力的发展，提高智力水平有巨大的作用。另外，睡眠不仅可以使我们的身体进行自我调节，储蓄能量，还有利于松弛神经，恢复体力。如果我们每天能够保持 8 小时的睡眠时间，再加上适当合理的精神放松，会使我们全天都有比较高的效率，迎接每一个挑战。

从医学的角度来讲，充足而有规律的睡眠，有助于调节我们的身体机能，促进食物的消化、吸收以及废物的排泄。同时，由于睡眠保证了营养和血液的供应，也有助于保持清醒的头脑；相反，如果休息不够，则会令人情绪低落，精神难以集中。睡眠不足还会导致免疫力下降，如果再加上过度疲劳和紧张，很容易患上

感冒，感冒可能导致转氨酶一过性增高。所以，只有保证充足的睡眠，才能保持体力、保持精力，才能保证学习的效率。研究发现：最佳睡眠能使你的成绩提高 30%。

另外，科学家指出，生长激素的分泌与人的睡眠有密切关系。人的睡眠可以分为两种：一种是慢波睡眠，另一种是快波睡眠。这两种睡眠在夜里要反复交替出现几次。生长激素的分泌一般出现在慢波睡眠阶段，大多在入睡后 30 – 40 分钟，这时血液中生长激素的浓度迅速升高，1 – 2 小时内达到高峰，以后浓度逐渐下降，常在睡眠的 3 小时左右降到最低水平。在睡眠的其余时间里，还含有第二次、第三次升高，但水平都比第一次低。生长激素在人清醒状态时分泌很少，也没有什么规律，所以在白天血液中生长激素的浓度最低。如果睡眠晚，生长激素的分泌时间推迟；睡眠时间少则生长激素的分泌就减少。有研究表明，在慢波睡眠阶段，生长速度比没有睡觉时快 3 倍。可见充足的睡眠还能促进青春期身高的增长。

一般情况下，充足的睡眠指的是一定的睡眠时间和足够的睡眠深度。青春期每天应达到 8 – 10 小时的睡眠，才能满足生理发育的需要。睡眠的深度指的是睡眠质量，有人对睡眠中人的脑电波作了记录，发现人在睡眠时，脑电波会出现快波和慢波两种变化。快波睡眠时身体疲劳得到消除，慢波睡眠时，大脑得到充分休息，所以高质量的睡眠应当使睡眠获得足够的睡眠深度。失眠、噩梦、梦游等睡眠障碍会影响睡眠质量。

保证足够深度、有效的睡眠措施是：

1. 养成良好的有规律的睡眠习惯。不要熬夜，尽量在白天工作、晚上休息，符合昼夜、季节的规律，也不要养成睡懒觉的坏习惯。一旦养成良好的习惯后，一定要尽力遵守。

2. 做好睡前准备，创设良好的睡眠环境。睡前可进行适当的体育锻炼，使身体感到轻微的疲劳感；睡前要洗脸、刷牙、用温水洗脚，促进血液循环，才有利于睡眠。睡前不要吃过多的食物或喝浓茶、咖啡等饮料，因为晚上不断上厕所会影响睡眠质量；也不要吃辛辣的富含油脂的食物，因为这些食物也会影响睡眠。除此之外，改善睡眠环境也是非常重要的。保持室内空气流通，保持卧室安静和较暗的光线，松木床或棕床、清洁、上轻下重的被褥、高低适中的枕头、宽松的睡衣睡裤都有助于让自己放松，更容易入睡。

3. 注意睡眠姿势。侧卧有利于睡眠，俯卧、蒙头睡觉都是不利于睡眠的，并可能引起胸闷、头痛、多梦等症状。

4. 保持安静。关掉电视和收音机，因为安静对提高睡眠质量是非常有益的。

5. 自我调节。当你因难以入睡而辗转反侧的时候，千万不要指望安眠药。你需要做一些事情使自己的大脑放松。比如，想象自己置身于深蓝色的天鹅绒，或蔚蓝色的大海；做几次深呼吸，然后放慢呼吸，逐渐把两次呼吸变为一次深长的呼吸，同时，专注于自己的呼吸；或者紧握双拳，紧钩双脚，然后迅速放松，如此数次，放松全身的肌肉，大脑也会随之放松。大脑放松了，你就会自然而然地睡着了。

二、积极的休息方式

如果长时间地从事一项活动如看书，会造成局部如眼睛及指挥眼睛活动的大脑皮层有关部位的疲劳，这时候，你就要换一种活动方式，如出去跑跑步、打打球，呼吸一下新鲜空气，就能很快消除大脑皮质的局部疲劳；另外，听一些轻音乐也有助于消除大脑疲劳，使身心得到放松。

所以，对于每一位青春期的少男少女来说，一定要养成良好的作息习惯。只有学会休息，你才能学会学习，你才能取得好的成绩；只有学会休息，你才能做时间的主人，才能做自己的主人！

吸烟、酗酒有害处

一、吸烟的危害

一项对北京市 3 万名学生吸烟情况的调查发现，中学生吸烟率男生为 17.8%，女生为 0.82%，每天吸烟 10 支以上者，占吸烟总数的 5.13%。这说明中学生吸烟相当普遍，有的吸烟程度已相当深，究其原因，是因为处于青春期的男孩觉得自己长大了，认为吸烟有男子汉气概，风度潇洒，因此模仿着吸烟，久而久之，形成吸烟的习惯。殊不知，吸烟是对身体非常有害的。医学家警告人们："吸烟等于慢性自杀！"据有关资料表明，香烟经过燃烧可以产生上千种化学物质，如烟碱（尼古丁）、烟焦油、一氧化碳、二氧化碳、亚硝酸类物质、放射性元素等。吸烟时，烟中的放射性物质随烟雾进入支气管和肺部，并在肺黏膜部位沉淀，不断放出射线，危害肺部。据统计，吸烟人肺部接受的放射性照射比不吸烟者要高出 5 倍以上，这些有害物质长期作用于人的内脏器官可能诱发癌症，这也是吸烟者易得肺癌的主要原因。这些有害物质长期作用于人的内脏器官可能诱发癌症。另外，烟草中的有毒物质还会引起心血管疾病、胃病、糖尿病、哮喘等，还会影响睾丸的正常发育，严重者还会影响生育能力和性功能。另外，吸烟还污染环境危害他人。青少年正处于生长发育期，身体各个系统的细胞都很稚嫩，对有害物质的抵抗力弱，免疫力也弱，所以开始吸烟年龄越早，危害也越大。

二、酗酒的危害

酗酒是指不加节制地大量饮入各种酒类或长期大量饮酒。因为各种酒都会有不同浓度的酒精（乙醇），白酒中含酒精40% －60%，黄酒和果酒中含10% －15%，啤酒中含2% －5%，如果大量酒精进入体内，就会引起不良反应，危害人的生命和健康。对青少年来说，酗酒的危害表现在以下几个方面：

第一，酒精可以损害脑细胞。由于脑组织对酒精特别敏感，所以酗酒时脑组织容易受到侵害，这时酗酒的人就会表现出胡言乱语、行为失常。

第二，由于青少年神经系统还未发育完善，中枢神经系统还很脆弱，极易受损。酗酒时会引起记忆力、推理能力、分析问题和解决问题能力的损害而最终导致损害智力发展的严重后果。在此，我们要特别提醒处于快速生长发育期的青少年朋友一定要注意少喝酒、不酗酒。

第三，酒精损害肝脏。90%的酒精依靠肝脏解毒变成二氧化碳和水后排出体外，但是人的肝脏解毒能力是有限的，尤其是青少年的肝脏尚未发育完善，肝细胞的解毒能力差，在大量酒精的刺激下，容易对身体产生更大的不良影响，引起各种疾患。

第四，大量饮酒还会造成急性酒精中毒，轻者面红耳赤、语言失常、易发怒、头晕眼花、恶心呕吐；重者体温下降、面色苍白、呼吸缓慢等，如果不能得到及时抢救，会因中枢神经麻痹而死亡。有些人虽然不是狂喝滥饮，但是天天喝酒，也会引起慢性酒精中毒，影响大脑的正常功能，表现为智力、记忆力下降，注意力不能集中，有的人还会发生幻觉，手、舌震颤等症状。

看到了吧！吸烟、喝酒有这么多害处，《中学生守则》中规定中学生不吸烟、不喝酒，就是从保护青少年的身心健康出发的。中学时代正是学习的黄金时期，我们希望大家不要为了追求时髦而吸烟、喝酒，更不要染上吸烟成瘾、酗酒的坏习惯。

锻炼身体，增强体质

增强体质，不能仅仅依靠吃得好、睡得香。营养丰富，不一定就会身体好；吃饱就睡、懒得动的人不一定就会有好的体质。青春期是决定人一生的体质、心理和智力发育的关键时期，人的体质、健康与青春期的发育有着重要的关系。在青春期，青少年学生要经常参加一些体育锻炼，这对身体的发育有着很大的作用，主要表现在：

（1）促进身体的发育。合理的体育锻炼可以促进人体运动系统的生长发育，加速人体周身的血液循环，改善骨组织的血液供应，造就优美的姿势和体态。青春期身体发育是为今后一生的健康打基础的关键时期，在这个阶段进行锻炼，可以收到事半功倍的效果。

（2）可以促进新陈代谢。经常进行体育锻炼，可以增强肌肉、心脏、消化、呼吸特别是中枢神经系统的活动能力，可以增强人的体质。而且经常锻炼的人，很少会得消化不良、便秘、呼吸道炎症等这样的疾病。原因就在于运动时全身血液循环加快，肌肉剧烈收缩和松弛，驱使大量静脉血液快速流回心脏；同时，肌肉、心脏等器官的毛细血管也大量开放，引起体内血液重新“部署”，随着运动量的增大和运动时间的延长，血液循环速度加快。这样，肌体各器官的淤血、滞气在大量的快速血液循环冲刷下被“带走了”，所以内在的致病因素便消除了。

（3）体育锻炼可以改变体形。锻炼时可以使全身的肌肉都参与运动，肌肉的活动量大，肌肉中的毛细血管几乎全部开放，供给肌纤维更多的营养，经过长期经常的锻炼，肌纤维会逐渐变粗，使肌肉粗壮，收缩有力。同时，也可以消耗过多的脂肪，达到减肥的目的。

但是，在锻炼时也要讲究科学性，切不可操之过急，运动过度，反而会达到相反的效果。因为青少年的心肺功能还比较弱，无氧代谢的能力还比较差，因此，不宜进行时间过长的锻炼。另外，运动后要及时做整理运动。因为在运动时全身的肌肉处于紧张状态，血管和毛细血管中的血液大量地流向运动着的肌肉组织，血管中的血液比较少，突然停止运动会造成心慌气短、头晕，甚至休克等，所以，运动的强度一定要由小到大，逐步适应，逐步提高。只有这样，才能达到锻炼身体、增强体质的目的。

锻炼身体不仅有利于我们的身体健康，而且还有利于解除大脑疲劳、振奋精神、调节心理状态。当我们学习或工作累的时候，可以停止学习或工作，去做一些自己比较喜欢的体育运动，如跑步、打羽毛球等。

“生命在于运动”。一位世界冠军曾说过：“当我的肉体疲倦了，我的精神也随之得到休息。”从现在开始，选择一两项适合自己并且能够长期坚持下去的运动项目，把它作为自己的一种爱好，开始运动吧！

讲究卫生，从我做起

走进学校，往往会看到一些学生一边啃着馒头、面包等食品，一边在操场上嬉戏打闹，尘土飞扬起来，沾在食物上也不以为怪。吃完后，会将垃圾挑个隐蔽角落随便一丢；上完体育课，一些学生满头大汗，随手拿起自己的衣服一擦；有时困了，就往课桌上一趴，脸冲着桌子呼呼大睡；每天值日生打扫教室，都会扫出很多零食口袋，或是乱扔的纸屑，甚至还有些随地乱吐的口香糖，黏在地板上……这样的一幕幕每天都在上演。

“讲究卫生，人人有责”，这是人们常说的一句话，可是有多少人做到了呢？讲究卫生不是一件小事，而是直接关系到人的健康，关系到每个社会成员的生、老、病、死与民族的繁衍，关系到国家的繁荣和富强，也是社会风尚好坏的一个重要标志。是否讲究卫生，不但反映出这个国家人民的生活水平，也反映出这个国家人民的文明程度。对于个人来说，是否讲究卫生，反映出这个人的思想觉悟、道德水平和文化素质的高低。但是我们经常看到有些人没有养成良好的卫生习惯，随地吐痰，随地丢弃果皮纸屑，随意破坏和污染我们的生活环境，影响了我们正常的学习、工作和生活。

对于青少年来说，养成良好的卫生习惯是非常重要的，它不仅对预防疾病、保障健康有着重要的意义。而且对改变我们国家和民族的卫生面貌和道德风尚也有着极其深远的意义。因为卫生习惯是一个国家国民素质的重要体现。一个国家的人民有没有良好的卫生习惯，往往标志着这个国家和民族的科学文化水平以及道德面貌。

卫生习惯是青少年日常生活习惯的一个重要组成部分，它关系到青少年生活的方方面面。卫生习惯的好与坏，不仅关系到青少年个性品质的发展，还关系到他们的身体健康发展。养成良好的卫生习惯，既有助于环境的整洁，增强对疾病的免疫力，促进生长发育，又增强了体质，保持良好的精神面貌，促进其他良好行为习惯和完美人格的形成。因此，青少年应该养成讲卫生、爱清洁的好习惯。良好的卫生习惯包括的范围很广：环境卫生习惯、个人卫生习惯、饮食卫生习惯、体育卫生习惯等等。所以，良好卫生习惯的养成，不是一朝一夕的，而是要经历长时间的培养。

奇奇的妈妈是位医生，因为职业的关系，她特别注意培养女儿的卫生习惯。妈妈对奇奇说："要做个讲卫生，爱清洁的好孩子，比如说饭前便后要洗手，这样别人才会喜欢你，和你一起玩。"

奇奇问："为什么饭前便后要洗手？"妈妈告诉她："因为手每天要碰各种各样的东西，会沾染很多细菌，要是在吃饭前不洗干净，吃饭时会吃进肚子里长出虫子来，有虫子，就得到医院去打针吃药了。"等奇奇稍大一点，妈妈还进一步告诉她，饭前便后洗手可以预防各种肠道传染病、寄生虫病。

每次奇奇洗手时，妈妈都为她事先准备好香皂、擦手毛巾，放在奇奇容易取拿的地方。而且教给她洗手时应该把袖子挽起，以免把衣服弄湿，感冒着凉，并教给她手心手背都要洗，耐心地给她作示范。

于是，奇奇每天早晨起床后，自己洗脸、刷牙。尤其是在吃饭前，从来都不用别人提醒，自己主动去洗手，打肥皂，把手擦干。奇奇现在已经养成了讲卫生的好习惯，是一个讲卫生的好孩子，人人都喜欢她，并且愿意和她做朋友。

当然，良好的卫生习惯不仅仅包括洗脸洗手，还包括我们生活的方方面面：

第一，保持个人身体和服装干净整洁的习惯。例如，勤理头发、勤洗澡、勤剪指甲，不仅能清洁身体，保证卫生，而且能够促进血液循环，增进身体健康。人的双手每天要接触各种各样的东西，会沾染上很多污染物和细菌。据调查，一只未洗净的手上有 4 万到 40 万个细菌，1 克重的指甲垢里藏的细菌和虫卵有 38 亿之多。所以我们一定要养成饭前、便后和手脏时及时洗手的习惯。洗手时要认真用肥皂搓洗，如果只用水冲冲是洗不干净的。要养成随身携带手帕的习惯。用手帕擤鼻涕时要按住一侧鼻孔，轻轻地擤另一侧鼻孔的鼻涕，不能同时揭两个鼻孔，以免引起中耳疾病或上颌窦炎。手帕要经常更换，保持清洁。保护鼻道，不抠鼻孔，养成用鼻子呼吸的习惯，这样可以使吸入的空气经过鼻道时变得洁净、温暖和湿润，保护呼吸道和肺，使它们免得疾病。不挖耳朵，不将异物塞入耳内，洗脸洗澡时不把水弄进耳内，以免损伤鼓膜，引起中耳炎，影响听力。保持仪表整洁，经常注意自己的衣服是否干净整齐，所有的扣子是否扣上了，鞋带是否系好了，女孩子要注意自己的头发是否整齐，学习梳短发。

第二，养成保护牙齿的习惯。注意保护好牙齿，早晚刷牙，饭后漱口。有人认为孩子的乳牙反正要换，因此不注意对它的保护，这是一种错误的观念。如果不注意保护乳牙，一旦它被龋坏缺损，将影响对食物的消化与吸收，不利于生长发育。乳牙被龋蚀还会影响恒牙的生长发育，因此一定要注意保护乳牙。培养良好的口腔卫生习惯，要做到吃完食物及时漱口、刷牙，睡觉前不吃糖果、饼干之类的对牙齿不好的东西。

第三，养成保护眼睛的习惯。不用手和脏手绢擦眼睛，看书和学习时保持正确的姿势，即眼距离书本一尺，身体距离桌沿一拳，握笔时手指与笔尖距离一寸，不在光线太强、太弱和阳光直射处看书和绘画。

第四，养成良好的睡眠习惯。如按时睡觉，保持正确的睡眠姿势，按次序穿脱衣服和鞋袜，并把它们放在固定的地方，学会整理床铺等。

第五，养成良好的饮食习惯，防止“病从口入”。要经常及时地喝水，因为水是人体内不可缺少的物质，青少年时期由于活动量比较大，新陈代谢速度快，因此体内对水分的需求相对于成人要多一些，约占体重的70%－75%。这些水分除了从食物中获取，还应通过喝水来补充。另外，还要养成吃干净卫生食物的习惯，那种“不干不净，吃了没病”的说法是没有任何科学根据的。地上拣的东西绝对不能随便往嘴里放，生吃瓜果一定要洗干净，最好削皮。有的人生吃瓜果时只在自来水笼头下把瓜果一冲就算洗过了，其实这达不到消毒杀菌的目的。应该用刷子或丝瓜瓤擦上洗洁精把瓜果刷洗干净，再冲洗两遍，然后用干净的布擦干净才能吃。

第六，保持周围环境整洁的良好习惯。2003年突如其来的“非典”给人们的工作、生活和学习带来了很多困扰，但同时也唤醒了人们对自身健康和环境卫生的高度重视。SARS病毒就是通过人们唾液中的飞沫在空气中传播的，它使许多人葬送了生命，所以，我们一定要注意保护周围的环境卫生。例如：不乱扔果皮、纸屑，不随地吐痰和擤鼻涕，不随地大小便。据化验，马路上20%的痰都带病菌，结核病人的一口痰里就有大约四五千个结核菌，这些细菌、病毒通过痰液，附在在空气的尘埃中，传播到世界的每一个角落，危害每一个人的健康，当然也包括吐痰的人。因此，一定要养成不随地吐痰的良好习惯。另外人在患病时咽喉和鼻腔里往往有大量的病菌，打喷嚏时很容易将病菌喷出来，所以在咳嗽或打喷嚏时用手绢捂住口鼻。讲究卫生，保护环境，是我们每个公民的职责与义务，于己有益，于人有益，于全社会有益！

健康是一个人最大的财富，是一切幸福的基础。要拥有一个健康的体魄，必须养成良好的卫生习惯。而良好卫生习惯的养成，靠从你我做起，靠从日常生活的点滴小事做起！所以，大家都积极行动起来，讲究卫生，关爱健康，关爱生命！

热爱劳动，热爱生活

热爱劳动一直都是中华民族的传统美德，可是现在却有许多孩子不爱劳动。据调查，现在的中小学生，爱劳动、有较好劳动习惯的约占1/3，其余2/3的中小学生是不爱劳动或不太爱劳动的，这与父母的家庭教育有着极大的关系。许多家长心疼孩子，怕孩子吃苦受累，因此往往不让孩子劳动；有些家长则怕孩子干不好，比如孩子洗碗，嫌孩子洗不干净；孩子穿衣，家长嫌穿得慢；孩子烧饭，家长怕把饭烧焦，又怕引起火灾，还不如自己干来得省事；有些家长认为孩子学业重，功课多，不想占用孩子的宝贵时间；有些家长则认为孩子的任务是学习，劳动作为一种技能以后自然会做的，用不着家长教育。因此，孩子参加任何劳动，家长们总是不满意、不放心，这样，孩子就渐渐养成了衣来伸手，饭来张口，渐渐变得越来越懒，越来越无能，同时也失去了劳动的积极性和意识，养成了不爱劳动的坏习惯。前不久，看到一则新闻——一名大学生在校内招聘生活助理，还美其名曰："本校贫困生优先。"这就是"现代富家公子"的一个缩影，他们依赖父母手中的钞票"买"来舒适安逸的生活，连起码的生活自理能力都没有。农村四岁小孩都会的洗袜子他们不会，六岁小孩会做的蛋炒饭他们更不会，我们不禁要问：难道父母的庇护能伴随他们走过一生的旅途吗？那些不会劳动或劳动观念差的孩子，将来能像他的家长一样独立生活、从容地自立于社会吗？大量的事实证明，劳动使孩子获得生存的能力，不劳动的孩子长大后可能会有性格上的缺陷。

一个中学生有天早上起晚了，来不及吃早饭，奶奶塞给他两个熟鸡蛋，可是，他不知道怎么吃，结果还是没有吃成，又带回了家。某校对初二年级的学生进行了一次劳动比赛，内容是整理床单、叠棉被。不少同学弄得满头大汗，还是没有整理好，因为平时这些家务活都是妈妈和奶奶给包了。据日前的一份调查显示，中国孩子每天仅劳动 12 分钟，而美国孩子每日劳动时间是 72 分钟，韩国是 42 分钟，法国是 36 分钟，英国是 30 分钟。

相比较而言，其他国家在这方面做得比中国父母要好得多。在普通的美国家庭中，每一位成员必须要完成他们一定的家务劳动。像洗脸、刷牙、穿衣服这些生活自理方面的事，则属于孩子自己的事情，称不上是家务劳动。另外，美国父母给孩子分派家务劳动时很注意孩子的接受能力。每一位 5 岁以上的孩子都可以做上一两件家务活儿；小一点的孩子可以取来报纸和信件；十几岁的孩子则可以用吸尘器除去灰尘，每天早晨帮着开动洗衣机等。在美国的学校，为提高学生的生活能力，一般都设有一些供选修的劳动课程，如电焊、机械加工、农业和牧业等，这些课程不但能满足孩子们的好奇心和求知欲，还能培养孩子们对劳动的热爱。在课堂上，孩子们也不是光学理论，还要亲自动手去实践，如修车、种花种草等。与国内不同的是，孩子们参加这些课程都是出于自愿，也就是说孩子们自己真正想去尝试，而不是学校强行规定。当被问及是否愿意参加捡垃圾、慰问老人等志愿者活动时，五年级的克里斯汀告诉记者:“只要我喜欢，我就会去，从来没有考虑过这个工作是不是很脏、是不是很累、老师会不会表扬这样的问题。”

日本人从小就注重培养孩子的动手能力。日本的课程除了设有图画课、美工课外，还开设了家政课、生活课、校外学习课。家政课上，孩子们可以学会缝纽扣、洗衣服、使用菜刀、做日本家庭爱吃的酱汤，以及如何有计划地花钱等。生活课的面比较宽，往往只有一个大的课题，其余就让孩子们自由发挥。

德国人的动手能力很强，这与德国人的家庭教育和学校教育的内容有着很大的关系。在德国，孩子的劳动义务被明明白白地写进了法律：6 岁以上的孩子必须帮助父母干家务。

约翰有两个孩子，9 岁的凯斯和 11 岁的乔治。他们家生活很富裕，但每个月才给每个孩子 30 欧元的零用钱，而且这 30 欧元也不是白得的，孩子们要帮家里干一定的活才能领到：乔治负责为花园里的各种植物浇水、翻土以及擦洗汽车；凯斯负责帮助父母洗餐具、收拾房间、外出购物和擦洗全家人的鞋子。如果他们想要买玩具或者买书的话，那他们只能通过自己的劳动赚取。每逢暑假，两个孩子都要顶着炎炎烈日，骑着自行车挨家挨户送报纸。记者对约翰夫妇的“残忍”表示不理解，他们却说：“与其让孩子做寄生虫，不如教给他们劳动的技能。”不仅德国的家庭从小就教育孩子要热爱劳动，德国的学校里也开设了丰富的劳动课程。德国的小学每周有两节手工课，内容包括纸工、编织、木工、制作陶器等；中学设有劳动学课和操作课两部分，既要学习劳动价值与报酬，又要学会制图、缝纫等实用技能。

由此可见，劳动不管是在哪个国家，都是一件十分光荣的事情。

另外，通过劳动还可以锻炼自己的意志，古今中外，有不少名人都是在艰苦中磨炼成才的。例如，明代文学家文廉，小时候家境贫寒，在家里要经常种地、砍柴等。他经常一边劳动，一边读书。有时，在寒冷的冬天，他光着脚走在深山里砍柴。就是在这样艰苦的环境中他不断地磨炼自己的意志，终于成为了一位了不起的文学家。又如朱德总司令在《回忆我的母亲》一文中，阐述了从小参加劳动对他终生的影响。朱德在四五岁的时候就开始帮助妈妈做事，在八九岁的时候，朱德不仅能够帮助妈妈挑东西，而且还会下地种田了。每当朱德放学回家，总是悄悄地把书包一放，然后就帮助妈妈去挑水或放牛。有时候，他上午读书，下午种地。农忙的时候，朱德便整天在地里跟着母亲劳动。朱德深情地写道：“我应该感谢母亲，她给了我与困难作斗争的经验。我在家庭生活中已经饱尝艰苦，这使我在以后的生活中再也没有感到过困难，没有被困难吓倒。母亲又给了我一个强健的身体，一个勤劳的习 惯，使我从来没有感到过劳累。”所以，一个没有经过劳动磨炼的人，是难以懂得生 活的真谛。只有通过劳动，才能使人了解生活，也只有通过劳动，才能培养人的坚韧 与毅力。难怪高尔基发出感叹说：“热爱劳动吧。没有一种力量能像劳动，集体、友爱、自由的劳动的力量那样使人成为伟大和聪明的人。”

记得一本书写过这样一个小故事：有一位哲人经过一块田地时，总是遇见一位白发苍苍的老人坚持在田地里劳动，他有些不解，便上前询问老人：您都这么大的年纪了，还不停地下地劳动，是膝下无小吗？老人回答儿孙满堂。又问：是生活上穷困吗？老人回答虽说不上是丰衣足食，却也过得去。哲人有些纳闷：老人既有儿女，又不愁吃穿，这么大的岁数，干吗还非要拼命地劳动？老人打量了一下眼前的客人和悦地回答：我下地劳动，一是证明自己的身体还健朗，其次，劳动锻炼还有益于健康，再者我也知道自己能做的事情很有限了，趁还有劳动能力，在活着的时候能多做一些有益的事情也是快乐的。哲人若有所悟……由此可见，劳动不仅可以造就一个人，还可以给人带来快乐和幸福。

那么，我们青少年应该如何培养热爱劳动的习惯呢？

第一，树立劳动最光荣的观念，培养自己的动手能力。要知道劳动最光荣，劳动创造世界。经常帮助父母做一些力所能及的家务活，比如说洗碗、洗衣服等，既减轻了父母的负担，同时又锻炼了自己的能力。

第二，积极参加一些有意义的社会公益劳动。比如说参加学校的大扫除、公园拔草、打扫街道等。

第三，可以利用假期参加勤工俭学劳动。有位家长在暑假送孩子去糖果厂劳动了20天，孩子在那里不仅增强了劳动观念，同时也在劳动中发现了自己的价值，更加深了对劳动的热爱。

热爱劳动，是一种态度，一种品格，也是一种境界。只有热爱劳动的人，才能体味到劳动的乐趣，也只有热爱劳动的人，才能体味到生活的乐趣。让我们每一个人都热爱劳动，热爱生活吧！

Chapter 2「第二篇」

女孩青春期应该知道的事情

第 1 章　女孩生理方面应该知道的事情

青春期女孩生理发育的特点

唐代诗人杜牧的《赠别》诗中有云："娉娉袅袅十三余，豆蔻梢头二月初。"他用早春二月枝头含苞待放的豆蔻花来比拟体态轻盈、芳龄十三的少女，这一千古妙喻一直流传至今。13 岁是大多数少女一生中重要的转折点，她们将要从懵懵懂懂的童年走进"像雾像雨又像风"的青春期。

从儿童过渡到青年的青春期，是"人生的第二次诞生"，心理学家称这一时期为"第二次危机"。如果说人生的第一次危机——"断乳危机"是在温暖）襁褓中度过的，幼儿的反抗充其量也不过是无力的挣扎、无望的哭闹。那么，人生的第二次危机——从精神上脱离父母的心理"断乳"，却来势迅猛，锐不可当。次时身体将发生一系列引人注目的生理变化，

对于女性而言，青春期是指从月经来潮到生殖器官逐渐发育成熟的时期，这个时期的生理特点是身体及生殖器官发育很快，第二性征形成，开始出现月经。

女孩的青春期发育体现在以下几个方面：

（1）体格上。约从 9 岁半起，女孩的身高增长突然加速，高峰时

每年长6－8厘米，然后再逐渐减慢，直至骨骺闭合不再长，约至18岁左右，身高可增加25厘米左右。同时，体内皮下脂肪沉积增多，髋、臀部尤其明显，骨盆、髋部亦增宽，形成女性曲线柔和的体态。这一系列体格形态的变化，标志一个女孩逐渐长成为一个美丽的少女。

（2）生殖器官上。随着卵巢发育与性激素分泌的逐步增加，生殖器各部也有明显的变化，称为第一性征。外生殖器从幼稚型变为成人型，阴阜隆起，大阴唇变肥厚，小阴唇变大且有色素沉着，阴道的长度及宽度增加，阴道黏膜变厚，出现皱襞；子宫增大，尤其子宫体明显增大，使子宫体占子宫全长的2/3；输卵管变粗，弯曲度减少；卵巢增大，皮质内有不同发育阶段的卵泡，使表面稍有不平。

（3）第二性征上。是指除生殖器官以外，女性所特有的征象。此时女孩的音调变高，乳房丰满而隆起，乳头逐渐增大，色素逐渐加深，出现腋毛及阴毛，骨盆横径的发育大于前后径的发育，臀部增厚长圆，胸、肩部的皮下脂肪更多，皮肤变得光滑、富有弹性，显现了女性特有的体态。

（4）月经来潮。月经初潮是青春期开始的一个重要标志。女性第一次来月经为月经出潮。年龄多在13 － 15岁之间，也可早在10岁，晚至18岁。初潮年龄与气候、遗传、营养、卫生生活条件有关。月经初潮是进入青春期的重要标志。由于卵巢功能尚不健全，最初的月经属无排卵月经，周期往往不规律。初潮半年至一年半左右，方有排卵性月经，但黄体期常较短，说明黄体功能不足。

一般说，从青春期开始到完全性成熟期约需4－5年。卵巢排卵功能调节正常后，月经可每月来一次。

青春期少女生理变化很大，思想情绪也常不稳定，家庭和学校应注意其身心健康。对于青春期少女自身而言，不但要注意营养、休息、个人卫生，还要努力学习，锻炼身体，为一生的健康和工作打下良好的基础。

女孩性成熟程的标志

很多青春期女孩已经知道应该开始关心自己的身体发育状况了，可是大多数的女孩羞于开口问家长和老师关于这方面的知识。于是，她们心中常有这样的疑惑：别的同龄女孩是怎样的？究竟自己的发育状况正常吗？

为了解决青春期女孩的这些困扰，在这一节中，我们将揭开性成熟的奥秘。青春期的女孩，可以依据这些知识来检查自己的性成熟状况。

从青春期开始，女子除身高、体重迅速增长以外，最初的身体变化是乳房开始发育，接着出现阴毛、月经来潮，然后是骨盆增宽。这些变化发生的时间也是因人而异，有时差别是很大的。

从 13 到 17 岁，乳房逐渐发育。在体内雌激素的影响下，女孩乳腺开始发育，这时乳房内除了许多细长的乳腺管不断发育外，还积累了不少脂肪，由于乳腺组织较硬而脂肪组织较柔软，所以乳房日渐隆起。女孩子首先会察觉到胸部乳头发育突出，同时乳头四周棕色的乳晕逐渐扩大，乳房充分发育，这些变化从外观就可以看出。女孩的乳房发育有很大的个体差异。

有的女孩才 8、9 岁乳房就开始发育了，而有的女孩要到 16 岁或更大点乳房才开始发育。大多数女孩在月经初潮之前，大约在 9 – 14 岁乳房开始发育。有些女孩乳房发育开始的晚些，但发育得较快，而有些女孩乳房发育的较早，却发育的较迟缓。这些都是正常的。

可是，一些乳房发育较早的女孩常常为此而难为情、烦恼而设法刻意掩饰自己的胸部来做逃避，走路时低头含胸，或穿紧身衣束胸，结果限制了乳房和胸廓的正常发育。也有一些女孩为自己的乳房还没有开始发育或发育得较小而发愁和不安。她们可能会怀疑自己的乳房发育是否正常，也可能担心将来是否会影响自己的生育能力。

实际上，乳房发育的大小除受激素作用的影响以外，还受遗传、环境因素、营养条件、胖瘦、体育锻炼等多种因素的影响。青春发育期的女孩要学习一些乳房发育和保健的卫生知识，正确对待正常发育过程中的生理现象。为自己乳房大小而担忧的青春发育期的女孩，不应采取束胸或丰乳的措施，以免影响乳房的正常发育。

女孩子在 14 岁以后，阴毛逐渐发育。自己可以观察到阴阜皮肤上长出细茸毛分布，但这不是真正的阴毛。

阴毛的发育要经历五个阶段：第一阶段：女孩在 12 岁以前，阴阜上只有细茸毛分布，而无真正阴毛长出，此称为“幼稚型”。第二阶段：12 岁左右首先在大阴唇，继之在阴阜上开始长出浅色、稀疏之阴毛。第三阶段：随着年龄的增长，阴毛色素加深，毛体变粗、变长而且卷曲。第四阶段：阴毛接近成年女性外观，局限于阴阜之上，不再向上扩展。第五阶段：阴毛长得很多，卷曲状，把外阴表面覆盖起来，其分布像一个“倒三角形”，底边沿耻骨向下掩盖大阴唇，会合于肛门，这是成年女性阴毛。

正常女性体毛的多少有很大个体差异，一般女性的阴毛较男性少。阴毛的有无、疏密主要取决于两个因素：一是体内肾上腺皮质所产生的雄性激素的水平；二是阴部毛囊对雄激素的敏感程度。如果女性阴毛发育期，由于某种原因使肾上腺皮质产生的雄激素水平低下，或阴部毛囊对雄激素不敏感，就会造成阴毛稀疏或不长阴毛。在现实中，阴毛的疏密个体差别很大，阴毛稀少或无阴毛的妇女如果其他第二性征正常（如乳房发育、体型、声音变化等），月经按时来潮，说明性器官的发育及性功能不会有什么问题，能够过正常的性生活，也会有正常的生殖能力。阴毛对人体并没有什么特别的作用，也不是反映性功能或生育能力的标志，这已被日常生活中的大量事实和科学研究所证实。所以，阴毛稀少或无阴毛的女性不要为此而烦恼和担心，也不要为此而背着严重的思想包袱。

大多数女孩子会有月经初潮的体会，一般发生在 13 – 15 岁，但也有的女孩子较早在 11 – 12 岁，也有的晚到 18 – 19 岁才开始的。

初潮来临的女孩，生长迅速，食欲增加，乳房发育隆起，时有疼痛，阴毛、腋毛开始增加，颜面红润，这些现象应是初潮即将来临的预兆。

女孩子自己会感到月经来潮由初期的不规则逐渐变为规则性。月经周期一般在初潮后的第一年里，月经周期常不规则，一般也不排卵，第二年月经周期正常，每一个周期都可能排卵。初潮来的早晚与遗传、环境、营养和经济状况等因素有关，气候炎热地区初潮较早，寒冷气候来的偏晚；发达城市少女较早，偏僻山区来的稍迟；身体健康、营养条件好的女孩来得早，体弱生活条件差的较晚。但如果超过18 岁还不来月经的，就属于异常现象，就应该求医问诊了。

此外，随着青春期第二性征的出现，皮下脂肪日益丰富，皮肤富有弹性，臀部增厚长圆，声音尖细；骨盆增宽，女性婀娜多姿的曲线美也将逐渐展现，这也是性成熟的重要标志之一。

青春期少女对月经是否正常的判断

月经的来潮是少女进入青春期的重要标志，大多数女孩子在12－14 岁时开始来月经。月经初潮后，少女就成为“女人”，因为这才是女性进入青春期的标志。可是少女月经常面临诸多困扰。怎样判断月经是否正常呢?

一、初潮年龄

即将步入青春期的少女，初潮的来临是再自然不过的事了。

初潮年龄有很大的个体差异。身材较高、营养良好的女孩比起身体瘦弱、发育欠佳、有营养不良体征的女孩初潮年龄要早。

但如果你的初潮出现在 10 岁以前或 18 岁以后就应对此保持警觉，因为它或许是某些疾病的征兆。前者称为早发月经，后者称为迟发月经。

发育开始过早，10 岁前月经来潮的情况就称为性早熟。与此相同的还有未满 8 岁的少女，如果其乳房已开始发育，也属于性早熟。

性早熟分为两种：

（1）真性性早熟：指青春发育按正常顺序进行，只是时间有所提前，但性腺的功能、结构是完全正常的。

（2）假性性早熟：指卵巢及肾上腺患有疾病（尤其是患上恶性肿例，或误服性激素类药物、靶器官组织过度敏感等引起初潮时间异常）。如发现幼儿有性早熟的症状，应尽早到医院进行全面的体检，医生可能会对她的甲状腺、肾上腺、垂体功能及神经系统等进行彻底检查。慢性消耗性疾病，其中结核、慢性肝炎、糖尿病、吸收不良综合征，严重的先天性心脏病、支气管哮喘、厌食症等疾病影响内分泌功能，造成发育中的少女月经初潮推迟；另外，脑瘫、耳聋、视觉缺失、癫痫、身体残缺、神经血管缺损以及胎儿 16 周前发生的异常情况也可导致初潮提前。

早熟是现代女孩的一个特点。在美国，女孩子从过去的月经初潮的平均年龄 17 岁，提前到目前的 13 岁半；在日本，初潮的年龄由 16 岁四个月提早到 12 岁 5 个月。我国的情况与日本相似。初潮提前可能与当今生活方式和生活环境有关。炸鸡、汉堡包等西式快餐可引起儿童性早熟，有的孩子五六岁就变声、乳房发育、出现生理性月经。他们的共同特点就是爱吃“洋快餐”。媒体、广告上的成人信息也可促使女童性心理成熟提前，进而影响初潮。

18 岁以前未出现月经者，很可能是全身性疾病导致的。这些疾病包括结核病、先天性心脏病、营养不良等。也有些是先天性卵巢、子宫、阴道发育不良或畸形引起的。

很多女孩关心的是：月经初潮晚来是不是会影响生育呢？这就要查一下引起初潮延迟的原因，具体情况具体分析。如体弱多病、营养不良或过度肥胖，居住地理环境差、气候寒冷等，都不利于青春发育，引起初潮来迟。另外，初潮年龄还与遗传基因有关。父母青春发育迟的，子女发育也较晚。

在这些因素中，必须纠正的是健康状况和营养偏差，否则，必将影响将来生育。此外，还要看初潮建立后的月经情况。如果在初潮后一年内建立了月经周期，说明性功能良好，将来不会影响生育。若月经周期很紊乱，说明调节月经的内分泌轴不能发挥应有的作用，需要积极治疗，否则，会影响婚后的生育。

二、月经周期

少女月经不规则不一定是病态。因为青春期少女在月经初潮后的一段时间内，卵巢的功能还未完全成熟，故虽有月经来潮，但不一定有排卵，这时的表现为雌激素分泌使子宫内膜增生，维持一段时间后，因为雌激素的分泌量达不到应有的水平就开始减少，子宫内膜就因此而脱落出血。这种出血和正常月经一样，但因卵巢未成熟，没有排卵。所以在第一次月经来潮后，就有部分人因卵巢未完全成熟而表现为月经量多少不一，月经周期长短无规律的现象，随着年龄的增长，卵巢发育成熟并有规律排卵后，月经周期就会变得规律了。

此外情绪的波动，运动量过大，工作学习的紧张，环境、气候的改变，都能影响月经的周期。每个少女月经周期都有自己的规律，少数两个月行经一次甚至半年行经一次，年年如此，也是正常的，不必为此担忧。

三、月经流量

正常的流量：在月经初期，流量大一些是正常的，可能会需要使用大吸收量的卫生巾或棉条，之后几天流量应该逐步减少。医生认为：正常的月经出血应为 20 - 60 毫升，超过 80 毫升为月经过多。以卫生巾的用量大概估计，正常的用量是平均一天换四五次，每个周期不超过两包（每包 10 片计）。假如用三包卫生巾还不够，而且差不多每片卫生巾都是湿透的，就属于经量过多。

这种症状最普遍的根源是缺铁性贫血，通常表现为容易疲劳、面色苍白以及呼吸气短，医生会最先为你做缺铁性贫血的测试，经过确诊，你可以通过补充铁元素改善症状。另外要注意子宫肌瘤、子宫息肉、子宫内膜异位症以及甲状腺功能紊乱也有可能引发经血过多，只要得到正确的诊断，这些疾病都有治疗的方法。

四、月经周期

正常的周期：包括经期的 4 - 5 天在内，一个正常的月经周期通常为22－35天，但是如果你的周期稍短一些或略长一些你不必担心，标志身体健康最关键的特点是拥有规律的周期，即使这个周期不是非常贴近平均指数，有的人可能会出现经期内几天有出血，然后停止，然后几天内继续出血的情况，即使这样也是正常的，因为毕竟你的周期是可以预见的，不会太迟也不会太早。

异常的周期：经期本身就超过7天属于不正常的月经周期，医生会建议你服用口服避孕药来规律你的经期，或检查你的子宫内是否存在肌瘤，或你做一个甲状腺功能的检验。

五、痛经现象

月经期间发生居烈的腹痛，月经过后自然消失的现象，叫做痛经。多数痛经出现在月经时，部分人发生在月经前几天。月经期常有轻微腹痛，但只有影响到学习、生活的，才需要治疗。很多女性的痛经是原发性的，几乎每次来月经都会腹痛。有关痛经的应对措施，缓解紧张情绪是最重要的，还要改正不健康的饮食习惯。

六、慎重对待“调经”

有些人认为来月经麻烦，会影响考试发挥。每年临近中高考，调月经的就更多。少女月经本就处于自我调整时期，月经很多时间不准。通过服用黄体酮类药物调整月经周期，极易造成月经紊乱。如果确需调整，应在妇科医生指导下进行。

月经是女性的正常生理现象，来潮期间，除不宜从事重体力劳动及剧烈体育活动外，不会对其体力、智力活动带来负面影响。但有些女生经期会出现较严重的不适症状，如剧烈腹痛、头痛、发热、腹泻等则属病理范围，应及时就医，以免影响学习。

初潮少女保健要点

正常情况下，豆蔻年华的少女，在生理上最突出的变化就是月经来潮。青春少女首次来月经，医学上称“初潮”。初潮，是女孩从童年进入青春期最明显的标志，它标志着女性开始进入性生理发育过程的第一关。但是，由于这时的少女心理并不成熟，有的根本没有这方面的常识，这些初潮少女，面临月经初次来临，心理上往往紧张、羞涩、好奇，甚至恐惧，思想复杂、精神紧张，身体方面也可能出现腹胀、腹痛、腰酸、乏力、嗜睡、疲劳、颜面水肿等不适，再加上学习紧张的压力，她们的抵抗力和适应力都会有不同程度的减退。此时，如果不及时进行心理调整，往往会影响学习，影响心理健康。做好初潮期保健，对少女来说是十分重要的。

一、掌握生理知识

大多数少女在月经初潮时，都羞于向家长和学校卫生老师询问相关知识。这时，家长和老师，应该向她们传授正确的生理知识，纠正错误认识。尤其是少女的母亲，应主动关心女儿月经情况，提前准备经期用品，适时介绍经期卫生知识，让女儿愉快而顺利地渡过“初潮”这一关。

少女也可以通过阅读一些青春期生理的书籍，来了解性心理常识。月经初潮是女性身体发育的必然现象，是青春期的标志，是女性走向成熟的里程碑，完全没有因月经来潮而忧心忡忡的必要。

很多少女可能了解到，正常妇女的月经一般为 28 – 30 天来一次，月经持续约 3 – 7 天；但是很多人不清楚，在少女中有相当一部分初次来月经后的一段时间，月经周期不太规律，有时提前或推迟，或时来时停，有的甚至要间隔几个月才再来月经。其主要原因是，卵巢发育不成熟，功能还不稳定，未必每月准时排卵。随着少女年龄的增长，月经周期自然会逐渐变得正常起来。

了解了这些知识，少女们就会正确对待月经初潮引起的腰酸、嗜睡、疲劳、乏力等不适症状，就会增加心理上的承受能力，不至于晾慌失措、心事重重、影响学习。

二、搞好经期保护

在月经期间进行轻度适量运动，可以促进机体新陈代谢，对改善血液循环、减轻盆腔充血及小腹坠痛有益。锻炼时间宜短，运动量宜小，运动速度宜慢。

初潮之时应避免参与剧烈的体育运动，避免长距离骑车和跑步。月经来了就应该大方地告诉老师，该请假的时候就请假，没有什么不好意思。月经期间剧烈活动，会因为体位的变化引起并发症，最常见的是子宫内膜异位症、痛经、月经过多等。月经期间还要注意保暖、防止感冒，禁止食用生冷、刺激的食物。以免过度疲劳导致抵抗力下降，诱发感冒等疾病。

三、注意生殖卫生

月经初潮时，要特别注意生殖卫生，加强自我防护。经期应经常清洗外阴，避免手淫，因为在此阶段机体抵抗力下降，如果不注意清洁卫生，则极易引起细菌感染和发烧。据统计，初潮少女外阴瘙痒症的发病率为6.9%左右，其主要诱发因素就与经期外阴不清洁和手淫有关。应该坚持每天用清水清洗外阴1－2次，以淋浴为佳，若采用盆浴，应该专盆专用。在平时没有感染性疾病时，一般可以使用净水洗外阴即可，不必使用肥皂，更没有必要使用药物。使用优质卫生巾，千万不可为了贪便宜而使用劣质产品，更不能用消毒不严格的普通卫生纸和草纸来代替。初潮的时候应立即使用卫生巾，防止经血弥散造成其他部位的污染。

四、注意起居饮食

月经初潮之际，适当注意休息，保证充足的睡眠时间，防止过于劳累；饮食注意营养丰富，进食易于消化吸收的饭菜，增强体质与自身抗病能力，这对恢复精力与体力大有裨益；月经期间避免生冷、刺激的食物，避免喝酒；月经期间避免使用冷水，不要洗盆浴，更不宜参加游泳等活动；在初潮期间，注意适当休息即可，也不要因初潮而停止一切必要的活动。

五、保持良好情绪

部分少女月经初潮往往精神紧张，情绪不够稳定，容易发脾气、闹别扭。这时应该注意保持冷静与克制，学会宽容他人，防止因紧张与冲动导致月经疾病。在日常生活中要保持良好的精神状态，保持良好的情绪。学习紧张时要尽可能放松，减轻精神压力，科学运用时间和精力，在学习中要以身体健康的大局为重，以搞好经期卫生的保健为重，避免出现因精神紧张引发的疾病。

青春期女孩对乳房发育的注意事项

小雨是个初一的女孩，今年 12 岁。最近在洗澡时，她发现了个小秘密：她的胸部冒出了两个小包，用手去抚摸，这两个小包还有些隐隐作痛。她很害怕，不知道怎么办。想告诉妈妈，又觉得难为情。

其实小雨的担心完全是多虑。

伴随青春期雌性激素的增多，少女的身体也开始发生一系列的变化。面对这样的改变，少女的内心会出现短期不适应的恐慌。但是这是少女们走向成熟的表现，女孩们应该以轻松、自信的心态来面对。

青春期乳房的发育标志着少女的成熟，隆起的乳房也体现了女性成熟体形所具有的曲线和健康美，更是以后小宝宝获得宝贵的母乳的重要途径。了解乳房发育机理，重视乳房健康，才能为一生的幸福打下基础；相反地，如果忽视乳房保健，甚至出现了问题也碍于“面子”，能忍则忍，就很有可能危害健康，甚至威胁生命。

一、青春期乳房发育的原因

大多数女孩在 10 岁左右乳房开始发育，在乳头下面，小小的、平平的、纽扣般大小的乳房蓓蕾开始形成。这里面长有脂肪、乳汁和组织。从乳房蓓蕾中长出乳头，在胸部突起，乳头周围一圈圈的皮肤形成乳晕，乳晕渐渐增宽增大。随着青春期的发展，在体内雌激素的影响下，女孩乳腺开始发育，这时乳房内除了许多细长的乳腺管不断发育外，还积累了不少脂肪，由于乳腺组织较硬而脂肪组织较柔软，所以乳房日渐隆起，而且富有弹性，乳房渐渐增大，经过 4 或 5 年后（在 15 岁左右），基本成型，变得丰满隆起。

女孩的乳房发育有很大的个体差异。有的女孩才 8、9 岁乳房就开始发育了，而有的女孩要到16岁或更大点乳房才开始发育。大多数女孩在月经初潮之前，大约在9 – 14岁乳房开始发育。乳房发育的速度也各人有所不同。有些女孩乳房发育开始得晚些，但发育得较快，而有些女孩乳房发育得较早，却发育得较迟缓。体形胖的人乳房自然大一些，体形瘦的自然小一些。

二、乳房检查，不容忽视

有个女孩反映道："我的两个乳房里有很多不规则的肿块，还伴有放射性的疼痛。当来月经时，这种感觉就更强烈了。我真担心自己是不是得了乳腺癌。"

其实，十几岁的女孩子患乳腺癌的几率微乎其微，通常只有中年女性才应该对此保持关注。在你这个年龄里，根本不必担心受到乳腺癌的袭击。

不规则的肿块可能是因为自己触摸的方法不对。当你直接抓捏乳房时，触到的"肿块"往往是正常的乳腺组织。还有一种可能是乳腺增生。虽然这种良性病多发生在中年妇女，但也有十八九岁的女孩患此病。一般情况下，乳腺增生不会变成癌，大多数人在数月至一两年后自行缓解，不需特殊治疗。

不过，从现在开始，学习并养成自己检查乳房的习惯是非常重要的，只有这样，才能防患于未然。因为临床医生发现，目前，乳腺疾病的发病年龄呈现低龄化趋势。及早治疗，对于提高乳腺疾病的治愈率特别重要。

下面，我们教你做自我检查的方法。

脱掉全部上衣站在镜子前，将双手放在身体的两侧，然后双手举过头顶，看看每个乳房的外形（而不是大小）有什么变化，皮肤表面有什么变化？乳头有什么变化？

然后，双手放在胸上使劲下压，使你胸部的肌肉绷紧。左右乳房可能不一样，这无关紧要，其实很少有人两侧的乳房是一模一样的。如果你发现你的乳房有下列变化，就应该去看医生：

（1）一侧乳房扁平或肿胀，而另一侧却没有。

（2）皮肤发皱。

（3）轻轻挤捏乳头，一侧乳头有分泌物。

（4）一侧乳头发红或有鳞状外壳。

（5）一侧乳头比另一侧发硬。

你也可以躺在床上、躺椅或浴盆里检查。当你检查右侧乳房时，在你右肩下放一个小枕头或靠垫，同时，将你的右手枕在头下。这样，乳腺组织在胸部分布更均匀。

用左手的食指、中指和无名指平放在乳房上，使手掌或指肚与乳房皮肤平行地轻轻触按。你可以想象你的乳房是一个时钟，然后左手按照时钟的方向做圆圈运动。你的左手可以在“时钟”最外部的 12 点处触按，然后，移到 1 点的部位，然后绕一周回到 12 点处。在每侧乳房的下弧线摸到一个狭长的、坚硬的隆起是正常的。

然后向靠近乳头的方向移动，继续按圆圈方向检查乳房的每个部分，包括乳头。至少要检查三圈以上。要保证检查到整个乳房，要注意乳头和腋窝之间的地方，因为大多数肿瘤位于这个部位。

然后，用同样的方法检查左乳房。

最后，用你的大拇指和食指轻轻地捏挤每一侧的乳头。

如果你发现有肿块，一周后仍未消失，而且有清亮或血性分泌物，应立即去医院检查。

最初，你应该隔几天就做一次乳房检查，这样，你就能知道你的乳房在一个月中的不同时期摸起来是什么样的了。以后，在每个月的同一时间检查一次。在结束几天后更好一些，因为那时乳房不会太丰满。

有时，你会注意到，你的乳头排出一些分泌物。这种现象是正常的，是以一种自然的万式保持乳腺导管通畅。分泌物可能是非常稀薄的乳汁，可能是的，也可能发绿、发灰或变黄。你在性唤起或月经周期某一时间可能会产生这种分泌物，服用避孕药的女性也会有这样的分泌物。

你要做的是，经常用温水和肥皂清洗乳房，以保证乳房清洁。这样，分泌物就不会在乳头上积聚变干。

如果乳头分泌物有脓血，或者颜色是棕色的，表明你的乳房有炎症，你要立即去看医生。

如果你的乳房或乳房周围有感染，你可能会感到很疼，而且还能看到乳房表面发红、肿胀。你要立即请医生检查。有时，如果乳腺导管阻塞，乳汁没有完全排干净，乳房也会发炎。哺乳期的妈妈常会这样。

三、乳房不适有高招

（1）改变饮食习惯。采用低脂高纤维的饮食——食用谷类（全麦）、蔬菜及豆类的纤维。一项研究发现，摄取这类饮食的女性，其动情激素有不同的代谢途径。大多数动情激素皆由粪便排出，仅留下少数动情激素于血液循环中，这表示乳房将受到更少的刺激。

（2）经常按摩乳房。轻轻按摩乳房，可使过量的体液再回到淋巴系统。按摩时，先将肥皂液涂抹在乳房上，沿着乳房表面旋转手指，约一个硬币大小的圆，然后用手将乳房压入再弹起，这对防止乳房不适症有极大的好处。

（3）穿合体的胸罩。胸罩除了防止乳房下垂以外，更重要的作用是防止已经受压迫的乳房神经更进一步受到压迫，消除不适。细心的人会发现，那些慢跑运动员穿戴合体的胸罩就是出于这个保健原因。

（4）不吃咸辣食物。高盐的食物易使乳房涨大，在月经来临前的 7 – 10 天尤其应该避免这类食物。

（5）试用热敷。热敷是一种传统的中医疗法，可用热敷袋或洗热水澡等方式舒缓乳房痛。若采用冷热敷交替法，消除乳房不适症的效果会更好。

（6）摄取维生素。饮食中应摄取富含维生素 A、钙、镁及维生素 B 族的食物。同时，少吃人造奶油，因其中的氧化脂肪会干扰体内必需的脂肪酸（来自食物）转化为 Y – 亚麻油酸的功能，而其促使前列腺素 E 的形成，进而抑制催乳激素的产生。

四、乳房发育得更健美，需注意五点

一是营养。体内脂肪多并存积于乳房就使乳房显得丰满。在乳房发育期和发育后都必须注重营养素的补充。要多食含高蛋白的食物，如瘦肉、鱼、蛋及乳类等，保证足够的碳水化合物和适量的脂肪，经常吃新鲜的蔬菜和水果，以充足的营养来保证乳房的发育，完善乳房的形态，促进脂肪在乳房的蓄积。

二是锻炼。要保持乳房的健美，乳房韧带性和胸肌群的弹性十分重要。经常参加体育锻炼或运动，如游泳、做俯卧撑、拉簧扩胸等，有利于机体内分泌平衡，培强胸部肌肉群的运动，对于保持乳房的丰满外形非常重要。

三是乳房按摩。按摩可促进胸肌群的活动，增加其张力，而且通过皮肤直接刺激乳腺，使乳腺发达，起到隆胸挺乳的目的。

教你一个小方法，坚持下来的话会很有效果哦!

（1）直推乳房：先用右手掌面在左侧乳房上部，即锁骨下方着力，均匀柔和地向下直推至乳房根部，再向上沿原路线推回，做20－50次后，换左手按摩右乳房20 － 50次。

（2）侧推乳房：用左手掌根和掌面自胸正中部着力，横向推按右侧乳房直至腋下，返回时用五指指面将乳房组织带回，反复20 －50次后，换右手按摩左乳房20 － 50次。

（3）热敷按摩乳房：每晚临睡前用热毛巾敷两侧乳房3－5分钟，用手掌部按摩孔房周围，从左到右，按摩20 － 50次。只需按上述方法每天按摩1次，坚持按摩2－3个月，可使乳房隆起2－3厘米。

四是忌束胸。束胸会影响呼吸，影响胸廓发育，使胸廓变得又扁又细，同时对乳房及乳头的发育不利。

五是选择胸罩。佩戴胸罩应选择柔软、透气好、吸湿性强的棉布制品。胸罩最好有一段松紧带，以适应呼吸和运动。理想的胸罩，应该是在人体活动时刚好能托起乳房，能尽量地限制乳房的活动而又不影响呼吸，取下后皮肤上下不应当有压迫的痕迹。因此，去商店购买胸罩前应测量一下自己的底胸围，即用软尺沿两乳房的下缘绕胸一周测量，这个尺寸即是应买胸罩的尺寸。

倘若是由于自身局限而无法拥有丰满乳房的女孩也无须介意，因为相比之下，小乳房则显得雅致，既能保持长久的魅力，又给人平添了一种神秘感。

青春少女也不能忽视妇科疾病

少女中普遍存在着这样一种现象，就是把小问题夸大，造成心理压力。比如，有的女孩认为自己乳腺发育不对称，有的对自己的乳房大小很不满意等。另外一种现象是对青春期的一些变化认识不足，以为是正常的，没有引起足够重视。例如，有的女孩肚子痛，经常会以为是小毛病，当成痛经来对待，但实际上这种肚子疼不可轻视。还比如，处女膜闭锁主要临床症状就是腹痛，少女第一次月经来潮后，由于处女膜闭锁，经血不能排出而回流，每月回流的血量累计直流到腹腔，在腹部形成包块，这种情况就必须要手术治疗。

青春期少女往往对妇科病认识不足，认为结了婚的女性才可能患妇科病。实际上，少女也经常患上各种感染性疾病，比如阴道炎、白带增多、分泌物多、外阴痒痛，还有的典型症状是痛经，这些青春期孩子常患的疾病，容易影响到她们的学习和生活，一定要加以治疗。

一、阴道炎

女子的外生殖器构造较为复杂，皮肤、黏膜褶皱较多，既有汗腺、皮脂腺，又有前庭大腺和宫颈、阴道分泌物，还有月经来潮，且前有尿道口，后有肛门，再加上少女的会阴部屏障作用尚不完善，容易患阴道炎。因此，应注意以下保健：

注意阴部卫生。少女进入青春期后，随着月经的来潮和白带的分泌，少女对此往往茫茫然，一时不知所措，由此易患青春期阴道炎。因此，应注意经期卫生，正确使用消毒后的卫生纸巾，内裤要在日光下照晒，借以紫外线消毒；经常洗澡；睡前用温水清洗外阴，洗盆专用；大便后，手纸应由前向后擦，小便后用卫生纸擦干净。

防止患“时装性阴道炎”。青春少女随着审美观念的增强，追求体形美，故各种体形裤备受青睐。此类裤子裤裆瘦短，布质厚，弹性不佳，透气不良，这就使得前有尿道口、后有肛门的阴道备受窘迫，阴道的分泌物不得排泄，会阴部处于温热、潮湿的状态，各种致病菌在此环境下最容易生长、繁殖，容易患时装性阴道炎。因此要少穿或不穿体形裤，合理着装，尽量选用合体、布料弹性好、透气良的时装，以防后患无穷。

洁身自爱，守身如玉。毋庸讳言，近年来，个别少女出于种种原因，过早地发生了性行为，患上了性病性阴道炎。对此，少女应自强、自尊、自爱，正确认识人生价值观，洁身自爱、杜绝性乱。

合理应用抗生素。少数少女长期大剂量应用抗生素（广谱）和激素治疗某些疾病，导致体内菌群失调而患霉菌性阴道炎。因此，少女患炎性疾病，选用广谱抗生素治疗时，请遵医嘱，尽量不与激素合并用药。

防止性病的间接感染。少女在公共浴所洗浴时，应自带浴盆、浴巾，尽量淋浴而不要盆池浴，防止阴道滴虫、淋病菌或其他性病等间接感染，同时亦应掌握相应的性病知识，防止性病的间接接触感染。

二、外阴瘙痒

外阴瘙痒是外阴各种不固病变所引起的一种症状，是妇科疾病中较常见的扰人难忍的症状。瘙痒部位多生于阴蒂、小阴唇，也可波及大阴、会阴，甚至肛周等皮损区。阵痛发作，也可是持续性的，夜间加重。

病因有以下两种。

第一是局部原因。

(1) 特殊感染：霉菌性阴道炎和滴虫性阴道炎是最常见的。昆子、疥疮都可发生瘙痒。烧虫病引起的肛周及外阴痒一般在夜间发作。

(2) 外阴白色病变：又称慢性外阴营养不良，以奇痒为主要症状，伴外阴皮肤发白。更年期因卵巢功能低下可致外阴痛痒。

（3）药物过敏与化学药品的刺激：香皂、洁尔灭、避孕器具、会阴垫、尼龙裤等化纤织品均可引起接触性皮炎，出现瘙痒。

（4）有刺激性的阴道排液刺激外阴痛痒：如老年性阴道炎、宫颈糜烂、宫颈息肉、服液刺激、糖尿、膀胱炎、肾盂肾炎的胺尿、尿失禁、尿病等。

（5）外阴的皮肤病、扁平苔藓，慢性湿疹、脂溢性皮炎、牛皮癣、擦伤、疱疹、肿瘤等。

第二是全身性原因。

（1）糖尿病。

（2）维生素 A、B 缺乏，贫血、白血病等出现外阴瘙痒。

（3）不明原因外阴痛痒。目前认为可能与精神心理方面因素有关。

有此症状者应注意经期卫生，保持外阴清洁干燥。切忌搔抓、热水洗烫和使用肥皂。有感染时使用高锰酸钾溶液坐浴，内裤要透气、宽松，忌酒及辛辣或过敏食物。如果症状严重，应该向医生求诊，对症下药。

月经失调，尤其是月经周期不规则、月经时失血过多、散发异味，月经失调是指各种原因引起的月经改变，如月经初潮年龄的提前及延后，月经周期、经期及经量的变化等，是妇科病最常见的症状之一。建议有此疾病的青春期女孩吃一些可清血的东西，如茴香汁、"甜菜、萝卜、小黄瓜汁"（它可以称得上万灵汁了）、"菠菜、萝卜汁"、柠檬纯汁、海藻、黑莓、糖蜜、小麦胚芽油等。避免吃的东西大致和"白带"者相同。

三、痛经

引起痛经的原因很多，一般都与心理精神因素有关，如情绪激动（生气）、抑郁、精神紧张等，有时过度疲劳、剧烈运动、淋雨、受凉、大量喝冷饮等也可以引起痛经。

少女和未婚女青年的痛经大都是原发性。这类痛经的严重程度与情绪有关。恐惧、紧张、忧虑、郁闷都会使疼痛加重。

痛经固然在月经过后会自然消失，但若不采取积极的预防措施，将会造成肉体和精神上的痛苦。首先要预防痛经的发生，做到平时加强体质锻炼、保持心情愉悦。其次，患有原发性痛经的青少年应对月经生理知识有正确的认识，消除对月经的恐惧、紧张情绪，注意营养及经期卫生。另外，行经时避免过度劳累，少吃寒凉生冷或刺激性的食物，并避免淋雨或洗冷水澡、在冷水中劳动等。

经常痛经者平时可以服用一些调经片、痛经丸，疼痛较重时也可以服用去痛片等。

四、白带增多

白带增多就是女性生殖器官地带黏液分泌过多。这种病和饮食习惯有很大的关系。患者可以尝试多摄取诸如“山葵加柠檬汁”、“甜菜、萝卜、小黄瓜汁”、柠檬纯汁（这是最适合女性滋养性腺器官的自然食物）、苹果醋（在蒸馏水里滴进一两滴）、葡萄柚汁（加进蒸馏水）、柳橙原汁、萝卜和菠菜汁等蔬果汁，同时应该避免吃高温杀菌过的牛奶、煮过的鸡蛋、氢化过的脂肪（特别是人造奶油）、肥肉、精制淀粉类等。

五、分泌物多

由于嫌分泌物过多，少女们往往会使用卫生护垫，觉得这样不会污染内裤，其实这是特别不好的习惯。因为护垫后面的胶制品是不透气的，把这样不透气的物体紧贴着阴道，使阴道总处于潮湿、温暖的环境中，特别适合细菌的生长，容易造成真菌感染、霉菌性阴道炎。此外有的孩子会对这些护垫过敏，引起过敏性炎症。患外阴炎，有很大一部分是由护垫造成的。

一些青春期少女往往因为无法适应青春期的生理疾病，出现癔症、抑郁症等。长期情绪调整不过来，无论对少女的生长发育还是生活学习都贻害不浅，少女应该正视疾病，端正认识，及早找专业医生治疗。

正确认识“处女膜”

许多女孩都知道自己的身体里有这样一个隐秘而珍贵的部分——处女膜，可是却对有关它的常识知之甚少。

究竟处女膜是什么样的呢?

处女膜是覆盖在女性阴道外口的一块中空薄膜，大约 1－2 毫米厚，膜的正反两面都是湿润的黏膜，两层黏膜之间含有结缔组织、微血管和神经末梢，中间的小孔叫处女膜孔。处女膜孔的大小和膜的厚薄程度各人可有不同。处女膜孔的直径约为 1 － 1.5 厘米，通常为圆形、椭圆形或锯齿形；有的呈半月形，膜孔偏于一侧；有的为隔形孔，有两个小孔作上下或左右并列；有的有很多分散的小孔，就像筛子上的小孔。

很多少女不敢使用内置卫生棉就是怕弄破处女膜，了解了它的结构后，我们就知道：只要使用得当，内置卫生棉条是不会有任何不良影响的。相似地，很多少女害怕做妇科检查，甚至得了病也忍着，就是害怕检查时会弄破处女膜。其实，正常情况下医生会询问婚姻状况，对于处女，会采取特殊的检查方法，这种担心是多余的。只有处女初次性交，男性的阴茎插入女性的阴道时，才会将处女膜顶破而形成裂口，处女膜的裂口往往是多发的，从中心部向四周呈放射状延伸，由于男性阴茎进入的方向一般是向下向内的，故裂口在阴道口两侧下方处较深，可达其底部，称为完全性破裂。有时由于性交时男方用力过猛，可使附近的阴道壁也有裂伤。生育过的妇女，由于胎儿经阴道娩出，使处女膜进一步破损，以至到处残缺不全，有时仅留下几个残存的突起，叫处女膜痕。如果是剖宫产分娩的，因婴儿是从下腹部切口处娩出，不通过阴道，则处女膜仍保持婚后的形状。

仅仅了解处女膜的形态是远远不够的。

由于处女膜破裂时往往伴随着或多或少的流血与或轻或重的疼痛

现象，处女膜在古人眼里异常神秘，甚至形成所谓的“处女膜崇拜”。处女膜崇拜有两层意思。第一层是指把处女膜是否完好作为判断未婚女性是否“失贞”的唯一标准，不考虑任何其他原因和其他情况。第二层指的是“贞操崇拜”，就是把是否“失贞”作为判断一个女人的全部价值的首要标准，甚至是唯一标准。处女膜崇拜来源于人类农业社会中的财产式婚姻，是父母把女儿当作待价而沽的物品，丈夫把妻子作为一种财产来占有的重要标志之一。在这种把女性物化的出售和占有里，处女膜的完好就像是表明该物品或者该财产未被动用过的标签一样。因此在所有民族的农业社会时期里，所有人，包括女性自己，都把女性的处女膜完好与否看成是该女性是否贞洁、是否与别人有过性关系的唯一标志。因此才会出现“处女”和“处女之膜”这样的名词。

古往今来，受封建传统思想的影响，一幕幕悲喜剧不停上演，一位女性失去生命，一段段婚姻戛然而止，罪魁祸首就是这层普普通通的“膜”！

但实际上，处女膜的完整与否与是否处女本身并无必然联系。有的女性的处女膜虽然完整，但也已不是处女了，有的女性确实是真实的处女，而处女膜已破裂。因有些处女的处女膜孔大，弹性好，膜内血管少，加上在性交时男方比较斯文而不粗暴，多次性交后处女膜可以不破裂；相反，有的处女，因某些意外，使处女膜破裂，如有的女性在儿童期的无知，将小玩具插入阴道，有的遇到外伤、或尖锐物碰巧抵在外阴部，有的因手淫，洗涤或阴道塞药造成损伤，也有的是处女膜本来就很脆弱，剧烈运动时可使之破裂。因此，不能仅凭处女膜是否破裂来鉴定是否是处女。进入现代社会以来，越来越多的人认为，所谓“贞操”应该是指目前双方在感情上的互相爱恋、忠诚和信任，而不是去追究任何一方的个人历史。尤其是在离婚与再婚都日益增加的当代，再去追究女性的处女膜是否完好，实在是极其荒谬！

而我们也由此认识到：要让人们形成对处女膜的正确认识，就应该引导人们理解它的实际价值、实际功用。

曾经有些生物学家将处女膜视为与阑尾类似的、没有实际功用的、应该在进化中被淘汰的组织，但是研究证明，这种说法是缺乏科学依据的。

处女膜可以防止外界不洁的东西进入阴道，有保护阴道的作用。青春期前由于卵巢所分泌的雌激素很少，这时阴道黏膜薄、皱襞少、酸度低，故抵抗力差，处女膜有阻拦细菌入侵阴道的保护作用；青春期后，随着卵巢的发育，体内雌激素增多，阴道抵抗力有所加强，处女膜也就逐渐失去了作用。而且处女膜的构造也是很有讲究的：处女膜孔是生理所必需的，女子成熟后，每月一次的月经血就是通过这个小孔排出体外，如果膜上没有小孔，则每月的月经血被它挡住而不能排出体外，医学上叫做处女膜闭锁。如果没有及时发现，月经血在阴道内积聚，成年累月以后可向上扩展到子宫腔和输卵管，通过输卵管的远端开口，流入腹腔中，使输卵管破损，肠管黏连，腹腔感染。

除了这种被普遍接受的看法外，当代人类学家还从进化的角度提出了“保护说”和“性选择说”两种理论学说。

保护说：持此主张的人类学家认为，处女膜对女性的生殖系统乃至身体起着保护作用。它与覆盖男性性器官的包皮一样，是一种防止病邪入侵的屏障与保护膜。处女膜守卫在阴道门口，可以防止尿液流入阴道。人类童年时代的原始社会，女子是不穿衣服的，她们至多在下身围上一块兽皮，敞开的围裙容易被尘埃、病菌入侵。而少女们的阴道壁比较薄，卵巢发育尚未成熟。因此，处女膜的存在，对于防止病菌入侵，保护内生殖系统、保证女性的生育能力，具有十分重要的意义。

性选择说：持这种理论学说的人类学家认为，处女膜的主要功能在于选择男性中的强者，促进优良的精子进入阴道受孕。众所周知，在远古洪荒的年代，人类的婚姻形态是比较自由开放的，既没有什么婚龄的限制，更没有任何门第出身的约束，性结合的随意性相当大。而处女膜的存在，可以防止老弱病残和性功能低下的人对年幼少女的侵占。这样就可以减少或防止生育不太强壮的子孙后代，具有选择强者的进化意义。我们知道，性功能与体力之间有一定的关联，老弱病残者体力较弱，性功能也比较低下。处女膜的存在成了一道检验性功能的关卡。破“关”者，是强者，可以给后代留下自己的基因；不能人“关”者，常常是弱者，他们较少或没有传播自己基因的机会。

以上两种理论观点均有一定的理由。但是，大自然选择的是这两种原因中的哪一种呢？抑或是这两种原因在共同起着作用？还需要更多有力的事实证明。

处女膜只是一种正常的生理形态，在对它有了正确的认识之后，少女们就不再由于害怕弄破处女膜而忧心忡忡了。放心做有益身心的运动，培养健康强壮的体魄，才能得到社会的尊重和认可！

防治经期综合症的方法

一位少女有个小烦恼：来例假的时候，我特别害怕，哭了整整一个晚上。我肚子疼、头也疼，我想这回可是开始了。我只要肚子疼和头疼，它就会出现。一般人都想象不出，我痛的程度，连腰都直不起来呢，经常痛得无法上学。而且我在经期前后，常常情绪烦躁，自己也无法控制，无缘无故就发脾气，很不理智。我问过同学，很少会有人这样的，那我是不是有问题呢？听有的同学说吃止痛片会好一点，这是真的吗？就算是真的好了，也不能总让我吃药嘛……这样下去很影响我的生活和学习，现在的我非常痛苦，我该怎么办呢？

每个青春期女孩，围绕月经周期都有情绪高低的变化。有的时候，情绪好极了，就像心中有唱不完的歌，世界一切都那么美好，而又有些时候，情绪极低，手指会感到发麻，只想把自己关起来好好哭一场。有些女孩自己也不知道是怎么回事，有那么几天或一两个星期，情绪非常好，感到很幸福，然而也许有一天早上醒来，发现自己很沮丧——烦躁、神经紧张、浑身疼痛，什么都不顺眼。这两种情况都是生理周期引起的。

这些少女在月经来潮前或经期中出现反常现象，如在情绪上烦躁、愁闷、抑郁、多疑，为鸡毛蒜皮的小事与人争吵；身体上感到疲乏及头痛、乳房及胸胁胀痛、不思饮食，有的人则出现低热等现象；在工作和生活上也出现了反常，不能很好工作、学习和料理家务，夜间辗转反侧，难以人眠。这种病医学上称为“经前紧张综合症”，多发生于青少年女性，一般没有器质性病变，月经过后，症状缓解或消失。但常常给学习和生活带来不愉快。

经前紧张综合症（PMS）通常包括一些轻度的躯体症状如疲劳、头痛、失眠，伴随小幅度的情绪改变。经前期紧张综合症的发病原因还不十分清楚，可能是月经周期变化中，内分泌平衡失调，引起自主神经系统功能紊乱所致。在美国，20% － 40%的育龄期妇女受月经前期紧张综合症影响。

在女性月经期综合症期间，在季节变化而使人意志消沉的时候，或在感情破裂的关口，人们更喜欢吃巧克力，日消费量甚至达到500克。而研究表明，如果你患有月经期综合症的话，建议你还是少吃巧克力。人们已经注意到，尽管巧克力会让人产生短暂的欣快感，但女性在经期食用过多的巧克力会加重经期烦躁和乳房疼痛。

如果你的经前期综合症不是很严重，也可以试试下面这两种食疗法：

（1）用大枣10－15枚、羊心1只（洗净切成小块），加适量水炖汤，用食盐调味服用，可治疗血虚心悸、烦躁不安。

（2）益母草10钱，鸡蛋2个；将药材和鸡蛋一起加水，放入砂锅同煮。记住，水超过药材3厘米即可。益母草具有活血化瘀的作用，但有腥味，鸡蛋恰好可以压住药材的草腥味。这剂调理汤可在月经前七天开始服用，每天服一次，服至月经来潮，可改善月经前的胸腹胀痛。

这种病症目前尚无特效的治疗方法。有人用谷维素治疗，每日 3 次，每次 20 毫克，或服用中成药逍遥丸，也有一定疗效。症状重者，可在经前 3 – 5 天，服用舒肝解郁的中药治疗。常用柴胡疏肝散和逍遥散加减：柴胡 10 克，川芎 10 克，香附 10 克，枳壳 15 克，当归 20 克，白芍 20 克，云苓 20 克，郁金 15 克，杞果 30 克，炒枣 20 克，甘草 10 克。水煎 2 次，早晚分服，每日 1 剂，连服 4 – 6 剂，症状可缓解。

而将近 5% 的女性经历一种严重的经前紧张综合症形式，经前期烦躁不安（ PMDD）。很多研究发现，这些改变同月经周期的黄体期相关联，呈周期性，在月经周期的黄体晚期出现，为经前 10 – 14 天，在月经来潮后消失，并有至少 1 个星期的间歇期，这通常在卵泡期中期，月经前期紧张综合症和经前期烦躁不安的生理学密切地同下丘脑—垂体—性腺轴相关。目前观点认为经前期烦躁不安是巢激素的周期性改变同中枢神经递质相互作用而产生，因此，经前期烦躁不安常由卵巢功能引发，而不是先前认为的激素失去平衡。

第 2 章　女孩心理方面应该知道的事情

青春期女孩的心理健康标准

曾经天真烂漫、无忧无虑的儿童，从某一天起，她的一切都会悄悄地发生巨大的变化：身体长高了，代表着性别特征的某些器官成熟了；思绪多了，情感丰富了，多愁善感，烦恼多多；开始关注异性了；学习、生活等方面的压力大了，感到做人难了……这些变化都表明，昔日的儿童已渐渐长大，开始步入青春期了。青春期的心理健康不仅和女孩们一个阶段的学习和生活密切相关，更会影响到将来一生的发展。

于是，认识到青春期的心理特点之后，女孩们会迫不及待地想知道：究竟怎样的心理状态才是积极向上，值得不断与之看齐的呢 7

所以在这一节当中，我们就来讨论一下青春期女孩的心理健康标准。

一、拥有较为健全的人格

心理健康的青少年，应努力塑造自己的人格。健全的人格包含的范围很广泛：言行一致，表里如一，光明磊落是人格健全的表现；宽容处世、平和待人是人格健全的表现；处乱不惊、冷静分析是健全人格的表现……一贯提倡的实事求是的科学态度，不但适用于科学的探索，而且适用于做人。青春期的女孩，心地善良，天真烂漫。但是有些少女却因为各种原因沾染了使性弄气的“小脾气”，或是小偷小摸，图一时之利，一失足成千古恨。这样的不良心态，如果不能尽快得到纠正，不仅会在家庭、学校的小环境中处处受排挤，在将来的社会中更会失去立足之地。

因为人格扭曲而造成的少女犯罪案例在社会上屡有发生。一个仅有15岁的少女结识了一名17岁的社会青年，并经常约上自己的女友和该青年一块玩耍。三个人经常一起吃饭、聊天、唱歌。有一天，她发现自己的男朋友竟与女友约会，就产生了报复心理。为了泄愤，这名少女残忍地捅了自己的女友17刀！而另一名少女小红只因打碎了窗户玻璃，16岁的女孩小微就逼迫她在地上爬行并吃下虫子和石头，还让男孩子换上皮鞋踢打其下身。

人格的不健全造成了这些无知少女的堕落，这是一件多么让人惋惜的事。青春期的女孩应该以美为典、以德为范，努力加强自身修养。

二、心理特点与年龄相符、与同龄人相似

青春期是人生中精力最充沛、思维最敏捷、情感最活跃的时期。与其相适应的心理特征应该是对新事物感兴趣、易接受；朝气蓬勃、积极向上、不甘落后。而老气横秋、惰性十足就不符合年龄特点，一个人的行为严重偏离自己的年龄特点，是心理不健康的表现。人的心理和行为是随着年岁的增长而不断发展变化的。不同年龄者的知觉、思维、记忆、情感、兴趣、行为方式等有不同的特征。青春期是人生中精力最充沛、思维最敏捷、情感最活跃的时期。与此相适应，行为上应表现为朝气蓬勃、活泼好动，如果青年人还像儿童那样，喜怒无常，好吵好闹，则是一种心理不健康的表现。相似的道理，若同龄人喜欢的事物你不喜欢，她们不喜欢的你却喜欢；她们不动情的事情你感情冲动，她们动感情的事情你却无动于衷，就要考虑你的心理是否健康了。当然，与别人相似只是相对而言。

三、尊重自己的同时也要尊重他人

心理健康的女生，要有自尊心，有自尊心才能正确评价自己，才能充分发挥自己优势，克服自己的劣势。缺乏自尊心，不是表现为狂妄自大，就是表现为自暴自弃。在尊重自己的同时还要尊重他人，在文明、礼貌、热情待人方面要有自己的要求，绝不接受社会上不良风气的影响。

四、拥有良好的人际关系，善于与人相处

青年同少年儿童相比，独立意识迅速增加，社会活动范围明显扩大。因此，善于与人相处，是心理健康的一个重要环节。具体说来，应具备下列特点：一是别人了解你，你也了解别人；二是能够受到他人的悦纳；三是在集体中有自己的朋友。

建立积极的人际关系，也是正常心理健康的显著标志。人生活在这个世界上，总要与各种各样的人结成不同关系。青春期的学生，主要是和家长、同学、老师结好关系。与同学之间交朋友，建立纯洁的友谊，在集体中成为受尊敬、受欢迎的人，在一种人际关系融洽、和谐的气氛中生活学习，心理是积极的、愉悦的。我们每一个人都要为创造这样气氛的集体而竭尽全力。

五、能适应不同环境

生活有时会同你开一些不大不小的“玩笑”；一个有志于科学事业的中学生却同大学无缘；一个热望在艺术殿堂翩翩起舞的年轻人，生活却偏把他送去站柜台。对此，心理不健康者便会心灰意冷，怨天尤人。一个心理健康的人，任何时候都乐观，不绝望。即使暂时失意，也绝不要熄灭对生活的热情。

但是适应环境并不是无动于衷，心理健康的人对刺激的反应也应当是适度的。例如，高考落榜为之不悦，这是正常的。但长久郁闷，甚至茶饭不进，那就未免过分了。心理健康的女孩懂得：世界上的一切事情（包括自己的思想）都在变动之中，要勇于适应这一变动，不断追求更加美好的人生。

六、智力正常

智力正常是青春期的女生能正常生活、学习等的基本心理条件，是她们与周围环境取得平衡的心理保证。因此，智力是否正常是衡量人的心理是否健康的最重要标准之一。要说明的是，能坐在普通中学教室中学习的女孩智力都是正常的，成绩的高低并不是衡量人的唯一标准，不必为此产生自卑情绪，关键在于如何去开发利用。

七、社会与个人的协调

精神病学者麦灵格认为：“心理健康是指人们对于环境及相互间具有最高效率及最快乐的适应情况。不只是要有效率，也不只是要能有满足之感，或是能愉快地接受生活的规范，而是需要三项具备。心理健康的人应能保持平静的情绪、敏锐的智能、适于社会环境的行为和愉快的气质。”心理学家波孟说：“心理健康就是合乎某个水准的社会行为：一方面为社会所接受，另一方面能为本身带来快乐。”两位学者都强调了社会环境、个人心理的协调平衡是心理健康最基本的标准。

青春期女孩的心理特征

青春期，是女孩们一生当中最初的，也是重要的转折点，是影响她们的身心健全发展的重要时期。思想决定行为，研究她们的心理特点，有助于我们理解这个阶段女孩的种种行为举止，从而有意识地进行引导。在这一节当中，我们将探讨青春期女孩的基本心理特征。

一、独立自主意识激增

有位母亲经常抱怨：女儿长大了，不听话了。她指责女儿种种的不是：不愿再穿母亲给她精心挑选的衣服，却坚持要穿自己买的“奇装异服”上学；放着好好的知识栏目不看，却沉迷于各种所谓“垃圾节目”、“肥皂剧”；书房一向是母亲帮着整理的，女儿却突然在门口挂起了“闲人勿扰”的牌子。尤其让她气愤的是，女儿和她口角不断，动不动就指责她：妈妈，你 OUT（落伍）了，太不了解我了！甚至动不动就夺门而出。母亲很纳闷：难道作为一个母亲，对女儿的了解还少？

这就是所谓的“代沟”，如果我们面对这个案例仍能保持平静，那面对诸多譬如离家出走、杀父弑亲的案例，我们也该惊愕了。一名女中学生为了留宿男同学，不惜杀死养育自己十几载的老奶奶；另一名女中学生，为了从家里拿钱，不惜手刃亲母……然而，我们在谴责这样行为的同时，是否关注到了这些女孩心酸的内心世界，是否了解到她们不为人认同的痛楚？

进入青春期的女孩，随着与外界接触与交往的增多，对社会与自然逐渐有了自己的了解与认识，初步形成了一定的价值观和人生观。因此，她们极其渴望自己的想法能够得到认同，希望在很多事情上能够自己做主，希望自己的人格能够得到尊重。这本来是体现自我价值的第一个阶段，无可厚非。可是家长们却常常缺乏了解，对自己的女儿缺乏自信，经常是大事小事一揽子包办，不给孩子任何发挥的余地。这样的结果却常常是一番苦心付之东流水，孩子不但不感激，反而处处抵触。

相反的，凡事让孩子任性而为，会引起更可怕的后果。一名富商的女儿由于自幼父母离异，父亲工作繁忙，而缺乏父女间的沟通与了解。父亲只知道一味提供安逸的物质条件，不仅造成女儿出手阔绰、追求奢华的不良生活作风，更使得她因此结交了社会上的一些不良青年，最终沉迷毒瘾，无法自拔。青春期的女孩，很多想法尚不成熟，很难抵抗各种不良诱惑，缺乏正确的引导，她们在现实社会中将举步维艰，很快陷入歧途。

家长和老师应针对青少年独立意向的发展，尊重他们正确的意见，有事同他们商量，逐渐给他们更多的独立权利，同时也对他们提出更高的要求，帮助他们正确地发展其独立性，培养他们的独立能力。少一些牢骚，多一些信赖，再加上正确的引导，相信“叛逆”的女孩会越来越少。

二、情感十分脆弱

对于青春期的女孩，临风落泪、对月长叹是常见现象。很多人不理解：为什么简简单单的一个玩笑，就可以让女孩的脸上瞬间乌云密布？尽管你可能毫无恶意，女孩的心里却可能会因此留下一生一世的心结。

曾经有一名女生，相貌姣好，学习优良，一度被称为为“班花”。可是一年之后，这个女生成绩一落千丈，也不再参加曾经热衷不已的文体活动，前后判若两人。若干年后的同学聚会上被问及此事，女孩苦涩地笑了：“我一向觉得自己的嘴太大了，不好看。那天早上进教室的时候，一个最调皮捣蛋的男生站起来对她喊“大嘴婆丑死了！，……”众人皆愕然，因为当初虽然一阵哄笑，却没人把这事放在心上，没想到，这样一件小事，能影响一个女孩的一生。

青春期的少女，思维敏捷，感情丰富，富于想象。她们开始逐渐关注自己的衣着相貌、一言一行，希望得到别人的认可，对批评与辱骂有着过分的敏感，不懂如何面对指责与讥诮。她们小心地维护着自己脆弱的自尊，却对突然的打击不知所措。女性的“小心眼”在这个阶段表现得尤为突出。

呵护女孩，应从细节做起！

三、好奇心增强

随着外界的大门一步步地敞开，正处于求知欲顶峰的女孩们的好奇心也不知不觉地膨胀了。

这种心理状态使少女很容易受别人影响，从而增大了青春自控力差的危险性。应该把对少女的担忧变成了解、理解和关心，培养和发扬她们的优点，如思维敏捷、对新生事物敏感、勇敢、热情、有朝气、积极向上等。家长和老师要帮助她们树立远大理想，培植健康的心理状态，使她们身心健康发展，顺利度过青春发育期。

四、热衷于模仿

一个女生自称是刘德华的“铁杆歌迷”，时值毕业升学这样的“关键时刻”，她却一本本地买进各种与刘德华有关的书籍、光盘。父母看在眼里，急在心头，而最近的一件事情更让他们心灰意冷：刘德华到邻市举行个唱，女儿在未告知家长的情况下孤身前往，. 冒雨淋了一夜，只为见偶像一面，结果回来还高烧不退。

这样的事情，正常吗？

为什么“青春偶像”在少女群中得以大行其道？我们在感慨娱乐事业的欣欣向荣、明星偶像层出不穷、消费市场缺乏整顿的同时，应该考虑到青春期的一人特点就是追逐潮流、热衷模仿。高度的好奇心与旺盛的精力不仅使她们易于接受新事物，更让她们乐于模仿，并以此为潮流。

然而，判断力的缺乏，使女孩们容易被外表迷惑，转向追求外在美，而忽略更为重要的内在美。帮助她们树立积极向上的榜样，不仅不会影响她们的健康成长，而且有助于她们在向偶像看齐的过程中不断端正自身态度，完善自身品格，早日成才。

五、群体观念增强

女孩在独处时，易产生受胁迫感。她们常感到在群体当中有一种安全感。因此，她们的言行、爱好、衣着打扮都互相影响，信任伙伴胜过信任家长和老师，她们互相倾吐内心的秘密和苦恼。

大多数女孩，都或多或少拥有一些“闺中密友”，简称“闺蜜”。只要交友得当，有利于在互相倾诉中舒缓压力，互相鼓舞。而且我们也发现：乐群的女孩比孤僻的女孩更容易走出困境，更不容易产生偏激的看法与行为。

父母和老师应关心她们交朋友的情况，并敏锐地发现问题，及时进行疏导。

六、对性发育的困惑

在青春发育期，女孩们惊诧地发现自己的生殖系统开始迅速发育，这是正常的特点。但有些女孩对自身的性发育及性成熟的生理变化常感到神秘不解。家长和老师要根据她们生长发育的年龄特点及所处的文化背景进行适时、适量、适度的性教育，引导她们认识到：要懂得并且必须遵守社会公德和性道德。在进行性教育的同时，还应注意改善不良的外界环境，安排好少女们的课余生活，组织一些积极向上的文体活动，激发她们健康的生活情趣。

只有了解了以上这些基本心理特点，女孩们才能认识到：青春期不可怕，我们来手牵手度过，为将来的成功打下坚实的基础。

青春期女孩的性心理特点

一个初三女生在日记里偷偷写下：“最近一段时间，我的睡眠都不大好。总是在睡梦中梦见自己和异性发生性行为，而且在睡前和早晨醒来的时候，脑子里就会不自觉地开始出现有关男女情爱的点点滴滴，我觉得好奇怪，这究竟是怎样一回事？我的成绩一直都很好，但是自从这些性梦出现以后，我再也无心学习，而且心头总有一种负罪感……”

如果对青春期少女的心理特点有正确认识，就不会出现这样惊慌失措的局面了。

少女性心理的发展，一般经历如下几个阶段：

(1) 性意识朦胧觉醒，向往与异性的交往。有的少女为了吸引异性的注意，一日三换衣服，处处表现出与众不同，这是一种过分的行为，应该加以劝导。

而家长和老师应该理解此时少女的正常行为。对少女开始注重穿衣打扮或是想对异性表达好感，不应横加指责，应该从积极的意义上帮助她们度过这段“非常的时期”，让她们明白，靠外貌上的装饰获得的光彩是不可能长久的，只有加强个人修养，增进自己的个性风采，才能获得真正的尊重。

（2）梦幻与自慰，想入非非，白日做梦，进一步就是手淫自慰。过去人们认为手淫只存在于男孩子中，事实上女孩子也有手淫的现象。手淫以自慰，往往是在罪恶与快感的交织中进行的。传统观念认为手淫是不正经的事情，这种观念使她们对自己的行为感到羞耻，但是性的躁动又使她们处在难以抑制的状态。她们需要倾诉而又找不到知音，依赖性较强的少女此时更需要学校和家庭的关怀和帮助，而矜持的心理又让她们难于启齿，抑郁不已。

女性手淫多发生于青春期，这个时期女子在性器官和第二性征发育的同时，心理上也发生着显著的变化。从医学的角度讲，手淫本身并没有什么危害，少女偶尔发生的手淫行为对身体不会有什么影响。但是，少女在手淫时，由于手和异物的不清洁，很容易将病原体种植于体内以致引起感染。

因此，青春少女要妥善安排自己的工作和生活，业余时间多参加一些有益的文体活动和社会活动。不要看黄色下流、低级庸俗的书画影视，养成有规律的作息时间，按时睡觉，按时起床，睡觉时被褥不宜过暖过重。内裤最好用软质布料，不要太紧太小，要勤洗换。睡觉前清洗外阴，月经期最好每日清洗两次。睡眠不要俯卧位，以右侧为宜。此外，乐观开朗的情绪，丰富多彩的生活都会使青春少女强身健体，身心健康。

（3）模仿与尝试，性生活的大胆实践。受性本能、部分少女由于性心理的驱使，出于无知和好奇，过早地进行性体验和性尝试。

在青春期性萌发的初期发生性关系，它可以出现两种情况，一是受封建贞操观的影响，认为自己已是不贞不洁的人，从此背上沉重的悔恨的包袱，抬不起头来，或者破罐破摔，糟践自已；二是性欲过早的启动，形成性欲的猛烈递增，出现性亢奋，陷入追求性享乐的状态。这是一些女孩子从性体验发展到性罪错所走过的路。性罪错容易形成动力定型，成为顽固的性癖恶习，要改变非常困难。这就是一些少女在逃课与男流氓鬼混后，她们的父母无论用打、骂、关、求的办法，也难以使她们回头的原因。青春期性生活也会给婚后夫妇生活带来阴影，抹上不愉快的色彩。倘若性生活造成怀孕，则更使双方陷入窘迫之中，特别是女方将要承担更多的不幸。她们首先感到自己做了不体面、见不得人的事，为了避免被周围的人或同学、同事发觉，精神上承受了相当大的负担。同时，为了人工流产便暗中服药自行堕胎，或者偷偷摸摸进行人工引产手术，弄不好会造成感染，损害身体健康，可能造成子宫内膜炎、急性输卵管炎、盆腔炎、腹膜炎等一系列的妇女病。如果大出血，还有生命危险。

总之，少女过早的性行为，是一件非常有害的事，切勿为了一时的“自由”，葬送了一生的幸福和健康！

一些少女视青春期出现的性心理为丑恶，产生强烈的羞耻感和罪恶感，把自己看作下流的人，她们形成闭锁心理，孤僻、自卑、内向。她们的性心理受到严重的压抑，以至日后无法与异性进行正常的社会交往，进入婚姻生活。这是因为她们没有形成对性心理的正确认识，是应该避免的，否则就会给正常生活蒙上阴影。而对性抱无所谓的态度则是很危险的，这种女孩极易在缺乏督导的情况下偷食禁果，严重者将留下终身的悔恨！

青春期的少女只有形成健康的性心理，才能避免在今后的生活中出现问题。奉劝少女们，一定要自尊自爱，珍惜自己的青春年华，以学习为重，抛弃一切邪念，抵制他人的引诱，理智从事，关好情欲的闸门。

青春期女孩常见的心理困惑

青春期是人的心理变化的巨大转折时期。

在青春的旅途上，少女们将面临许多新问题，经受许多新考验。她们将会为自己身体的急剧变化而困扰、忧虑；她们将承受来自各方面的压力，寻找自己的价值所在，承担起社赋予的责任；她们将要逐渐摆脱受人保护这一角色，面对形形色色的社会，作出自我选择，并随时经受挫折及失败的考验；她们要开始重新审视自己，审视周围的环境和周围的人，处理好人与人之间的矛盾和冲突，建立新的人际关系；她们要接受感情的困扰，为亲人而操心，为异性而苦恼，为朋友而担忧……这些都给青少年的适应和发展带来了一定的困难，使她们感到焦虑、迷乱，容易诱发各种心理困惑和心理障碍。

常见的心理问题有如下几种。

一、自卑心理

青春期的少女往往会出现自我认识、自我评价的偏差，导致自卑心理。如因“恐貌不美症”引发的自卑。青春期的少女暗地里热衷于对自己的容貌评头论足，担心自己达不到标准体重和身高，担心容颜美丑。一旦发现自己身材不够匀称、气质不够好、生理发育有缺陷，她们就会内心郁闷，性情孤僻，沉默寡言，不愿与人交往，也不喜欢表露，更不爱出人头地，遇事退避三舍，陷入深深的自卑而无法自拔。再如青春期的少女好胜心强，自我期望值过高，理想自我完美化，要求自己一切都要比别人好，不能容忍和接受自己落后于人，否则就自责不已。不可避免的，她们往往容易受挫。一旦遭遇失败和挫折，一些女孩就无法正视现实，认为自己笨、能力差、什么都不行，并对此耿耿于怀，片面夸大自己的缺点与不足，或以己之短度他人之长，先从某一方面对自己作出否定评价，然后经过泛化把自己看得一无是处。于是，悲观绝望，自我否定、自我贬低，进行消极自我暗示，形成消极观念。

二、逆反心理和自闭心理

青春期的女孩喜欢以“我已是大人”的姿态自居，极力想摆脱家长和其他成人的保护，摆脱由这些成年人规定的各种形式的束缚，喜欢我行我素，对事物的批判性增强，产生心理断奶的强烈愿望，而作为监护一方的师长却总认为她们还小，不放心。两者起冲突，导致少女产生逆反心理和闭锁心理。表现为她们对父母老师的教导不理不睬，讨厌师长管头管脚和过多盘问，不愿向师长敞开心扉，有时候大人关心地问问她们，她们总是很简单地回答“没什么”，甚至还表现得很不耐烦，可是，遇到同伴，却有着讲不完的话；她们不主动与家长、老师沟通，却会一味地指责大人对她不理解、不信任、不支持、不关心，对师长持戒备心理；她们强烈要求有自己独立的生活天地和精神天地，对师长偷看她们的日记、信件等行为甚为反感，抵触情绪激烈。

三、过激心理

青春期的女孩情感丰富、情绪波动大，且具有隐蔽性；脾气暴躁或莫名的冲动，激情胜于理智，思考问题过于简单、缺乏冷静，生活中如果遇到矛盾、感到委屈或不满时，在强烈情绪的支配下，易爆发过激心理，作出即时的不理智的行为。这种明显缺乏自制力，不能或未能判断后果，是青春萌动期爆发的激烈情绪导致的，其后果的严重程度无法预测，危害性、破坏性极大，极有可能酿成终生憾事。有的女孩与父母、老师、同伴发生冲突后，激愤之下离家出走，因缺乏生存能力和自我保护能力而误人歧途；更有甚者，自残身体寻短见，给自己和亲人留下一生的痛苦。青春期出现的自杀行为及受伤害案例，无不与女孩们的过激心理相关。难怪，心理学家把这一时期也称之为暴风骤雨式的“心理动荡期”。

四、性成熟所诱发的困扰

由于营养的增加，居住环境、社会信息化等原因，青春期少女性成熟的一个显著特点就是早熟，即身心发展不同步，生理的成熟并不等于心理的成熟。早熟的结果是她们一方面性意识萌发，好奇心强，模仿能力强；另一方面却是识别能力、自控能力较差；再加上父母、老师受世俗偏见、陈旧观念的影响极少告诉少女有关的性知识，极少有意识地引导她们，于是她们间接偶然地从社会上寻求答案，获得有关信息。而这些信息鱼龙混杂，不系统、不科学，甚至是错误的，这使得她们对性总是产生烦恼。在笔者的咨询案例中，相当一部分少年求助的就是这方面的问题。少女的性心理困扰大致有以下三种：一、异性交往困难，想接近异性，又不知道如何与异性沟通，于是对异性产生恐惧，导致性心理的压抑，并由此引起自卑、焦虑等不良情绪体验。二、单相思，青春期的少女对异性交往很是敏感，易将“爱情”泛化，在她们眼里，自己倾慕的异性的一般举动也带上了“爱”的色彩，错把这些举动当成喜欢自己的“证据”而产生单相思苦恼。三、陷入早恋的误区难以自拔。分不清“爱”与“性”的范畴。少女对两性关系极为好奇，向往与异性接近。由于她们情感控制能力较差，道德判断水平较低，道德伦理观念和道德意志相对薄弱，往往产生“爱你就要把所有都给你”的幼稚想法。再加上外界不良因素的诱导，一部分青少年会陷入早恋误区：她们一方面有着与异性单独接触带来的兴奋，一方面又要承受家长、学校、社会的指责和学业滑坡带来的沮丧，甚至要遭受意外怀孕的巨大打击。

有人用这样一首打油诗来形容青春期心理，甚为巧妙：

“政治上具有探求性，观点上则偏激性

思想上具有进取性，认识上则片面性

目标上具有时代性，需求上则享乐性

思维上具有求异性，心理上则逆反性

认识上具有自主性，处事上则自私性

行为上具有独立性，生活上则依赖性

性格上具有开放性，意志上则脆弱性

交往上具有广泛性，感情上则冲动性”

青春期是最容易出现心理和行为异常问题的高峰期，但是由于社会上对于心理疾病患者所持的偏见，致使许多人不敢坦然面对自己的心理问题，何况是天生羞涩的女孩，她们怕被人贴上“心理变态”或“神经病”的标签，从不敢透露心声。事实上，少女的心理健康问题，是青少年在成长过程中必然会经历的，我们应该研究的是它们的来源和对策，而不是讳疾忌医。

影响青少年心理发展的因素是多方面的。

1. 遗传与生理成熟因素

遗传素质的差异导致青春期女孩心理发展的个别差异，生理成熟的早晚也会影响少女心理的发展。

2. 家庭因素

主要是指父母的个性、家庭教育方式与家庭心理气氛对子女的影响。

亲子关系、家庭结构、兄弟姐妹等的影响，心理学研究表明，58%的品德不良少年来自缺损家庭，25%来自经济残破的家庭，而且双亲不和比双亲不全影响更坏。我国家庭中的“老母鸡”式的教育方法也使得部分学生无法与人和谐相处。

3. 学校因素

学校对学生的影响主要是指教师的影响。教师的个性（心理健康状况）、教师的管理方式、教师的期望、教师的能力、教学与课程设置、学校环境等的影响。学校缺少必要而有效的心理健康干预手段，也是今天我国学生群体心理健康水平未如人意的重要原因。

4. 同伴因素

同伴的关系在青春期对心理发展的影响很大。一方面，少女对家庭与父母的摆脱，需要到同伴中去寻求归属和依托，同时，同伴的关系也是少女寻求自我成长参照、获取各种新信息和习得交往技巧的最重要的途径。同龄人之间的地位、心理需

求相似，可以自由、毫无顾虑地相互倾心交谈，相互了解，平等相待。

5. 社会因素

人从诞生之日起，就无时不在受社会环境的影响。

消除青春期女孩心理困扰的对策：引导青春期女孩认识自我、悦纳自我、完善自我，树立正确的世界观和人生观，确立合理的理想和抱负；引导少女妥善解决各种冲突，恢复并保持良好心态；引导她们学会积极心理防御，正视挫折，培养耐挫能力；引导她们明辨是非，学会自我保护；加强青春期性教育，引导女孩正确看待性成熟，恰当进行异性交往。教育的方式要灵活多样，不要拘泥于空洞说教。

生命之舟在人的一生中要经历一系列航程，青春期是人生的一个“港口”，这个“港口”孕育着远航的希冀，也面临着触礁的危险。家长、教育者、社会必须为青春期女孩导航，帮助她们用知识去代替盲目，用理性去战胜任性，不断完善人格，达到生理和心理的同步成熟，顺利地度过充满希望和危险的青春期，迈好青春的第一步，走向更加缤纷灿烂的人生！

青春期女孩克制性冲动有方法

中考完毕，她终于可以坐在客厅堂而皇之地看电视，算是休息。

打开电视，正在播放一部外国片，她放下遥控器，依在沙发里津津有味地看着。中途男女主角互相拥抱，有点放肆地亲热起来，接着是脱衣服……

她感觉到空气有了异样的凝固，她心跳加速，环视客厅，父母都不在，赶紧关掉电视机，回到自己的房间。摸摸脸颊，早已经是火烫火烫的，下面竟然有点湿漉漉的，此时触摸着身体竟然有了性冲动。她整晚都处于性亢奋状态，脑袋浮现出片中让人心旌摇荡的情节。

此后她的精神整天处于高度紧张状态，唯恐被别人知道了这个难堪的秘密。

其实，性冲动本身并不是一件多么不正常，或多么可怕的、多么下流、多么无耻的事情。处于青春期的少男少女，在与异性交往中，谁也不可能完全从性本能的冲动中解脱出来。它的发生很大程度上是由于身体里性激素加速分泌地结果，从生物学角度来说，性冲动是一种生理心理现象。它往往是通过两种途径诱发的。

一是由视觉、听觉、嗅觉、触觉、味觉刺激大脑的思维所引起。每当听到会激发性兴奋的语言信号，或是看到、触到异性的性感部位，或闻到、尝到异性身体上的刺激气息，或者脑子里想到有关性的问题，都会通过大脑支配脊髓中的性中枢，而引起性器官的勃起或湿润。

二是性器官直接受到刺激而引起的。性器官受到刺激后，交感神经会将信号传到大脑的性中枢，引起性器官充血，从而产生反射性性冲动。比如女孩子被自己所钟情的男孩无意中碰撞了一下脑部，即会感到一种软酥酥的麻醉似的感觉流遍全身而产生一阵无以名状的快感。意志薄弱的女孩子就有可能对这个男孩作出某些性冲动的行为。

青春期的男女交往，因为害怕对方或自身的性冲动而从健康的异性交际场中逃离出来，采取独来独往的封闭方式显然是不可取的。但是，如果在青春期，性冲动发生过于频繁，如有的女孩一看见异性的身形，一嗅到异性的体味就会有躁动甚至性兴奋现象发生，那必然会影响正常的学习、生活和工作，以及与异性的正常相处。如果能从以下几个方面努力，应该是可以在男孩女孩之间保持一种纯真的感情或友谊。

1. 转移注意力。你是否经常独处一隅，想着有关性方面的问题，或者偷偷看有关性的书籍或电视电影，或者特别留意身边男孩性敏感的部位，或者经常与密友一起谈论性的话题，等等，或者在上网的时候经常会情不自禁地被这方面的内容吸引、流连忘返？如果回答是肯定的，你最好立即“刹车”，积极投身于大集体生活，比如多参加一些积极向上的体育、文娱活动、知识竞赛活动，多观看一些健康的影视节目，特别是与性距离较远或不沾边的节目，如演讲比赛等等，以淡化你的注意力，转移你的大脑中枢神经的兴奋中心。

2. 净化刺激源。黄色的书籍刊物、淫秽的音像、不堪的网上垃圾是精神鸦片，是诱发少男少女冲动，教唆青少年不正当行为的罪恶之源，处于青春期的少男少女，若不警惕，最容易被俘虏。所以青春期的男孩女孩自觉抵制诱惑，避免看或听有性刺激内容的书刊、音像，不上未成年人禁止入内的网站，净化身边刺激源，显得尤为重要。业余时间不妨多读一些自然科学、社会科学或与学习有关的书籍，自然心思就不会走岔。

3. 弱化冲动欲。恋爱是无比神奇美妙的，它美在神秘色彩与几丝朦胧，具有强大的吸引力和诱惑力，使人渴望与梦想。一对青春期男孩女孩朝夕相处久了，难免日久生情，当一方冲动起来，不能驾驭自己的感情时，另一方最好耐心劝导，婉言回绝。用你的智慧弱化他（她）的冲动欲望，不可以态度暧昧，抑或姑息迁就，委屈迎合。让他（她）在你的缓冲减震作用下，恢复理智，冷静面对现实，避免不幸的事情发生。为了你真正地能够拥有爱情，真正地拥有家庭和幸福，女孩还是别早早地品尝性的禁果。

4. 强化自制力。人不是超凡脱俗的神仙，也不是在桃花源中生活，不可能毫无欲念。但人的冲动是受道德约束的，人的意志完全可以战胜人体本能的欲望。加强自制力锻炼就能克己制欲。一般来说，一个矜持理智，自制力强的人往往性格开朗，兴趣广泛，积极向上，具有良好的道德素养和比较好的生活节律、习惯，所以即使这些男孩女孩产生性冲动，他们也会用自制力加以抑制。

童贞的少女是美丽的，她本身就是诗，这时的少女是天使，这样说并不是男人固执的处女情结在作祟，而是在她的内心深处，还没有性的挑逗和享受，这时的女孩才是澄明和纯情的。如果少女带有太多的性感的色彩，当她的少女梦幻还没有做完就已经成为床上的牺牲品时，少女的美丽其实早已崩溃。不否认女孩会有一些莫名的冲动，但是那不是性，也不能用什么性的定义来囊括少女怀春的情怀。

女孩，当你的青春和热情以及对异性的爱慕心存好感时，你还是多一些理智吧，这样或许你才能真正拥有一生的爱情和幸福。

虚荣心产生的原因及对策

每次读莫泊桑的短篇小说《项链》，都让人不禁不感慨万分：玛蒂尔德为了能在舞会上引起注意而向女友借来项链，最后在舞会取得了成功，但却乐极生悲，丢失了借来的项链，由此引起负债破产，做了十年苦役才还清这一项链带来的债务。值得吗？

造成这一悲剧的主观原因却是她自己——因为爱慕虚荣。

莫泊桑做了大量笔墨描写玛蒂尔德因羡慕虚荣而产生的痛苦：“她觉得她生来就是为着过高雅和奢华的生活，因此她不断地感到痛苦。住宅的寒碜，墙壁的黯淡，家具的破旧，衣料的粗陋，都使她苦恼。……她却因此痛苦，因此伤心。……心里就引起悲哀的感慨和狂乱的梦想。她梦想那些幽静的厅堂……她梦想那些宽敞的客厅……她梦想那些华美的香气扑鼻的小客室。”“她没有漂亮服装，没有珠宝，什么也没有。然而她偏偏只喜爱这些，她觉得自己生在世上就是为了这些。”

提起女孩的虚荣心，大家自然就会想到女孩“爱面子”。

通常两个女孩一碰面，彼此就会从头顶打量到足尖，然后打听对方的服装、饰品、身边物价钱多少、哪里买的，恨不得自己马上去买。要是自己经济能力有限买不起的话，心里就会好一阵失落和难受。

考试前，不甘落后的女孩“夜里挑灯看书，梦回继续做题”，使出了吸奶的劲，第二天还要故作轻松地埋怨自己没好好复习。考试结束后，忙着打探他人的成绩，倘若自己得分低，就觉得大丢面子。

女孩的虚荣心还表现在攀比上，往往几个女孩聚在一起，就会谈自己的过年压岁钱多少，然后逐一攀比。

你知道虚荣心产生的原因吗？

（1）面子观念的驱动。爱面子是中国社会普遍存在的一种民族心理，面子行为反映了中国人尊重与自尊的情感和需要，丢面子就意味着否定自己的才能，这是万万不能接受的，于是有些人为了不丢面子，通过“打肿脸充胖子”的方式来显示自我。

（2）与戏剧化人格倾向有关。爱虚荣的女孩多半为外向型、冲动型，反复善变、做作，具有浓厚、强烈的情感反应，装腔作势、缺乏真实的情感，待人处事突出自我，浮躁不安。虚荣心的背后掩盖着的是自卑和心虚等深层心理缺陷。

虚荣心并不可怕，只要是一个有着正常思维的女孩，都会有虚荣心。小小的虚荣心是可以催人奋进的。

你知道高敏吗？这位 70 多次参加国际比赛从来没有丢掉金牌的名将，她究竟是怎么走上跳水道路的呢？高敏说，她选择跳水，完全是因为虚荣心作祟。“当我选进跳水队的时候，我各方面都显示出天分，很多动作都比一般的孩子好。大家都用羡慕的眼光看着我，那时候我小，我并不明白这就是虚荣心，我就是喜欢被别人羡慕的感觉，我告诉自己要拿第一。”就这样，高敏造就了一个时代。著名影后张曼玉在接受一个电视访问时曾被问及为何当年参选香港小姐，当时她率直地回答是：因为贪慕虚荣！

但凡事都有两面性，如果过于注重外在的东西，为了满足虚荣心而超出了自己的能力范围，就会走向极端。

一个家境贫寒的女孩刚刚考入向往已久的大学，为了追求时髦，不惜借钱购买高档衣服，还借钱买了项链、戒指来炫耀自己。周围人羡慕地夸奖她有钱，她只说是爸爸妈妈帮她买的。有一天门口堵满了要债的人，周围的人才明白过来是怎么回事儿。

过强的虚荣心就是扭曲了地自尊心，是自尊心的过分表现，是一种追求虚表的性格缺陷，是人们为了取得荣誉和引起普遍的注意而表现出来的一种不正常的社会情感。虚荣心男女都有，但总的说来，女孩的虚荣心比男孩强。因此，虚荣心带给女性的痛苦比男性大得多。虚荣心过强的人，其深层心理就是心虚。表面上追求面子，打肿脸充胖子，内心却很空虚。表面的虚荣与内心深处的心虚总是不断地在斗争着：一方面在没有达到目的之前，为自己不尽如人意的现状所折磨；另一方面即使达到目的之后，也唯恐自己真相败露而恐惧。女孩如果被这来自两方面的矛盾心理所折磨，她们的心灵总会是痛苦的，完全不会有幸福可言。

虚荣心强的女孩往往都不愿脚踏实地的做事，而是经常利用撒谎、投机等不正常的手段去渔猎名誉。她们在物质上讲排场、搞攀比；在社交上好出风头；在人格上又很自负、嫉妒心重；在学习上不刻苦。

怎么判断自己是否有严重的虚荣心呢?

（1）你是否常常孤芳自赏。

（2）你是否经常把时间与钱财浪费在化妆与美容上。

（3）你是否喜欢别人称呼你的什么头衔。

（4）你是否喜欢向人炫耀自己家庭成员或亲戚中较有地位的人物。

（5）你是否嫌弃家庭经济困难的同学。

（6）你是否稍有成绩便自吹自擂，唯恐他人不知道。

（7）你是否常为考试成绩不佳找借口。

（8）你是否在与同学谈论中，常强词夺理、文过饰非。

（9）你是否不顾家庭实际情况，硬撑阔气，摆出一时的“豪爽大方”。

（10）你是否常常掩盖自己的短处。

（11）你是否对批评耿耿于怀，过分爱面子。

倘若以上几点你都满足，那么你的虚荣心就属于“超标”类型了。

如何走出过分虚荣的泥潭呢？

（1）有正确的人生追求。一个人有崇高的理想、正确的动机，就不会通过不正当的手段来炫耀自己，就不会徒有虚名。

（2）克服盲目攀比心理。俗话说：“人比人，气死人。”横向地去跟他人比较，心理永远都无法平衡，会促使虚荣心越发强烈，一定要比，就跟自己的过去比，看看各方面有没有进步。

（3）珍惜自己的人格。高尚的人格可以使虚荣心没有机会抬头。

一个人追求一种表面上的荣耀、光彩的心理是再正常不过的，但是过分的虚荣心是一种不良的心理反应，对人的危害是极大的。青春期的女孩，请正确对待虚荣心，让虚荣心成为一种前进的动力，不要让虚荣心盲目膨胀，因此导致惨重代价！

焦虑症产生的原因及自我疗法

她今年十六岁，是一所重点高中的三年级学生。身处花季年华的她原本应该是“天之娇女”，在学校里快乐地学习生活。可是，学校开学一周后，她却下定决心走进了心理门诊。这是为什么呢？

原来，从高二年级第二学期开始，她就出现了心理问题，主要表现为每到期末复习考试临近期间，就紧张焦虑，还伴有较严重的睡眠障碍。这又是为什么呢？

她原在某市的普通中学读书。上高中时父亲因病去世，为了让她有更好的学习条件，母亲让她坚持在省会城市里的重点中学学习。她自幼有良好的学习习惯，记忆力也很强，遵守纪律，尊敬师长，因而深受老师的器重。但她对数理化无兴趣，通过自己努力才勉强使数理化考试保持在 80 分上下。可是因为老师器重她，只要市里区里或学校里有竞赛活动，老师都要选派她去参加。为此，她的学习负担十分沉重。参加竞赛前老师要给她“开小灶”进行个别辅导，布置很多模拟试题叫她做，虽然这对她的学习有所促进，但她感到精神压力很大，简直不堪重负。老师当然是一片好心，她也认为应当对得起老师，因而深恐竞赛失利，对各科的学习都抓得很紧很紧。但在心底深处她对这种竞赛性的考试很反感，对数理化的竞赛更是头疼至极。而老师却总是对她说，这是莫大的荣誉，是学校和老师对她的重视。所以，她也只好硬着头皮强记强学强练。每逢竞考，“战前”的几天她都要死背硬背、苦练苦算到深夜。有天晚上，她正在宿舍背书，强记第二天竞赛科目的内容，恰逢邻居在请客喝酒，猜拳行令的声音很大，吵得她无法看书。她又急又气，心中烦躁至极。就是从那个时刻，她心头产生了强烈的怨恨：一恨老师总让她参加各种竞考，使她疲惫不堪：二恨隔壁的人整夜吵闹，扰乱了自己的复习；三恨家长不该让她留在市里读这个使人疲于应付的重点中学。在这种焦虑怨恨的情绪状态下，她一夜也没睡着，第二天在考场上打了败仗。而且从此就经常失眠、多梦，梦中总是在做数理的竞赛题，要不就是梦见在竞赛时交了白卷。那一学期的期末考试，她全科失利，平均分数仅 70 分。以后，只要临近考试期间，她就总是焦虑、心慌和彻夜失眠。她很担心参加高考也会以失败告终。

这位女生表现的是典型的青春期焦虑症。

当存在某种威胁时，焦虑是正常的，它是机体面对危险采取准备的方式，导致心率增快、呼吸变得浅而急、肌肉紧张，同时精神出现高度警觉。如不存在某种特定的威胁而出现焦虑，或焦虑过度、持续时间过长的现象，则是一种病态心理的反应，称之为“焦虑症”。

焦虑症即焦虑性神经症，是一种常见的神经症，患者以焦虑情绪反应为主症状，同时伴有明显的植物性神经系统功能的紊乱。青春期是焦虑症的易发期，由于少女在生理和心理上都较男性变化急剧，因而焦虑症患者多于男性。有的女孩由于乳房发育而不敢挺胸、月经初潮而紧张不安；有的女孩由于学习基础较差而焦虑不已。患者除了精神紧张、忧虑不安，还有害怕困难、记忆不良、对声音敏感和易激动等心理症状，血压增高、心跳加快、胸闷、呼吸困难、头痛、口干等躯体症状，还会有恐惧、羞涩、孤独、自卑和烦恼，甚至头晕头痛，失眠多梦、眩晕乏力、口干厌食、心慌气促、神经过敏、情绪不稳、体重下降等症状。患者常可能经反复检查却不能发现任何器质性方面的病变，这类病症在精神科常被诊断为青春期焦虑症。

产生焦虑的原因是多方面的：

（1）有的女孩自我期望过高，学习压力过大，往往在一次挫折后便一蹶不振，造成心理阴影。

（2）有些少女有产生焦虑的心理素质，如胆小怕事、自卑、自信不足等。

（3）家庭因素，如父母感情危机带来的家庭破裂、教育方法不当，也容易使青春期女孩产生焦虑。另外有些疾病，如肥胖症、神经衰弱等也常伴有焦虑。

青春期焦虑症会严重危害青少年的身心健康，长期处于焦虑状态，还会诱发神经衰弱症，因此必须及时予以合理治疗。

青春期焦虑症一般是以心理治疗为主，配合药物治疗。此处介绍几种自我疗法。

（1）暗示疗法。自信是治疗青春期焦虑症的必要前提。焦虑症患者应暗示自己树立自信，正确认识自己，相信自己有处理突发事件和完成各种工作的能力，坚信通过治疗可以完全消除焦虑疾患。通过暗示，患者每多一点自信，焦虑程度就会降低一些，同时又反过来使自己变得更自信，这个良性循环将帮助你摆脱焦虑症的纠缠。

（2）深度松弛疗法。如果患者能够学会自我深度松弛，就会出现与焦虑中所见相反的反应，这时其身体是放松的而不是为某些朦胧意识所控制。自我深度松弛对焦虑症有显著疗效，例如，患者在深度松弛的情况下去想象紧张情境。首先出现最弱的情境，重复进行，患者慢慢便会在想象出的任何紧张情境或整个事件过程中，都不再体验到焦虑。

（3）分析疗法。有些焦虑是由于患者将经历过的情绪体验和欲望压抑到潜意识中去的结果。因为这些被压抑的情绪体验并未在头脑中消失，仍潜伏在无意识中导致病症。患者成天忧心忡忡、惶惶犹如大难将至，痛苦焦虑，不知其所以然。此时，患者应分析产生焦虑的原因，或通过心理医生的协助，把深藏于潜意识中的“病根”挖掘出来，必要时可进行发泄，这样，症状一般可消失。

（4）刺激疗法。焦虑症患者发病时脑中总是胡思乱想，坐立不安，痛苦不堪，此时患者可采用自我刺激，转移注意力。如在胡思乱想时，找一本有趣的能吸引人的书读，或从事自己喜爱的娱乐活动，或进行紧张的体力劳动和体育运动，以忘却其苦。

（5）催眠疗法。大多数患者有睡眠障碍，难以入睡或梦中惊醒，此时病人可进行自我催眠，例如闭上双眼，进行催眠：“我现在躺在床上，非常舒服……我似乎很难入睡……不过没有问题……我现在开始做腹式呼吸……呼吸很轻松……我的杂念开始消失了……我的心情平静了……眼皮已不能睁开了……手臂也很重，不想抬了，也抬不起来了……我的心情十分平静……我困了……我该睡了，我能愉快地睡着……明早醒来，我心中会非常舒畅。”

另外，患有焦虑症的女孩可以用多种方式改善其睡眠状况。如加强体育锻炼放松紧张情绪等。父母和老师应该帮助她分析其个性中的优缺点。使之正确认识自己，充分发挥长处，弥补不足之处，从而培养出健康乐观的心理。

第3章　女孩社交方面应该知道的事情

女孩与男孩交往的艺术

一个女孩向智者请教：

“是这样，我成绩和其他方面还都算不错，还被老师任命为班长，但是我觉得自己在男生中并不受欢迎。可是，我们班上的另一个漂亮女孩却非常有人缘。她不当班干部，男同学们都喜欢她，她当班干部，男同学们也拥护她。您说，这公平吗？”

“我们先不去管那些大道理是怎么讲的，你能仔细想想那些男同学们喜欢的女孩平时有哪些表现吗？”智者试图引导她自己来领悟。

女孩沉思片刻，恍然大悟：“她喜欢帮助人。同学们谁有困难都愿意找她，只要是她能做的，她总是尽力帮助。她也常常主动帮助同学。”

很多女孩对人际交往缺乏信心的原因是她们对自己外貌缺乏自信。

从客观上来说，我们承认：一个人的仪表是最先被对方的感官感知的，所以仪表因素是构成一个人魅力的最基本的条件。亚里士多德曾经说过，漂亮比一封介绍信更具有推荐力。事实的确如此，在其他条件相同的情况下，外表占有优势的人往往具有更大的魅力。学生组织的集体活动中，那些最先受到关注的学生总是在同等条件下具有外貌吸引力的人，但值得重视的是，人们对美貌的人的其他方面会给予积极评价，但如果人们感到有魅力的人在滥用自己的美貌时，反过来倾向于对其实施严厉制裁。

小慧可以说是幸运的宠儿，美丽聪明的她一直是异性追逐的对象。也许是从小就被宠坏的原因，她天生就有一种优越感。的确，无论在相貌上还是学习上她都是佼佼者。但她却很少有朋友，特别在班上，同学们表面上对她笑脸相迎，但实际上都敬而远之。因为，她的光环太耀眼，别人同她在一起会感到一种压力和不自在。偏偏小慧也因为自己有才有貌，一股从内心里透出来的优越感，使她说话时都会有种盛气凌人的样子，而且还习惯以自我为中心，让同她相处的人感到格外的不舒服。

由此可见，外表的漂亮并不是绝对的，人与人之间内在素质的吸引力往往比外表的吸引力更强。一个拥有内在美的女孩，即使相貌平平，也富有吸引人的魅力。

想要赢得男孩的友谊，女孩要温柔待人。

温柔不仅是一个女孩的性格表现也是她美好心灵的反映。言为心声，一个人只有心地宽容，具有崇敬友爱之心，才能宽其身，柔其声，行动上关怀体贴别人。但是，温柔不等于软弱，温柔是以礼待人，这既是一种平等地尊重别人，体贴别人的品性，又是自重自爱的表现。温柔也不等于一味依赖别人。软弱无能的女子，注定要变成男人的附属品。女孩应该培养柔而不弱的品质，有自尊心，上进心，不轻看自己，敢于自强不息地实现自己的价值，在为社会作出贡献的事业中让自己成才。

想要赢得男孩的友谊，女孩要善于倾听。

女孩在男孩身边的时候，行为必须有相应的改变。不要自作主张，少说话，专心听勇孩讲话，多给男孩时间表现自己。从某种意义上来说，倾听，也许是女孩与生俱来的本领。倾听的本质是优秀的，是担负着人类繁衍生息使命的女人们的一种基本的品质。这个品质，有一种内敛的节制，有一种不张扬的朴实。在男孩眼中，擅长倾听的女孩，像一块温润的玉石，不耀眼，但是尊贵平和。像一块琉璃，内外明澈，净无瑕疵。

想要赢得男孩的友谊，女孩要乐观开朗。

乐观开朗的女孩不会轻易被挫折打倒，也不会在细节上斤斤计较。男孩能够放心大胆地与这样的女孩交往，而不用担心引起任何误会。这样的女孩，会在男孩遭遇失败、心灰意冷时伸出援助之手；也会在男孩春风得意、傲气渐增的时候善意地加以规劝。这样的女孩是男孩成才道路上的好伙伴。

想要赢得男孩的友谊，女孩要坦诚相对。

有的女孩把男女交往当作是逢场作戏，往往朝秦暮楚，见异思迁。这种交往方式只是在做表面文章，因而常常得不到真正的友谊和朋友。如果希望交到真心的朋友，就要拿出自己的真心，以道德、义气、慈悲来交往；如此得来的朋友，在最困顿的时候，还能不变初衷地支助扶持，才是真正的朋友。

想要赢得男孩的友谊，女孩要自重自爱。

在男孩心中，理智的女孩永远有着无可替代的魅力。只有懂得自重自爱的女孩才可能把握住自己的现在，只有懂得自重自爱的女孩才能够赢得更美好的未来，只有一个懂得自重自爱的女孩才会得到男孩真心的赞赏与祝福。

想要赢得男孩的友谊，女孩要克服敏感和猜疑。

敏感和猜疑是女孩交往中的大敌。有过分敏感和猜忌心理的女孩，往往爱用不信任的眼光去审视对方和看待外界事物，每每看到别人议论什么，就认为人家是在讲自己的坏话。猜忌成癖的人，往往捕风捉影，节外生枝，说三道四，挑起事端，其结果只能是自寻烦恼，害人害己。因此，男生对这类女生通常是敬而远之。多一点友谊的情分，少一些功利，尊重别人，正视自己，与人为善是克服敏感和猜疑的良药，要用善意去理解他人。

想要赢得男孩的友谊，女孩要克服嫉妒。

嫉妒是女孩性格中的致命弱点。嫉妒别人，实际上是企图剥夺别人已经得到的物质和精神的需要，这种心理极易引起别人反感。许多嫉妒心理是由误解产生的。嫉妒者误认为对方的优势会造成对自己的损害，从而耿耿于怀。所以要打开心扉，主动接近，加强心理沟通和融洽，避免发生误会，即使发生了也要及时妥善地消除。

然而，因为男女交往不同于同性之间的交往，如果光具备了以上几点还是不够的。

有个女生性格活泼，热情大方，又能宽以待人，乐于助人，受到大家的称赞，与男生之间的交往也极其自然。可没多久，突然几位男孩向她求爱。女孩不仅上课时受到他们的打扰，回家路上还遇“堵截”，班级里流言四起。面对这些，天真善良的她迷惘了——我不是一个随随便便的女孩啊，事情为什么会成这样呢？

是啊，女孩的言行怎么会被几个男孩误解呢？她应该怎样办呢？

首先，敢于面对现实，以柔显刚。对那几个男孩，不要躲避。男孩们的争胜心很强，追求一个女孩时，大有穷追不舍之势。对此，女孩不妨找个机会，开诚布公地向他们表明自己拒绝的理由，希望他们谅解，并渴望能友好相处。在这样的表白下，疯狂的追求者们会产生悔过感，一般会面对现实的。

其次，与男孩交往言谈举止要有分寸。在正常的人际交往中，关心别人、互相帮助、温柔大方是女孩们美丽温柔的体现，但不要有过分亲昵的表示。另一方面，对男孩们的亲昵举止要明确表态，及时制止，不要拖泥带水。这样有柔有刚，刚柔相济，防患于未然。

男女之间良好的人际关系能给人精神上的愉悦和满足，促进身心健康。想让男孩对你另眼相看吗？试试改变一下，那又如何呢？

女孩与同性交往的技巧

女孩，你注意到了吗？让你最放松、最舒适的减压方式，既不是健身操也不是长途旅游，而是向同性密友开怀倾诉。

事实上，调查结果也显示：大多数少女认为同性朋友之间的情谊是生命中最快乐、最足的部分，这种情感关系也是最深刻的，为她们带来一种无形的支持力，就像空气般可靠。西方心理学家也指出，拥有稳固的同性朋友是现代女孩健康生活的最重要的方式之一。

为什么在青春期同性友谊对女性如此重要？

首先，青春期女孩开始进入生命历程的多事之秋，身体的发育与成熟带给她们许多从未有过的体会，当然，烦恼和困惑也随之而来，包括对同性的感觉也会发生变化。绝大多数女人会对同性产生信任和依赖的感情，因为这是一个与自己完全相同的群体，她们能够理解和体会你的所有悲喜，并给予你最贴近的关怀和帮助。排解烦恼、缓解压力的最常用方法就是找同性朋友倾诉。

其次，女孩的心理天生更为脆弱和细腻，更需要支持和理解。由于男性的性别特点，他们的理解程度远远不能满足女孩的需要，女孩只有在自己的同类处才能得到共鸣，所以女孩间的倾诉就较为普遍。另外，遗传基因中女性的群居性更强，对于友情的渴望程度更大。

再次，亲密的同伴关系，作为一种预防性措施，一种对于免疫系统的支持，能够降低疾病对你的威胁，也就是说，青春期的女孩要保持身体健康，不仅需要锻炼身体和正确的饮食，同时更需要加强对友谊的维护；由于女性之间的沟通更开放、自然，并且能够给予对方同等的回馈，所以这种友谊，更容易在女孩和女孩之间产生。

那么，怎样才能做个在交往中讨人喜欢、赢得同性首肯的好女孩呢？

朱丹是一所重点高中的尖子生，她不仅学习成绩优异而且多才多艺。她还热衷于参加各种各类活动，而且都有不俗的表现。按理来说，这样优秀的女孩应该过着无忧无虑的生活，可事实并不是这样。她的苦恼是没有朋友。用她自己的话描述，就是朋友交一个，丢一个，和人打交道时，她会不经意地压抑自己，聚会时冷场、尴尬的局面时有发生，因此怎么也找不到一个推心置腹的朋友。在她眼里，没有朋友、缺乏人脉的生活，就像是被关在狭小的牢笼中，一潭死水。长期的忧虑影响到了她的自信，也逐渐干扰着她正常的学习和生活。她一直不明白自己在哪个环节出了问题，而且她还是一个优秀学生！

在现实生活中，有些女孩在社交中总交不上朋友，或者是交了朋友没多久，朋友又离她而去，平时和同学的关系也不融洽。究其原因，社交中的不良心理状态阻碍了人际关系的正常发展，也就是所谓的社交病态心理。

经过与老师几次谈心后发现，她的关键问题在于对形象、言词过度关注。她总是怀疑自身措辞不够完美，审视穿着是否得体，敏感地关注对方的反应，甚至为任何失误感到焦虑。当然，她也会那么严格地要求别人。所谓“一鼓作气、再而衰、三而竭”，屡次失败让她的自信心大打折扣。找到了原因，经过几周的调整，朱丹终于能克服原先苛刻的眼光，转变了谨慎的态度，以放松的心情，愉快地和朋友们谈天说地了。

朱丹的教训告诉我们：如果你已经做得很多了，那么希望你不要再让自己戴着假面具了，因为一个人的魅力源于真实地呈现自我，这样的人才是最受欢迎的。

你喜欢完美无缺的人还是喜欢一个真实的人呢?

举两个例子。

其一：美国历届总统大都能给人留下鲜明的印象：风度翩翩，富于人格魅力。肯尼迪总统受到美国公众的喜爱程度恐怕是美国历史上所少见的。然而，肯尼迪并非一个完美无缺的人。他曾经试图在猪湾（地名）入侵古巴，结果遭到惨败。像这样大的军事失误无论发生在怎样出色的领导人身上，普通人都会认为它会使领导人的形象大打折扣。令人费解的是，“猪湾惨败”非但没有降低肯尼迪的个人声誉，反而使他在公众心目中的形象更加真实、丰满和贴近——人们更加喜爱这位“也会犯错误”的总统了。

其二：中国杂技团在国外演出也曾经出过错。然而，当地的观众并没有因为演员的一时失误而冷嘲热讽，反而前去观看演出的人更是络绎不绝。因为人们通过杂技演员的失误了解到，他们那些惊险的动作是真的。真实，给人最深切的印象。

之所以会出现这种情况，是因为尽管人们追求完美，然而，真正面临一个完美无缺的人时，却不敢相信。“人非圣贤，孰能无过？”从古至今，所谓“无过”的圣贤有谁曾经见过呢？那句古话说得好：“水至清则无鱼，人至察则无徒。”

要赢得同性的喜爱，光做到这一点是不够的。

受女孩欢迎的女孩懂得如何欣赏他人。女孩通常视同性为天敌，这不奇怪。正像一则笑话所讲：两对男女迎面走，男人看女人，女人也看女人。女孩吝啬对同性的赞美，女孩轻蔑自己的同类；自古以来似乎都是如此。若想获得其他女孩的好感，适度的赞美是必要的，让她知道你是她无需设防的人，你真心把她做朋友，你不会同她争风吃醋，大家自然就能够坦然相对。

诚恳地去赞美其他女孩，哪怕只是一句“你今天的衣服真配你”。相信他人一定会用微笑和感激来回报你。

受女孩欢迎的女孩懂得如何宽容待人。女孩的心地或许是善良的，但女孩的小脾气却往往坏事。宽容别人是一种境界，一种用一颗心去包容和感化另一颗心的境界。对别人的宽容也是对自己人格的肯定，我们存在在这个世界上，不一定非要使自己伟大，但一定可以使自己崇高。有些时候，别人伤害了我们，我们大可不必去寻机报复。想一想，也许是发生了什么误会，或是自己真的做错了什么，曾经也在无意间伤害了别人。无论怎样，我们要学会原谅别人。

小慧不漂亮，但性情谦逊、大度、热心助人。周围无论谁人有求，她都帮忙。别人出言不逊，她也只是一笑而过。久而久之，她成了最受欢迎的女生。

受女孩欢迎的女孩懂得如何平易近人。有架子的人是人见人烦的，与其做个孤芳自赏的高傲“公主”，不如平心静气地与人谈天说地，做个善解人意的“灰姑娘”。女性天生善妒，格外不喜欢倚仗容貌骄矜自己的同类。相比之下，她们更愿意接受随意、温婉、同自己一样柔和、普通的女子。

曾经有个校花级别的女孩，一向高昂脖颈，金鸡独立。女孩子们艳羡她的同时又全都孤立她，不同她交谈，不与她为友。她终日天马行空，独往独来。男生虽说倾慕她，但觉得她太傲慢，不好接近，女生则背后尽说她的坏话。最终老师无奈，作出了对她不利的决定：没有推荐她考研究生。

受女孩欢迎的女孩懂得如何一视同仁。路遥知马力，日久见人心。势利总不是为人的根本，始终如一才是做人起码的准则。男人如是，女人也如是。

记住，只要"以人为本"，你一定能得到其他女孩的认可！

女孩与人交往要学会宽容

有这样一个故事。

清朝的宰相张廷玉与一位姓叶的侍郎都是安徽人。两家相并而居，都要起房造屋，为争地发生了争执。张老夫人便修书北京，要张宰相出面干预。这位宰相看罢来信，立即作诗劝导老夫人："千里家书只为墙，再让三尺有何妨？万里长城今犹在，不见当年秦始皇。"张老夫人见书明理，立即把墙主动退让三尺，叶家见此情景，深感惭愧，也马上把墙让后三尺。就这样，张叶两家的院墙之间，形成了六尺宽的巷道，成了有名的"六尺巷"。张廷玉失去的是祖传的几分宅基地，换来的却是邻里和睦及流芳百世的美名。

青春期的女孩，你一定也有过无数次这样的经历：原本亲密无间的朋友，可能因一句闲话争得面红耳赤，闹得不可开交，最后两人形同陌路，甚至"老死不相往来"；原本无话不谈的母女，可能因为一个无意的动作而出言不逊，双方"拔弩相向"，互不退让，足足要打上好几天冷战。其实当我们静下心来，仔细想想这些事情，总会觉得有点可笑甚至荒谬。既然退一步可以化干戈为玉帛，又何乐而不为呢？

生活的真谛在于：一味地争强好胜，最后只能闹个不欢而散；在必要的时候，应该用博大的胸襟去宽容他人，作出必要的自我牺牲，这样不仅能减少很多不必要的麻烦，同时还赢得了别人的尊重与喜爱。

宽容别人就是善待自己，宽容是一种难能可贵的美德。有本书说道："心就是一个容器，当爱越来越多时，仇恨就会被挤出去。"我们不要一味地、刻意地去消除仇恨，而是不断用爱来充满内心。既然这样，我们何不退一步，放下愤怒，来善待自己呢？

俗话说得好：忍一时，风平浪静。退一步，海阔天空。

退一步，意即后退一步。退一步，不是怯懦、退缩、屈服与逃避。退一步，是宽容、忍耐、坚韧与不屈。"退一步，海阔天空"是炎黄子孙从远古就开始念叨的一句话。它是劝诫人们不要那么针锋相对，当事人都退一步，世上就不会有那么多的冲突，人生也会减少很多悲剧。

普希金和莱蒙托夫是俄罗斯的两大著名诗人。当他们处在事业的巅峰期时，双双陷入了对同一个女孩的爱慕。然而，这两名被爱情冲昏了头脑的诗人，却被传统的"捍卫尊严"的"时尚"夺去了年轻的生命。当时普希金只有 37 岁，莱蒙托夫年仅 26 岁。'假如普氏和莱氏不是视决斗为儿戏，能在所谓的"时尚"面前做退一步之想，就不会铸成世界诗坛悲剧，这着实令人扼腕。

退一步是前进中的曲折，退一步是过程而不是目的，退一步是手段而不是结果。年轻的女孩，只要你能够退一步，勇于退一步，乐于退一步。退中取进，退中思索，退中悟道，那么你的人际交往一定会一帆风顺，你的同学关系就不再会有危机，你的学习一定会稳中求进，你的人生也会锦上添花。因为你善于退一步，你拥有的是海阔天空。

刘秀大败王郎，攻入邯郸，检点前朝公文时，发现大量奉承王郎、辱骂刘秀甚至谋划诛杀刘秀的信件。可刘秀对此视而不见，不顾众臣反对，全部付之一炬。他不计前嫌，可化敌为友，壮大自己的力量，终成帝业。这把火，烧毁了嫌隙，也铸炼坚固的事业之基。

在生活中，我们经常会遇到这样或那样的不顺心的事，如考试失败、遭人误解、丢失财物等。如果这时我们执意按自己的意愿行事，不仅不能成功，反而是自寻烦恼，以致使自己情绪消沉，生活无趣，甚至会出现心理疾病。

这时，“退一步，海阔天空”可以被看作是一种自我调节的思维方式。人们在生活中难免遇到一些不随自己意愿或与自己意愿相反的事，这时有两种方法克服给自己造成的心理不平衡。一是改变周围的环境以适应自己；二是改变自己适应周围。第一种方法是被动消极的，往往由于种种实际原因而无法实现；既然无法改变外界条件，我们为什么不试着退一步、去改变自己？在一个既成事实形成后，改变一下自己看问题的角度，往往能减轻或消除给自己造成的心理压力。

人总是好面子的，那是维护自尊的一种体现，是人性的一种本能，但生活是现实的，是一串珍珠，五彩缤纷，学会退一步，自然会海阔天空。

当我们的人生不是一帆风顺的时候，在我们的人生出现一些挫折，天空遍布阴霾的时候，不妨试着后退一步。你会发现：人生照样美丽，天空依然晴朗，世界仍然那么丽。

人生在世不如意的事肯定有许多，我们应该以一种平和的心态来看待人生的不顺和挫折，而并非是消极的心态。后退一步，就是另一种海阔天空的人生境界。起码，挫折教我们认识了生活的本来面貌，认识到人生不会一帆风顺，然后，在遇到不顺和挫折的时候，我们才知道究竟该怎样去对待人生、对待挫折和对待你自己！

富兰克林曾经说过：“宽容中包含着人生的大道至理，没有宽容的生活，如在刀锋上行走。孩子，如果美德可以选择，请先把宽容挑选出来吧！”

女孩，请记住：深邃的天空容忍了雷电风暴一时的肆虐，才有风和日丽；辽阔的大海容纳了惊涛骇浪一时的猖獗，才有浩渺无垠；苍莽的森林忍耐了弱肉强食一时的规律，才有郁郁葱葱。泰山不辞土，方能成其高；江河不择细流，方能成其大。宽容是壁立千仞的泰山，是容纳百川的江河湖海。

做一名让男生愿意接近的女生

青春期是少女生长发育十分旺盛的时期。这一时期，女孩们对自己身体出现的变化十分关心，并且对异性产生好感和好奇。为了给异性留下美好印象，她们也开始注重自己的容貌仪表、言行举止。少女们，在男孩面前，你们为什么忐忑不安？你们一定想了解自己在男生眼中究竟是什么样的吧？

你们可能还不知道：事实上，在青春期的男生眼中，同龄的女生已经成为校园里一道韵味独具的风景——你们那五彩缤纷的裙子宛如曼妙的花朵，精巧别致的饰物好似串串唱歌的风铃，亭亭玉立的身姿恰似彩蝶轻舞，娓娓动听的声音胜过夜莺鸣脆……在男生眼中，女生是诗，含蓄中藏着甜蜜；女生是谜，平凡里透着神奇……在青春期的男生心中，对女生有一点点迷惑、一点点欣赏、还有一点点讨厌……

想知道这些男生私底下是怎样偷着给女生打分的吗？他们，当然，还有少不了的一点点坏……

像刘嘉玲一样高贵？像梁咏琪一样漂亮？像张柏芝一样甜美？

其实在男生看来，虽然外表漂亮的女生人人喜欢，但是外貌仅仅是影响他们评价的一个因素，远非最重要的因素。因为美丽有生理上的、心理上的，外貌的美丽与生俱来，不能选择，但也必然随着时光一同流逝，只有心灵美才能弥久愈芳。

男生最欣赏的还是既温柔又成绩优秀的女生。

温柔，好比花园中飘舞的蝴蝶，让人心醉神迷。野蛮，就像一支玫瑰，荡人的美丽下隐藏着扎人的利刺。温柔是女性的传统美德，任何一个女性，缺了柔顺的性格、温情的话语都会令男生觉得乏味。虽然李宇春很“冷酷”，但是性格爽朗的她也有张弛温柔的一面。温顺而不盲从、柔和而不狐媚，就是火候刚好的温柔。没一个男生不对在校园食堂里为抢座位大打出手的女生敬而远之，也没有哪个男生不对公交车上大骂出口的女生心生畏惧。

虽然表面上大多数大男生宣称不在乎成绩，实际上却总是会在暗地里悄悄用功学习。聪明的他们岂敢忘记“知识就是力量”的至理名言？可令男生常常心灰脸红并且怎么也想不通的是：为什么自己偷着把吃奶的劲儿都使了出来，却还是经常败在一些女生的手下？这让他们不得不对那些勤奋用功、治学严谨的女生心服口服。

一个意志顽强的女孩因家境贫困，没有买字典的钱，上初中时曾利用假期时间将从同学处借来的一本厚厚的成语词典抄了下来。那本成语词典，一笔一画工工整整的几大本，字典上每个字的拼音甚至每个标点符号都毫无差错，仿佛是一本十分精良的“手工盗版”词典。没有人能想象得出这耗费了女孩多少个不眠之夜。终于，在 2006 年的高考中，这名 18 岁的农村女孩考得了理科 680 分的高分，这个女孩名叫张涛芝。提到她的名字，全班没有哪个男生不竖起大拇指，一个勤奋自强的女生也是男生心目中的偶像。

在男生的心目中，善良的女孩永远不会“过时”。曾看过一个新闻，大街上一个民工晕倒了，开始没有任何路人去惹这不必要的麻烦。偏偏在这冷漠的世情如霜里，一个长相并不出众的女学生走上前去，扶起素不相识的民工，拿手机打 120。其他人被感染了，纷纷围过来试着出力。春寒料峭中，女孩微带忧虑的眼睛闪着天使般的慈爱光芒。那新闻的标题是《最美的女人》。这就是男生心目中女生最善良的一面，关爱身边的每一个弱者，哪怕素不相识，哪怕是一条病狗，她们都会悲天悯人地伸出友爱之手，而且百分百出自真心。

北大校园里有一块石碑，“自由之思想独立之人格”，阐明了独立对人格完整的重要性。什么男人是山，女人是水；男人是树，女人是藤，都是封建传统思想在搞怪。这是一个男女平等的时代，一个总幻想依靠他人的女孩不会赢得男孩的真心赞赏。李龟年在诗中写道：北方有佳人，绝世而独立。独立的女孩才会有高尚的追求。人的一生都在求知，不断打掉性格和思想上的渣滓，才能越来越优秀。追求高学识，将来能找到高薪的工作；追求高体能，能在奥运会中为国出力；就是追求苗条的身段，也能收获高回头率。没追求的女孩是可耻的，她们逐渐肥胖，日显平庸，越来越吓人，把完美主义抛到了九霄云外，让多少男生伤心泪垂。

现实生活中四处都是危险和诱惑，男孩们眼中的完美的女生应该懂得自爱。她们柔弱的外表下面有一颗爱自己坚强的心，理智打造了一副不受伤害的防御盔甲。完美的她们不允许自己在眩晕的时候行差踏错。一位来自偏远山村的女大学生，拒绝某省长公子的物质诱惑，宁愿暑假在餐厅里洗盘子赚钱读完大学，传为一时佳话。自爱是与生俱来的，只有自爱的人才美丽，才会被人所爱。

男生们很愿意接近这样一种女生：这种女生可能并不漂亮，但她们的言行举止非常有个性，这为她们平添了不少魅力。他们说和这种女生交朋友很容易，彼此间的友谊也最纯、最真、最“铁”，男生与她们在一起，不必担心老师和家长给自己穿“早恋”或“男女生交往过密”的“小鞋”，因为这种女生就像雪碧——晶晶亮！

男生最不欣赏的女生有两种：一是冷若冰霜，心高气傲；二是心眼儿太多，小报告成串。对她们，男生基本上是烦而远之和厌而避之。

在男生眼中，女生可以不才华横溢但一定要随和亲切。“艳若桃李，冷若冰霜”，这样的女生只有“鬼力”没有“魅力”。

在男生眼中，女生可以不可爱但最好知情识趣。善解人意绝对是一种不可或缺的睿智，出现在女生身上尤其光华夺目。理解万岁，能理解人的女生，才称得上完美。

与人交往要划清爱情和友情的界限

要分清爱情和友情的界限，首先要搞清楚什么是友谊，什么是爱情。

友谊，词典上解释为“朋友间的交情”。它是有相似兴趣、爱好或者性格的人的一种彼此关心、相互帮助的感情，是个人之间强烈而深沉的情绪依恋。它不分男女，也没有范围和年龄的限制。

友谊的最显著特点是不排斥他人，可以是三五人或更多的人形成的朋友关系。这种友谊可以是短期的，也可能是长久的。友谊结束不对彼此造成心理伤害，因为友谊是多元化的。例如，中学时代结束了，中学同学间的友谊可以结束，也可以持续，不少同学又有了大学时代情谊更深的朋友。

那么，什么是爱情呢?

文学大师歌德是这样形容它的：“若要说出春天的花朵和秋天的果实，若要说出人心中所有的爱慕和喜悦，若要说出蓝天和大地，只有一个词，沙恭达罗啊，只要提你的名字，便说尽了一切。”

多少世纪以来，在世界的各个角落，我们一直在试图编织更活泼生动的语言、更美妙动听的歌曲、更萦回感人的故事来不知疲倦地歌颂爱情。它打破了不同年龄、不同社会阶层和不同审美情趣的差异，可以说，只要光的声音仍在草地上歌唱，风的讯息仍在丛林中奔驰，只要我们一息尚存，圣瓦伦丁节的玫瑰便永不凋零……爱情是一种感觉，而且是一种真正恒久持续的感觉，而不是一时的情绪，不会只单单地流过你、穿越你，然后就消失。它是很强烈的，是你能够从内心感受到的，它会将你带往那个你所爱的男人或女人。你会渴望听到他（她）呼吸、看到他（她）对你微笑、想象他（她）正望着你，而且望着你的同时他（她）也感到无比幸福。你也会想触摸他（她）、抚摸他（她），也希望他（她）抚摸你。当你内心有这种感觉时，你就会觉得生活更美好，并且迫切地想与爱人分享这种快乐。世界上有些事情很容易说明白，但是爱情却不是，它能让人哭，也能让人笑，最神秘的是．它的开始和结束，永远让人预测不了！

爱情与友情的本质区别有两点：

首先，爱情具有排他性，而友情则不排斥他人。也就是说，当两个人相爱之后，他们彼此便有了一种约束，不能再与其他异性有密切往来。同时与多人保持爱情关系则被视为不道德。实际上，与多人同时共有爱情的完整内容，也是不可能的。应当说，对于恋爱中的成熟异性，这是一种传统的要求，但对于尚不成熟的学生而言，却很难做到。因为青春期少女的心理特点，她喜欢张三，也可能欣赏李四，并且都有着充足的理由。这是因为她们还没明了爱情的真谛。

其次，爱情追求天长地久的永恒，爱情的誓言是“海枯石烂不变心”。几乎没有一个少女能够做到这一点，因为她们控制不了青春期内心波涛汹涌的变化，她们的兴趣随时都可能转移。

异性相吸，在中学时代尤为明显，这是天然合理的现象。如果说，异性相吸是符合逻辑的，说异性相吸必然产生恋爱关系却可能是一个错误的逻辑。异性友谊与恋爱既有区别又有联系，恋爱植根于异性友谊，但友谊不一定都发展为恋爱。

然而，要使男女交往保持在友谊范围之内，对中学生来说“不是件太容易的事”。

当你和异性朋友常常出双入对、形影不离，不愿扩大交往的圈子时，当对方的一举一动都牵动着你的心思时，当对方不在你身边，你就坐卧不安，大有一日不见，如隔三秋之感时，当对方身边异性的一颦一笑都会触动你紧张的神经的时候，当你们的举动已超出了朋友间的亲密程度时，就很难以友谊来解释了。此时的你，就应该以冷静的头脑审视自己和异性朋友间的关系。

就青春期女孩的特点而言，友谊往往比爱情更珍贵，也更有营养。因为无论从年龄、阅历、知识、成熟性方面，还是人生的精神和物质的准备方面，她们都不具备爱情所需要投入的资本和承担的责任。从实际情况看，中学生谈恋爱有百害而无一利的。因为，此时的双方，并不懂得自己的恋爱有何目的，更无法预测爱的结局，往往是身不由己地陷入某种情结，连自己也不知该进还是退。这本身就是危险的。它可能转移你对学习的注意力，松懈你的意志，甚至在这种情况下作出非理智的事情，从而给双方身心造成伤害。这种感情，受到家长和学校的劝阻，是合情合理的。青春期的女孩们，在这方面应当听取长者们合理的劝告，早下决心走出盲目感情的陷阱。当你舍去了眼前的一些快乐，包括舍去向你招手的迷人的爱情，或许你会在将来得到更多的快乐，得到更让人心醉的爱情。

对于中学生来说，友谊与爱情相比，既能宣泄情感，满足少男少女的心理需求，又可避免越轨行为。因为，爱情如酒，容易让人痴醉癫狂；而友情似茶，可以让人心旷神怡。宽容的友谊给了少男少女自然成长的空间，也给了他们自由比较与选择的机会。他们可以从容不迫地相互观察了解，彼此倾吐肺腑，这实际上就是品味人生。当然，有情人终成眷属。由于有了漫长而深厚的友谊为基础，有意者上升为爱情，便是春去秋来到了自然收获的季节，一切都是顺理成章的。无意于爱情者，也完全可以道一声“珍重”，继续彼此的友情之旅。

珍惜友谊，慎言爱情。你想过轻松的生活吗？那就选择友谊吧，因为友谊会让人轻松。

你想多交一些朋友吗？那就选择友谊吧，因为友谊会使你朋友众多。

网络交友要谨慎

关于网络交友的利弊，有人用这样一句话来概括：如果你恨一个人，请带她去上网，因为那是地狱。如果你爱一个人，请带她去上网，因为那是天堂。

她叫阿珍，今年 15 岁．是某中学初二学生。阿珍向来读书勤奋，努力进取，在校是个尊师守纪、成绩优秀的好学生；在家是个知书识礼、父母疼爱的好孩子。然而，因为网络交友不良，她背上了终身的悔恨。

今年暑假期间，阿珍和一些同学追时尚、赶时髦，加入了“网虫”行列。每天吃过晚饭，阿珍就到家附近的一间网吧去交友聊天。

很快，阿珍便沉迷在色彩斑斓的网络世界中。在网上，阿珍为自己取了个名字“世纪靓妹”。

没多久，“世纪靓妹”在网上结识了一名同市的“浪漫帅哥”男子。经过多次在网上“推心置腹”的交谈之后，“世纪靓妹”与“浪漫帅哥”两人约定了见面时间。

倘若一切可以重来，阿珍永远都不会作那个错误的决定。

当天下午，阿珍借故离家，独自一人来到某公园附近，与“浪漫帅哥”约会。原来，那个“浪漫帅哥”是个心存不轨的流氓。当晚，阿珍被他花言巧语骗到旅店过了一夜。最后，那“浪漫帅哥”还乘阿珍不备，把她身上仅有的25元人民币偷去，借口上卫生间溜走。

近几年，遭到网友欺骗的案例在少女中频繁发生，在社会上掀起了很大的反响。

网络交友具有一定的风险。上网聊天，你所看到的、听到的、了解到的，只是对方愿意向你公开的一部分，而对于对方真实的身份、背景和道德状况则一无所知。假如对方隐瞒真实意图，蓄意欺诈，你也毫不知情。应该这样说：相处多年的朋友，尚且会发出“知人知面不知心”的感慨；更何况是网上偶遇、突然发生兴趣的“过路人”。如果把网络比作一个大森林，当女孩们像“小红帽”一样沉醉美景中时，你并非都能遇到“狼”或者是“陷阱”；但是，倘若你真遇到一只狼，那对你来讲就是百分之百的灾难。因此，对青春期女孩来说，应该加强网络安全意识防范。

但是，过多的宣传与父母老师声色俱厉的教诲也让少女感到迷惘：网络交友究竟是个什么性质的东西？它就一无是处吗？那为什么会被发明出来？

所以，对网络交流有一个客观的认识是非常重要的。

虽然网络世界的那一头的确存在着虚假甚至危险，但是总体来说，互联网还是为人与人之间的交流开辟了一条新途径，不能因为个别网络侵害事件的发生，就抹杀了互联网在社交方面的功劳，那显然是狭隘的。

（1）网络使我们的社交圈变得越来越大，使我们和越来越多的陌生人成为朋友。在现今信息发达的时代，交友不再局限于彼此一定要面对面说话。透过计算机网络，不但可以走出自己的生活圈，扩大生活领域，使自己有远见，亦可以认识各种形形色色的人。借助于先进的网上聊天工具，他们不仅能在所处城市找到兴趣相投者，甚至可以搜索到地球另一面有着同样理想与抱负的青年人。经过虚拟世界中的情感交流，许多现实中的交往可能就此展开，数不胜数的“网恋”便是一例，撇开少数品行恶劣的骗子不提，的确有不少青年通过互联网找到了生命中的另一半。从这个意义上说，互联网已成为青春期女孩实践“陌生人社交”的缓冲地带。

（2）网络交友能让人集思广益，丰富见识。借着网络交友，可以看见来自各县市，甚至各个国家等四面八方的人。它没有年龄的限制，也没有身高相貌的规定，只要是想交网友的人，皆可利用它。若你的网友年纪比你大，则可以从他身上吸取有裨益的人生经验；若他的年纪比你小，则可以分享他的生活乐趣。此外，由于是借着网络所认识的，大多数网友的身份背景都与自己不同。不同的人，就来自不同的地方；不同的地方，就有不同的文化。所以，交网友可以了解各地的生活方式，认识自己原来所不知道的风物习俗，既而充实自己的知识，放远自己的眼光，不至于变成一只井底之蛙。现在是个社会变迁非常快速的时代，不合时宜的行为往往会遭排挤。以新替旧一直不断循环，才促成今日社会的进步。若要充实自己的内涵，网络交友是一个不错的选择。

（3）网络使朋友间的交流达到从未有过的便捷，是现代社会的流行趋势。网络交友是科技发达的证明，也是认识人群的动力。有句话说：秀才不出门，能知天下事。网络就能让你足不出户，而达到与朋友沟通交流的目的。即使彼此两地相隔，不能见面，仍旧可以时时刻刻互相联系。

（4）网络交友还能使人享受到来自陌生人的关爱，有助于放松身心、缓解学习压力。有些事情你无法与现实生活中的朋友说，和陌生人却可以倾诉衷肠，一拍即合；有些你不能自解的疙瘩，说不定陌生人可以一语中的，于是问题迎刃而解；还有时你只想找个陌生人说话，既畅快了心情也没有负担，然后一笑而过，各走各的路。物换星移，不知不觉，随着聊天次数的增加，一些网友就由陌生变为熟悉，甚至于成为了无话不谈的知己。因为网络是虚拟的，所以人们可以在网上摘下面具，坦然相处。诙谐幽默的谈笑，亲切温馨的问候，美好醉人的祝福就时时在聊天中一一呈现。

如今，更兴起了一种网上日记——博客。闲暇之余，写些自由任性的文字，看看那些素不相识的朋友留下的回复。这些回复，有的真诚，有的幽默，有的是善意的批评，也有不乏抱怨色彩的，总之是各具特色，看着自己的心灵空间生气勃勃，日常生活中的小烦恼早已烟消云散。

只要我们擦亮自己的眼睛，网上交友，就一定能使我们的生活更为充实，更为多姿。

但是女孩们，真诚“待客”的同时也要“擦亮双眼”噢！网络也是现实世界的一个缩影。注意在网上保护自己吧！因为，即使是美丽的草原上，也会有游荡的恶狼。

要学会和陌生人打交道

在美国纽约的时代广场上，有一位银发老妇整日踱来踱去。有人认为她是在活动筋骨，有人认为她是位无家可归的老人。

直到有一天，报纸上登出了这位老人的事情，人们才知道：原来她是在来来往往的人群中搜寻面带焦虑、心事重重、需要帮助的陌生人。

见到独自乱跑的小朋友，她就上前问一句：“小东西，是不是找不到家了？需要我帮忙吗？”见到满眼忧郁的女孩，她就上前问一句：“孩子，有什么不开心的事吗？说出来吧，或许我能帮助你。”见到心事重重、满脸沮丧的老年人，她也会主动上前打个招呼："遇到为难的事了吧？用不用我给你出出主意？"

她救助过因长期失业对前途感到迷茫而企图自杀的青年男女，送回过离家出走的学生和迷途的智障老人，救助过被拐骗的异地少女，还曾成功地劝说走投无路的犯罪分子投案自首。

一位曾经想自杀的男人现在已经是一家跨国公司的部门经理。他在回忆被老人帮助的情形时说："听到她关切的问话后，我竟然扑到她的怀里大哭了一场，当时我只觉得她是母亲或祖母。"在老妇的劝导下，他重新树立了信心。

在这位老人的影响下，纽约成立了一个自发性的银发老人救助组织，他们的口号是"多和陌生人说话"。现在，越来越多的退休老人加入了这个行列，像那位老妇人一样，走上街头用他们那双见多识广的眼睛，去搜寻来来往往的人群，一旦发现可能需要帮助者，他们就会主动上前，去和陌生人说话。

从小到大，家长对女孩们灌输得最多的便是对陌生人的防备。家长们经常教育女孩：不要和陌生人说话。

确实，社会非常复杂，如果不注意交往对象的企图，有时非常容易上当受骗。在与不熟悉的人或者陌生人打交道时，提高警惕性对于缺乏自我保护能力的少女是非常必要的。然而，作为一句告诫性的话语，"不要和陌生人说话"给了女孩们这样一个误导：陌生人不可信。在这样的氛围下长大，会使她们对这个世界充满不信任感，从此在与陌生人打交道时造成心理障碍，从而影响到女孩的健康成长。

女孩们，实际上，和陌生人交往远没有想象中那么可怕。

学会与陌生人交往，是人类生存的需要。

周国平在《南极断想》中说，灵魂永远只能独行。他认为，只有自己去寻找，才能找到自己的上帝。其实，人永远无法独行。人类总是一种需要沟通和倾诉的生物。若你还是那么抗拒与陌生人交谈，那么不妨假设当你在陌生的环境遇到问题需要旁人的帮助时，回应你的却是一张冷漠的脸，你又会是怎样的滋味？和陌生人交往，你会发现你朋友身上的优秀品质；和陌生人交往，你会有越来越多的朋友；和陌生人交往，你会发现世界越来越美好。

学会和陌生人交往，是现代社会生活必需的。

首先，从社会发展的大趋势来看，一个开放、理性、文明的社会，其中的人们也必然是呈现开放的心灵、进取的精神和科学的态度。

其次，市场经济是一种交换经济，是建立在人们交换行为基础上的。交换意味着人与人之间必须存在扩大了的交往行为，而孕育于这种行为之中的是参与者的理解、沟通、平等协作等意识，离开了这种交往行为，离开了人与人之间的联系，割裂需求与创造的关系，只能使我们退回到小国寡民的状态，还谈得上什么发展与进步？

最后，从个人角度来看，不要和陌生人打交道的背后潜藏着害怕竞争、自我封闭的不健全的人格。现实生活要求我们有勇气面对竞争，并在竞争中学会自我保护的方法与手段，在挑战中学会自我生存的技巧与方略，这才是正确的人生态度。一味回避，主动收缩防线的做法，并不能适应今天的社会。

学会和陌生人交往，还能为你增加丰富的生活体验。

有这么一句话："世界上没有陌生人，只有还未认识的朋友。"和陌生人交往是那么有趣的经历。这就好像你面对装礼物的盒子，却完全不知道有怎样的惊喜在等着你。面对彼此不知道底细的陌生人，你可以放松大胆地聊一聊积压许久的心里话，而不必担心有什么错综复杂的利益关系危害到你。面对千色百样的陌生人，你总会发现世界上有着你所不知道的另外一面，有那么多五花八门、出人意料的故事。

当然，有人要反驳说："和陌生人交往容易被骗。"其实，如果有人处心积虑想骗你，你即使不开口也要上当；相反，如果你真诚地去对待那些生命中的过路人，你会发现世上还是好人多。

著名作家刘心武在他的《和陌生人说话》中记述了这样一件事：他和母亲坐车去石家庄，半路，上来两个小伙子，坐在他们对面，母亲主动和他们攀谈，还拿出药给其中一个小伙子治冻伤。不久两个小伙子便离开了。当刘心武和母亲下车时，看见警察押着几个人下火车。旁边有人说，这是个犯罪团伙，本想抢劫 3 号车厢，可后来不知什么原因改成了 7 号车厢，结果事情败露，被抓了。而刘心武和母亲坐的就是 3 号车厢。刘心武母亲的主动攀谈和仁爱使抢劫分子不忍下手，如果处处充满沟通和关爱，要减少多少犯罪?

但是。对于青春期少女来说，这个社会是非常复杂的，只有我们时时具备安全防范的意识，才能在与人打交道时防止上当受骗。

第一，不要轻信别人的许诺，天下永远不会有免费的午餐。

第二，青春期少女的好奇心强，在面对诱惑与挑战并存的情况时，一定要以自身安全为重。

第三，青春期少女因为年龄的问题，涉足社会不是很深，很多事情不能辨别是非，所以就容易上当受骗。

第四，跟陌生人打交道，因为对陌生人的情况不了解，不要轻易跟陌生人透露过多个人信息。

第五，一般女孩都比较胆小，禁不住恐吓。遇到危险时，一定要保持冷静，大胆地与之周旋。

和陌生人交往并不恐怖。只要在安全和信任中间找到一个平衡点，女孩们就既能安安全全，又能开开心心地成长。和陌生人交往这门功课，我们必须学会。

第 4 章　女孩情感方面应该知道的事情

走出初恋感情的漩涡

女孩到了青春期之后，第二性征出现，身体慢慢发育成熟，开始关注异性并对异性有好感，憧憬和幻想美好的爱情。如果她们遇到自己心仪的异性，就可能萌发爱恋之情，从而坠入爱河而不能自拔。初恋虽然美好却难以开花结果，因为刚进入青春期的女孩虽然身体发展开始走向成人化，但在思想方面还不够成熟，也没有能力对自己的行为负责。所以，父母在这个时期应该多关心女孩，让女孩学会理智地对待情感，引导女孩把精力放在学习与对理想的追求上，以免耽误了前途。

小霞 16 岁，是个漂亮的女孩，读高中一年级，学习成绩一直不错。自从步入青春期之后，她越长越漂亮。皮肤白嫩水润，身材苗条，一双眼睛水灵灵的。小霞不但在家里深得父母的喜爱，而且在学校里还深受老师与同学们的喜欢，这令小霞觉得生活充满快乐，非常幸福。然而，最近一段时间，小霞发现班上一个颇为帅气的男孩经常有意无意地接近她，一双温情脉脉的眼睛总是时不时地向她看。刚开始，小霞还有些慌乱不安，但渐渐地她熟悉并习惯了这双眼睛，喜欢上了男孩。她每天都会关注着那个男孩的一举一动，当看到他也在关注自己时就会高兴得心呼呼地跳。一来二往，两人相互表露了心意，很快就陷入了甜蜜的恋情之中。从此以后，小霞上课时精神老是不集中，眼睛总是不自觉地向那个男孩看，再也不能像以前那样安心学习了，她的学习成绩自然一落千丈。这事很快就被同学们发现了，大家纷纷议论他们，传到了老师、双方家长的耳朵中。当男孩的父母发现儿子学习成绩的下降与小霞谈恋爱有关之后，便很快将儿子转学了，并且再也没有联系过。小霞与男孩之间"美好"的初恋戛然而止，这令小霞痛苦了好长时间，一直都无法走出来。

初恋是女孩在情感世界中必须经历的一课，但对于一个青春期女孩来说，她还没有时间、精力也没有能力去面对。在这个时期，她们的心理发育没有完全成熟，而且还有重要的学习任务要完成，初恋到来时她们会很慌乱。青春期女孩对感情还很迷茫，分不清什么应该做什么不应该做。父母一定要让女孩认识到什么是真正的感情，努力引导女孩将精力与时间用在学习上，帮她将情感需求转化为求知的动力，不沉湎于感情的漩涡之中。希望以下几点能对父母有所帮助：

（1）为女孩树立正确的恋爱观

青春期女孩身心发育还未成熟，她们对恋爱缺乏正确的认识。其实，她们喜欢与异性相处，只是渴望找一个知心朋友交流和倾诉内心的烦恼，并不是真正爱上了对方。处于青春期的女孩心理压力大，往往希望从异性那里获得某种心理满足，以缓解郁闷。她们对什么是爱情什么是友情还分不清楚，对恋爱还处于懵懵懂懂的意识之中。这时候她们还没有能力付出爱，也没有条件去获得爱。家长必须为女孩树立一个正确的恋爱观，让她知道真正的爱是宽容、义务和责任，应该建立在自尊自爱的基础上。

（2）告诉女孩面对感情要理智

当女儿的初恋情感出现的时候，父母一定要告诉女儿控制好自己的情感，学会理智地对待感情，切不可轻易点燃爱情之火，以免伤人伤己。青春期女孩的自我控制能力还很差，情绪易冲动，感情易爆发，而且她们在心智与心理等方面的能力都还没有发展成熟，还不能像成年人那样为自己的行为负责。父母应告诉女孩当感情来临时一定要理智，多为自己的未来着想，告诉她只可以将情感当作自己成长的经历，不可贪恋，以免为一时的欢乐而影响了学习甚至误了年华。

（3）给女孩制定“恋爱条约”

青春期女孩爱慕异性是一种本能，但父母对于女孩的恋爱方式与方法却不能不管不闻、听之任之，毕竟她们还年少，但也不能一味阻止。父母可以跟女孩制定一个“恋爱条约”：不能踏入禁区，不能频繁约会，不能过多花销，适时汇报恋爱情况，约会时间不能太长，不能影响学习等，以此约束女孩的恋爱行为。别小看这些“条约”，很多时候它们可以帮女孩调适恋爱的天平，使她懂得恋爱的界限，懂得为自己的行为负责等。父母只要与女孩协商好，相信这个方法会很奏效的。

（4）让女孩学会控制感情

青春期女孩总是朝气蓬勃、自信满满的，对感情也特别专注，认为爱情是至高无上的东西，因而在感情面前她们往往会痴情、多愁善感。然而，她们用情越深，对感情就越难把握，一旦感情破裂就会给心灵造成无法弥补的伤痕。可见，青春期的恋爱是脆弱而危险的。父母要告诉女孩用崇高的理想和追求代替情感的冲动，学会控制感情。

（5）告诉女孩学习是首要任务

青春期是增长知识与能力的黄金时期。如果女孩在这个阶段陷入恋爱之中，投入过多精力与时间，就会影响学习与生活，甚至会使学业半途而废，从而影响她一生的发展。父母要让女孩明白她现在的首要任务是学习，对于爱情可以憧憬与幻想，但不可深陷其中。父母可以引导女孩将对爱情的向往转化为学习的动力，从而有意识地克制自己的情感，努力学好文化知识。只有成熟、稳重、知性的女性才能赢得异性长久的爱，才有能力维护好那份美好的情感。

（6）平时要多关心女孩

当我们得知女孩恋爱了也不要惊慌，因为这个讯号告诉我们女孩长大了。我们不但不能粗暴阻止，而且要比以前更加关心她。我们首先相信女孩的做法有一定理由，然后找些共同的话题与她交流，比以前更体贴她，而不是严厉地指责她，多找机会和她增进感情，让她将自己的心事告诉你，之后再进行合理的开导与疏通。

（7）让女孩学会冷静地控制感情

由于初恋感情的萌发往往是由于一时的喜欢而产生的，所以它对感情的认识还处于表面或肤浅的了解阶段，并非真正的爱情。父母要告诉女孩，不要草率而轻易地将爱慕之情演绎为爱情，当感情来临时要冷静，切勿因一时的冲动而做出不妥的行为。毕竟年少时的情感是很脆弱的，稍微遇到阻力就会半途泯灭，使初恋之花夭折。父母要告诉女孩学会用冷静的态度来控制自己的感情，以免不理智的行为给自己或对方带来不良后果。

女孩最易产生“单恋”情感

随着生理的成熟以及外界影视等媒介的影响与刺激等，青春期女孩容易对自己喜欢的异性产生倾慕之情，然而，很多时候对方并不知道，只是暗自倾慕，这种独自依恋的情感在心理学上被称作“单恋”，也称“单相思”。这种对方根本不知道或不可能有感情回报的单恋，往往是一厢情愿的，是没有结果的。一般来说，有单恋倾向的女孩大都性格比较内向，往往在心底默默地喜欢某一异性并以此作为精神的寄托。这样长期下去就会使感情压抑，使内心产生许多苦闷的情绪，从而对自己的身心发展非常不利。

亚亚 17 岁，上高中一年级，学习成绩还不错，是个温柔、漂亮的女孩，但亚亚个性内向且不善言辞。高一下学期，亚亚的成绩开始下滑，她越来越不能静下心来专心学习了，因为她暗暗地喜欢上了班上的一个男孩。这个男孩不但学习成绩优异，而且长得帅气，有一种特有的气质，尤其是他的声音浑厚，有一股磁性，这深深地吸引着亚亚。亚亚每天想听到他的声音，想跟他说话，但又不敢接近他，这令她魂不守舍，根本无心学习。如果一会儿看不见他，她就感觉心里空空的。她想向男孩表白但又怕被拒绝，所以只好藏在心里。她陷入深深的“单相思”之中，而男孩全然不知，这使亚亚非常烦恼。亚亚整天情绪低落，精力涣散，不久便出现了焦虑、自卑、失眠等一系列不良的反应，学习成绩更是一落千仗。

女孩进入青春期后．潜意识里会以自我为中心，喜欢按自己的意愿行事。由于性器官开始发育，女孩对异性会产生好奇，会萌发感情涟漪，这时最易产生“单恋”情感，并以此作为精神的寄托。这种依恋之情对方往往并不知晓，大都是自己的主观感受。一般来说，单恋产生主要有两种情况：一种情况是一方执著地爱对方，一味地追求对方，而对方却毫不知情，甚至连自己是谁都不知道；另一种情况则是错认为对方对自己有情，固执地认为自己的单恋是有“理由”的。不管哪种情况的单恋，都是一种一厢情愿的单相思，当事人根本就感受不到对方的爱意和两情相悦的温馨，还会由于自卑而不敢向对方表达，从而陷入痛苦不堪的相思之中。单恋的女孩，往往由于无法倾诉自己的感情而变得不知所措，从而产生强烈的消极情绪，甚至还会对生活失去希望。当父母发现女孩有单恋迹象时，一定要及时疏导，给女孩分析这份感情的利与弊，使她回到正常的生活中来。希望以下几点方法能对你有所帮助：

（1）引导女孩正确对待“单恋”

当父母发现女孩有单恋现象，不要大惊小怪，亦不要小题大做，因为单恋是一种常见的感情现象，青春期孩子第二性能出现，容易产生单恋情愫。父母要做的先是引导女孩正确对待“单恋”的问题，告诉她单恋没什么大不了，只要不失控，坦然面对，没有必要烦恼，引导和宽慰女孩的情绪，使她愉快地度过这个非常时期。

（2）告诉女孩尽量避免与对方接触

父母一旦发现女孩陷入单恋之中，应告诉她理智地摆脱情感的漩涡，尽量减少自己与对方接触的机会，避免因对方的冷淡而产生自卑感，这样一来可慢慢减少内心的痛苦，使自己获得感情上的解放。俗话说：眼不见，心不烦。减少与对方见面的机会，可以缓解单相思的痛苦。

（3）让女孩避免产生“爱情幻觉”

对青春期女孩的感情问题，父母应多加关心，不要让她陷入爱情的幻觉之中。当感觉到某一位异性的友好时不要盲目地认为对方爱上了自己，因为产生在“感觉”基础上的“爱情”往往是不真实的。告诉女孩一定要冷静地思考，不要全凭感觉行事，因为感觉有时候是一种不可靠的东西。平时要教会女孩观察和分析对方对自己的态度，以评判对方是否对自己真的有意，不要只相信自己的感觉。

（4）及时帮女孩排解郁闷情绪

当你发现女孩单恋某一异性从而产生了郁闷的情绪时，不要一味地指责她，更不可以大惊小怪，应尊重她的感情，让她认识到事情的真相，要及时帮她排解。告诉她爱情不是人生的唯一，还有很多重要的事情值得去做。平时多带她做一些她感兴趣的事情，以激发她对生活的热情，使她尽快从焦虑、无助的不良情绪中解脱出来。

（5）让女孩学会理智客观地衡量感情

任何人都不可能十全十美，每个人身上有优点也会有缺点。当女孩暗恋一个异性而不能解脱时，要让她学会客观地看待，学会全面地认识对方，不但要看到对方光鲜的一面，还要看看他的缺点，不要盲目地付出自己的感情，使她尽快地从单恋的泥潭中挣脱出来。其实，很多时候，某人身上的优点，往往是倾慕者自己赋予对方的，也许这些优点并不存在。

（6）让女孩多与人接触

单恋之情一旦产生，往往会使人愁肠百结，自我封闭，不愿与人交往。要想缓解单恋的痛苦，就一定要敢于从自我封闭的圈子中跳出来。父母要帮女孩学会和不同性格、不同年龄的人交往，而且交往的人越多，她对异性的认识和了解就越清楚，心里就会越明白是非对错。在与人交往的过程中，告诉她多与知心朋友或信得过的长者倾吐心声，学会用坦然的心态去面对自己的感情。这样，慢慢地她就能淡化自己对某一异性的暗恋之情。

不要把爱情想得过于美好

女孩进入青春期之后，身体会发生一系列变化，心理也会逐渐发育成熟，慢慢地从一个不谙世事的小女孩出落成一个亭亭玉立的“大姑娘”。随着生理上的一系列变化，尤其是性意识的觉醒，女孩开始对“爱情”充满好奇与向往。爱情是美好的，就像一枝芬芳的玫瑰，香气怡人，令人陶醉，但它也伴随着痛苦、失落与无奈。当两个曾经相爱的人不再相爱或不能够再相爱的时候，失恋的苦果就产生了，这常常令人痛苦不堪。爱情有时像一杯苦咖啡，喝下之后，留给我们的只是苦涩的滋味。一个青春期女孩，如果把爱情想得太过美好，也许换来的是泪水和伤心。

小青 17 岁，在读高中二年级。她不但温柔娴静，而且容貌姣好，学习成绩也不错，还是班上的历史课代表。班上男生都很喜欢跟她交朋友，愿意接近她。最近一段时间，一个叫陈泽的男生总是频繁地接近她，有事没事地找她说话。男生不但长得高大、帅气、阳光，而且富有幽默感，总会给小青带来开心与快乐，还偶尔制造一些小惊喜，比如悄悄地买来小青爱吃的零食，送小青一些可爱的小礼物等。开始时小青有些躲闪，但慢慢地她愿意接近这个男生了，渐渐地小青喜欢上了这位男生。于是两人恋爱了，并且很快进入热恋之中，两人整天形影不离，如胶似漆。每当跟这个男生在一起的时候，小青就觉得无比快乐，仿佛自己是世界上最幸福的人。然而，好花不常开，好景不常在。一个学期之后，两人的爱情降温了。陈泽渐渐疏远她，有意无意地躲着她。小青越主动，他就越冷淡，表现出一副毫不在意的样子，这令小青非常伤心。后来她得知男生已经移情别恋，跟班上的另一个女生好上了。小青觉得这个男生玩弄了自己的感情，她伤心欲绝，痛不欲生，好像天都快塌下来了似的。

失恋是一种痛苦的情感体验，它会使人心灰意冷，对生活失去信心与热情。对一些正处于青春期的女孩来说，失恋会给她们脆弱的心灵带来莫大的伤害，她们会因此陷入极度的迷惘和痛苦之中，难以摆脱伤感的阴影。由于青春年少，她们的人生经验和生活阅历都还远远不足，稚嫩的心还很脆弱，再加上心理还不成熟，对痛苦的承受能力较差，她们往往会因失恋而变得郁郁寡欢，觉得生活中的一切都没有意义，对人生失去信念，从而在极度的悲伤中艰难度日。

有人说“失恋”是一把无形的刀，会将人伤得体无完肤。如果失恋的女孩长期处在这种抑郁的精神状态下，就很容易失去理智，做出一些极端的行为。一些个性很强的女孩，可能会产生极端的报复心理，以发泄心中不满。有的甚至否定自我，怀疑一切；有的会得过且过，艰难度日；有的会看着什么都不顺眼，从而造成毁灭性的结局；还有的会自甘堕落，等等。当父母发现女儿失恋了时，要对她多多关心与帮助，帮她学会心理调节，给她安慰，使女儿尽快摆脱失恋的痛苦，重新振作起来。希望以下几个方法能对你有所帮助：

（1）帮女孩倒出心中的苦水

失恋是非常痛苦的，尤其是长时间的情绪压抑，很容易导致一些心理疾病的产生。青春期女孩失恋之后往往碍于颜面而不敢倾诉，从而将所有的苦闷都压在心里，影响心理健康。当家长发现女孩失恋了，切不可责骂她或打击她，一定要多安慰她，引导她将心里的苦水倒出来。父母也可以给女孩找来知心朋友，请朋友多陪陪她，让她有机会向朋友倾诉内心的苦闷，从而缓解她内心的痛苦，使她尽快回归正常的生活。

（2）让女孩学会自我激励

俗话说，没有翻不过去的山，没有趟不过去的河。失恋虽然很痛苦，但也不是没办法解脱与克服的。“失去的未必是最好的，下一站或许更灿烂”、“失恋算不上什么，正好可以作为我前进的动力”、“经历过就不后悔，因为它是宝贵的人生经验”，等等，相信这些自我激励的言辞可以给失恋的女孩带来一股强大的精神力量，让她走出灰暗的心理阴影，帮她战胜失恋的挫折。父母平时应多给女孩一些积极的心理暗示，平时多让她想一些激励自己的事情，多让她充实自己的精神生活，她就不会再陷入失恋的情感沼泽之中了。

（3）告诉女孩拒绝与男孩玩拥抱游戏

有些女孩从小就喜欢和男孩一起玩，特别是那些“假小子”性格的女孩，活泼开朗，招男孩喜欢，于是她们就经常与异性伙伴在一起做游戏或玩耍。在玩耍的过程中难免会涉及一些与“爱情”相关的游戏，比如“过家家”，几个孩子在一起分别扮演“爸爸”“妈妈”和“娃娃”等角色。由于年幼，大家在一起拉手或抱抱等一些亲昵的行为很平常，但随着年龄的增长，孩子进入青春期之后，性别意识会不断增强。这时候．女孩如果再像小时候那样和男孩在一起玩，并且还经常拉手或拥抱，就难保不会出问题，因为近距离的肢体接触，很容易激起性意识的觉醒，容易发生一些出格的事情。当女孩进入青春期之后，父母应告诉她不要再与男孩有频繁的肢体接触，要学会保护自己的身体，当男孩提出玩“拥抱”之类的游戏时，要敢于拒绝，以免带来不必要的烦恼与麻烦。

（4）告诉女孩失恋是梦醒时分

有人说一场恋爱一场梦，失恋就是梦醒时分。恋爱对青年男女来说是再正常不过的事，既然如此，失恋也会时有发生。父母应告诉女孩失恋没什么大不了，这个恋爱对象不适合自己，最适合的人也许还没出现。失恋时无论是心碎、孤独，还是难过、伤心，这都是必经的过程，该来的终究会来，该走的终究会走，只是迟早的问题。

（5）帮女孩学会心理平衡

恰当的心理调适往往能改善郁闷的心情。家长平时应帮助女孩学会调适心理，培养一种不以物喜、不以己悲的健康心态，学会淡看某些感情。世上没有完美的人，即使再优秀的人也有缺点。失恋之后，要多看一看，多想一想，不要总想着对方的好，多想想对方的缺点，这样就不会老是惦记着过去的事情了，心情也会慢慢恢复平静。

（6）告诉女孩失恋并不等于失去一切

每个失恋的人都会觉得自己在情感上失去了依靠，觉得人生没有了意义。如果女孩失恋了，家长应告诉女孩，失恋并不等于失去一切。告诉她，虽然失去了恋人，但还有其他很多人爱她、关心她，比如父母、兄弟、姐妹、同学、朋友等，向他们诉说能排遣空虚，也可以找一些感兴趣的活动及一些喜欢的事物或物品来转移情感，比如、绘画、弹琴、唱歌、跳舞等都可以成为情感上依靠的对象，这些都可以作为宣泄情感的方法。

（7）帮女孩重新振作起来

一个人在经受了痛苦之后往往会变得更加睿智和成熟。家长应告诉女孩坦然接受恋爱关系已经终止这个事实，承认这一切都已经是过去式。告诉她，既然一切都已经过去了，就没有必要再沉湎其中了，要重新振作起来，让自己的生命继续它的自由之旅。父母还可以告诉女孩，历史上的很多名人比如诺贝尔、贝多芬、牛顿、歌德、居里夫人等也曾经像她一样有过痛苦的失恋体会，但他们都很快从失恋的深渊中解脱出来，并用积极的心态面对自己，创造了辉煌的成就。

（8）帮女孩学会洒脱

父母可以告诉女孩，爱情就像沙子，握得越紧，流失得越快。该走的自然会走，不该走的也自然会留下来。父母要让女孩明白，该结束的时候，就大大方方地让它结束好了，在感情上不妨学会看开一点，洒脱一点。退一步海阔天空，何必把自己逼上绝路呢？

理智处理“师生恋”的关系

师生之间的情谊真诚而美好，令人艳羡。师生之情虽然珍贵，可一旦超越了师生之情的界线，演变为男欢女爱之情，就会有失公德。中学生大都是刚步入青春期的孩子，情窦初开的他们往往会开始对身边的异性暗生情愫。特别是一些青春少女，面对那些年轻、博学而又帅气的男老师很容易产生爱慕之情，将老师当成心目中的“白马王子”，对他无比崇拜与迷恋，甚至恋上自己的男老师，师生恋是一种不被世人认可的恋情，它有危险性与可怕性，也是发生刑事案件的导火索之一。它会给双方带来意想不到的痛苦，也是导致婚姻不幸的一个因素。一旦师生情谊演变为师生恋或师生出现越轨行为，它就失去了美好与纯洁的含义。

珊珊 16 岁了，读高中一年级，已经出落成一个亭亭玉立的少女了。她是班上的英语课代表，收发英语作业和试卷成了她天天都必须做的事情，自然她与英语老师见面的机会很多。英语老师是一位刚从学校毕业的帅气男孩，高高瘦瘦的，皮肤白皙，颇有气质。英语老师性格开朗，爱说爱笑，不但能说一口流利的英语，而且诙谐幽默。他待人十分热情。与同学们很合得来。与其说他是同学们的老师。倒不如说他是一位平易近人的大哥哥。情窦初开的珊珊暗暗对他产生了一种倾慕之情，每次见到英语老师时她都不由自主地心跳加速。珊珊觉得这位英语老师是她心中最完美的男神，她似乎一刻也离不开他，无论做什么心里全都是他的影子。显然珊珊坠入了情网，无法自拔。突然有一天珊珊听到英语老师要结婚了，她感到天崩地裂，无法面对现实，也不肯接受现实，她的心掉进了冰窟。

青春期孩子正处于生理发育以及性意识萌发的阶段，他们往往难以控制自己的感情，容易做出一些冲动的事情来。由于平时他们接触得最多的是同学与老师，所以他们常常会被自己的老师所吸引而产生倾慕之情。特别是多愁善感的女生往往会被男老师的潇洒外表、风趣谈吐及渊博学识所吸引。年轻男老师不仅富有青春活力，有的还谈吐诙谐，常常能与同学们打成一片，特别是那些有智慧、有才华、成熟的男老师，更易获得女生的喜欢和爱慕。

然而，不管是有心还是无意，“师生恋”毕竟是一种畸形、不正常的恋情，不但会给青春期孩子带来心理上的困惑和伤害，还会影响他们正常的生活和学习。由于这种恋情是世俗所不认可的，只能暗地里发展，如果老师早已有了意中人或是已结婚成家，那么，青春期孩子的内心就会爱恨交织，对其心理发展的负面影响很大，如果不能及时调节或缓解，就会导致一些心理障碍或疾病产生。如果父母发现女孩陷入“师生恋”之时，就要理智处理，在不伤害女孩与他人的情况下，做出妥善的安排，帮助女孩尽快走出迷途。希望以下几点方法能对你有所帮助：

（1）让女孩比较双方的差异

一段不正常的感情，双方之间往往存在着很大的差异。父母应该让女孩想一想她自己与老师的差距有多大，告诉她，老师再优秀也不一定是她以后合适的结婚对象。首先，老师年龄比她大很多，交流会有隔阂；况且，老师往往已事业有成，而她还只是一个正在求知的中学生，双方差距很大。当你耐心地向女孩讲解她与老师之间客观存在的差距时，相信女孩慢慢就会打消“恋师”的念头。

（2）告诉女孩不可以超越情谊的界线

师生恋大都得不到世人的认可，更难说开花结果。当师生情谊变为师生恋时，就玷污了师生情谊的本质。由于年龄的关系，中学时代的师生恋更不被人们看好。父母应该告诉女孩，对老师的感情切莫超越情谊的界线，纵然她非常喜欢自己的老师，也不可把他当成恋爱的对象，不可与他单独相处，交往时千万不要越轨，否则，不但不能维持美好的情谊，往往还会造成不必要的伤害。

（3）告诉女孩用欣赏的眼光看待喜欢的老师

父母可以告诉女孩学会用欣赏的眼光去看待自己喜欢的老师，将自己对老师的爱慕之情转化为欣赏与敬仰，老师只是自己求知路上的导师，不是爱恋的合适对象。当女孩有了这样的认识之后，她对老师的喜欢之情就会变成对师长的欣赏与钦佩了。

（4）告诉女孩应以学习为重

父母应告诉女孩，在中学阶段学习才是首要的任务，要心无旁骛地将所有的精力都投入到学习与求知中来，而不应该陷入情感之中。并且，还要告诉她，老师喜欢她是因为她学习努力，品学兼优，优异的成绩是回报老师最好的方式。

（5）告诉女孩好好珍藏师生之情

喜欢一个人是一件很正常的事情，处于青春期的女孩喜欢异性老师也没有什么错，关键是怎么对待这份感情。只要能正确地处理感情，就不会影响正常的学习与生活，也不会影响师生情谊。比如，将自己对老师的感情当成一个精神寄托，想起来的时候就开心一笑，作为学习的动力；或是将老师对自己的喜欢当作一件幸福的事情，把它默默地记在心里等。如果这样，女孩心里就不会产生内疚或负罪感，也不会形成巨大的心理负担。

（6）让女孩学会调节情感

父母应告诉女孩，当她觉得自己的某一异性老师很优秀时，要学会调整自己对这个老师的看法，学会用客观的眼光去看待他，不要轻易陷入情感之中，不要只被他身上的光环所迷住，学会保持平和的心态，消除内心对异性的神秘感，更不要将对方想象得那么完美。只要能够保持理智，就可以从情感的漩涡里解脱出来。

（7）让女孩将眼光放长远一些

父母发现女孩喜欢上了她的异性老师时，没有必要对她横加指责，要正视这份情感，因为青春期是一个感情萌发的季节。父母可以引导女孩把眼光放得长远一些，学会理性地克制自己的情感。告诉她现在年龄还小，社交圈还很有限，等她将来走向社会时，会发现很多优秀的人，她现在不过是井底之蛙，见识浅薄，不要因短识和浅见而耽误了自己的大好年华，要把对老师的感情转化为学习的动力，努力提高自身素养，为自己创造一个美好的未来。

不要把友情当做爱情

青春期男孩和女孩会经常在一起学习、一起游戏，这些都是正常的交往，但他们正逢情窦初开，在交往的过程中双方难免会产生好感、喜欢或爱慕之情。然而，这些“好感”与“喜欢”却让很多青春期女孩困惑了，因为她们分不清自己对对方的感情到底是喜欢还是爱，而且有一些女孩往往会将自己对某一男孩的好感或喜欢当成爱。她们或许会对自己的闺蜜说：“某某特别关心我，所以我很爱他”。可是，这种感情到底是友情还是爱情呢？事实表明，有不少青春期女孩，在与自己“喜欢”的异性“相恋”了一段时间之后，发现自己搞错了方向，混淆了友情与爱情的定义，警醒之后发现自己错过了很多美好的时光，也耽误了自己的学业。

16 岁的小敏，已经长成一个漂亮的少女了。最近她不再像往日一样活泼开朗，变得郁郁寡欢起来，学习时也提不起精神。她感觉班上的一个男生喜欢上了她，心里常常暗自欢喜。可是当她鼓足勇气向对方表白的时候，对方却说只是喜欢她开朗的性格，并无其他想法。这令小敏羞愧不已，而且郁闷不安。她坚定地认为男生应该喜欢自己，可他为什么不承认呢？这个男生是班长，不但学习成绩好，而且为人和善，平时在学习上总是帮小敏解答一些疑难问题，两人经常在一起学习，与小敏相处很融洽，这令小敏以为对方很喜欢她，没想到对方却说跟她只是普通的同学关系；这怎么不令她伤心呢？

青春年少的男孩女孩在相互交往的过程中产生好感是自然而然的事。双方在一起愉快地学习，友好地相处，相互激励着去求知上进等，对青春期孩子的心理发展是大有裨益的事情。在异性相处的过程中，一些女孩会将对方对自己的帮助或好感误认是爱情，或是将自己对对方的好感误认是自己爱上了对方。这样的认知是盲目的，因为在青春期这个阶段的“爱情”往往是不靠谱的，青春期女孩对“爱情”的了解还停留在好奇和懵懂的层面，还不了解爱情的真谛与内涵，甚至还分不清楚什么是喜欢、什么是爱。如果一遇上对自己好的男生或是自己一对某异性产生好感就认为是爱情，显然有点牵强附会，不但双方不能建立友谊，而且还会影响正常的交往，从而使双方的友情不能再维持下去。当然，也不能说青春期里的异性相悦就不可能产生爱情，但爱情与友情是有界线的，要区分清楚。对青春期女孩来说，如何分辨爱情和友情呢？希望以下几点方法能对你有所帮助：

（1）友情如水，爱情如酒

如果说爱情是一杯浓浓的酒，那么友情就是一杯纯净的水。爱情是一种轰轰烈烈的情感，而友情只是一种温馨愉快的感觉。爱情有时候还会惊险、激烈与残酷，而友情与之相比就显得平淡了许多。当你爱一个人的时候，这份感情往往有着相当浓烈的感情在内，自然也会让你付出更多。通过如此比较，爱情、友情也就不难区别了。

（2）友情难以达到爱情的高度

虽说爱情有可能建立在友情的基础上，但友情的继续发展不一定会成为爱情。在人类的感情世界里，"喜欢"与"爱"的本质是不同的，有无数的友情故事无论怎样演变都没能发展为爱情，因为爱情是异性间的一种高层次的感情，它意味着一种责任和担当。

（3）爱情的排他性很强

爱情是具有专一性的，它有着强烈的排他性。而异性之间的友情却没有如此明显的排他性，这就说明友情具有广泛性。相爱的双方对彼此常接近的异性往往会有警惕感，而友情没有这么明显，即使非常要好的两个异性朋友，通常也不会排斥对方与其他异性交往。

（4）友情、爱情的不同体验

异性之间是友情还爱情，在情感上有很大的不同。一般来说，如果是爱情，双方在一起的时候往往会渴望身体上的接触，而异性之间的友情则不会有这样的需求。真正的爱情，一段时间不见对方往往会产生强烈的相思之情，会想方设法与对方取得联系，心里会产生一种想见到对方的强烈冲动。而友谊，即使双方很长时间不见，也不会影响自己正常的生活。

（5）两种感情的维持方式不同

友情建立在共同的爱好和相互帮助的基础上，比如喜欢同一个歌星，困难之时对方帮助过自己等。只要双方有同样的理想、兴趣、好感、经历或是一方帮助过另一方等情况，就可能产生一定的友谊，成为好朋友。爱情建立的基础则相当复杂，不但双方在人生追求、社会地位、人生观、家庭观念、个人价值观等一致，而且两个人还需要具有相同的志趣才可以使双方的关系继续下去。爱情建立在相互吸引的层面上，彼此之间还需要相悦相知。因此，爱情与友情的建立与维持方式是大大不同的。

当我们了解友情与爱情的不同之后，就不要简单地把异性之间的好感与喜欢当作爱情了。女孩要学会发展并珍惜双方的友谊，不要总妄想着不着边际的“爱情”，要学会控制自己的感情，将自己对对方的喜欢之情当成美好的友谊，也许彼此都会轻松、愉快许多。异性之间纯洁的友谊是非常美好的，它不但可以使枯燥无味的校园生活充满无限的欢乐与情趣，还可以为我们成长中的情感世界增添几分美丽。当你感觉自己似乎喜欢上对方或对方似乎喜欢上自己的时候，要学会调整自己的心态，注意交往方式，避免一些不必要的尴尬与麻烦。纯洁的异性交往是人生中一笔宝贵的财富。大家在学习上互相帮助，在发展中相互完善，在生活上互相照顾，在个性上取长补短，可以让我们在困难的时候感受来自朋友的温暖，还可以让我们在烦恼的时候获得心灵的纯净、平和。

此外，父母对青春期女孩一定要多关心，要了解她的感情与心事。虽然我们不反对她与异性的交往，但当发现女孩对异性产生倾慕之情的时候，一定要正确指导，帮她分清什么是友情、什么是爱情，告诉她如何消除心中的迷惑，如何与异性友好相处，正确地对待感情。希望以下几点能对你有所帮助：

（1）告诉女孩给感情留一份余地

异性交往，一定要把握好双方关系的尺度，不能肆无忌惮地开玩笑或毫无顾忌地嬉笑打闹，它毕竟与同性交往不同。家长要告诉女孩，与异性交往时要有分寸，纵然与某异性间的感情基础非常深，也不可像与同性交往那样随便。女孩要把握好交往的分寸，不该说的话或不该做的事千万不能盲目而为，应谨慎行事，友好相处，使双方的友情长久地保持下去。

（2）让女孩明白异性交往并非都是恋爱

中学生往往会认为男女之间的过多交往就等于恋爱，这种错误的看法令很多步入青春期的男孩女孩不敢大胆地交往，甚至一见到同龄异性就回避。父母可以告诉女孩只要是正常的交往都可以接受，因为与异性正常交往可以建立良好的友谊，在交往中双方相互支持与鼓励。与异性单独交往并非都是恋爱，双方的友好相处不但可以共同进步，还可以为以后的发展打下良好的基础。

（3）帮助女孩消除心中的迷茫

青春期女孩往往难以把握异性之间的感情，尤其是当她与某异性的交往处在“爱情”与“友情”的边缘时，往往不知道自己到底是该爱对方还是该以普通朋友相处。这时父母应告诉她什么是爱情、什么是友情，告诉她友情与爱情的差别，并且要告诉她，她们与异性之间的感情往往只是一时的喜欢而并非爱情，轻易坠入爱河只会给自己徒增不必要的烦恼。

父母的唠叨是一首温暖的歌

一位学生写道：也许是老了，也许是到了更年期，父母越来越爱唠叨了。有时给我带来许多烦恼，有时又给我带来一丝温馨。“别看电视了，都什么时候了？明天就期中考试，还在这待着，真是无药可救了！”听了妈妈的话，我立刻起身把电视关掉，跑进书房，翘起椅子，噘起小嘴，发出怪声，眼虽看着书，却心不在焉。这时妈妈走进屋，看到我这副模样，又训开了：“你看人家孩子，多上进，人家把学习当乐趣，再看你，一学习就像抽筋扒骨似的，明天都快考试了，你还在这玩，不好好学，别人不知现在怎么学呢……”听了妈妈的长篇大论我就想发作，但是自古忠孝（忠于自己，孝顺父母）不能两全，最后我决定选择孝，对于老妈的唠叨，我只好忍气吞声，不敢声张。唉，苦恼啊！

一次吃早饭，只有我和我爸，我那天胃口不好，再加上我本来就吃不多，我吃了几口包子和几块肉就想看电视去。“多吃点，对身体有好处。”爸爸说。“不吃，难受。”说完我就冲向客厅。“不行！”这下爸爸可火了。他一把把我拉住，按在椅子上，把饭推给我，严厉地说：“把它吃完了！”我本想一走了之，但一想到爸爸狰狞的脸庞，只好忍着气慢慢把饭吃掉，过了一会，我发现，爸爸总是吃菜不吃肉，并把肉夹给我吃。我做了个深呼吸，掩饰着自己的情绪，并把肉夹给爸爸。这回爸爸温柔地说：“你吃吧，你现在很需要营养。”我无味地吃完了饭，但心里暖暖的。父母的唠叨又让我烦又让我爱。

另一位学生这样写道：我觉得我妈妈的唠叨特别多，每次回到家，她总是问我：“作业开始做了吗？做了多少？还有多少本？”我一听就不耐烦，草草回答几句埋头再做。每次饭快吃完时她总是：“吃好快点做啊！”我“嗯”一声，心里却又起了一丝烦意，想：“烦死了！一天到晚都这样，无聊！”有一次，我妈妈又唠叨了起来，我终于“火”了，对她说：“好了吗？可以不说了吧！”“我木说你就一直做到 12 点对吧！啊！怎么这么慢啦！快点不行了，对吧！”妈妈也火了，我嘀咕了几句顶撞了她，妈妈真气极了，抄起藤拍向我打过来……可以想象我定是哭了一场，最后还是闹到了 12 点多才完事，我越发觉得妈妈唠叨。其实我也明白，父母唠叨是因为他们指望我日后能更有出息，反复唠叨，怕我忘记，怕我不去努力。也许在他们眼中，自己学问不高，却希望子女能有出息，所以，只能用唠叨来表达这一切。

作为子女，我们谁没有这样的经历呢？天天被父母唠叨，让我们的耳朵受尽了虐待。可是仔细想想，世上有哪个父母不爱子女，世上有哪个父母不唠叨自己的子女。如果他们不唠叨，那么他们准是对你失去了信心，不管你了。其实，如果你能细细地品味他们的唠叨，你会发觉他们的每一句话，甚至连每一句讽刺的话都是对你的爱，对你的好。

可是，面对父母的唠叨，你该怎么办呢？青春期的少男少女，众说纷纭。

（1）随声附和，点头答应，若不对事后理论。

（2）尽可能理解父母，对的接受，但不失自己的原则。

（3）父母用心良苦，等他们的心情好时，告诉他们我长大了。

（4）说得对，便洗耳恭听，说得烦，便直言告诉他们我的想法。

（5）妈妈很爱我，我也愿意与她讲心里话，爸爸太严厉，只能听着，不容我争执，等到他说够为止。

（6）能忍就忍，家长不会凭空发火，即使说得不在理，也总是为我们好。

（7）大多时候认真听，从中知道一些平时忽略的道理；更多的时候找一些借口或父母感兴趣的话题，转移他们注意力。

（8）沉默是金。

（9）小时候我很不耐烦，和他们顶嘴，现在我觉得唠叨是对自己爱的表现，现在居然喜欢妈妈唠叨，真的！

（10）“对极了”，然后端来一杯水，在妈妈感动之余，转移话题。

（11）“呀，我得写作业了”，跑进自己屋。

（12）“妈，是不是还有……”把经常唠叨的内容全部说一遍，妈妈只好无奈地笑了。

（13）这些回答反映了青春期少年的心理发展特征，随着成人感的增强和独立意识的发展，他们力争在各个方面摆脱成人对他们的束缚，不想听父母对他们没完没了的唠叨。其实，父母对子女没完没了地唠叨，恰恰是父母对子女关心的一种表现形式，唠叨的内容反映出了父母对子女的期待。如提醒子女要好好学习，不要交品德不良的朋友，不要早恋，放学后不要在外逗留太久以防发生意外事故，这种及时的提醒，对自控力和意志力都不很强的中学生成长是有利的。

在父母的眼中，孩子永远是孩子，难道大家没听说过，90 岁的老奶奶教训 70 岁奶奶的故事吗？是孩子，父母就希望他们成龙成风，成为十全十美的人。因此，绝大多数的父母都会对孩子的言行发表自己的见解，这便是孩子眼中的啰嗦和唠叨。

那么，如何理解父母的唠叨呢？

父母的唠叨是一种教导，看似多余，但却是他们思想的精华，可以让我们在今后的人生道路上少一些风雨，少一些挫折；

父母的唠叨是一种关心和期望，那些老生常谈的话语凝聚着父母浓浓的情与爱；

父母的唠叨是一种责任和义务，细细咀嚼那些简单的文字，就能品味出父母无私的奉献与牺牲；

父母的唠叨也是一面镜子，你可以从中看到自己的影子——一个真正长大的你，好学上进、举止文雅、孝敬长辈、体贴他人……

常言道："可怜天下父母心"，这话的意思是所有做父母的都是疼爱、关心自己的儿女的，都是为儿女而操心，可见父母永远是我们的恩人，更是最可信、可亲、可爱的人，所以说我们作为子女应该明白做父母的一片苦心，他们的唠叨只为我们好，只为我们过上好日子，只为我们能胜过他们，这其实是他们最终的目的，也是唯一的心愿。

所以，怀着一颗感恩的心去体会父母的唠叨吧！

与男生正常交往我们没有错

一名初二的女生在日记中写道："我不知道为什么男生和女生在一起就要遭到闲言闲语。难道我们在一起玩有错吗？记得有一次，有一个朋友给我打来电话，也许就因为他是男的，妈妈显得特别紧张：'是你同学吗？找你有什么事吗……'天啊？难道我就不能有一点点隐私吗？过了几天妈妈又对我说：'以后晚上少出去。'我当时真的很想对妈妈说：'难道你就这么不信任你的女儿吗？你的女儿就是那种会学坏的人吗？'我妈妈什么时候变成这样？小学的时候，她不是说和同学的关系要搞好，无论男还是女。难道女生和男生在一起就是那种关系吗？为什么你们就不能了解我们呢？上小学的时候男生和女生在一起还手拉手呢？为什么就不说？难道是因为我们那时还小？妈妈！我需要理解。请你不要那么封建好吗？我长大了，应该有自己的自由。”

另一名初二的女生晓玲，性格外向活泼，爱说爱笑。而和她同桌的男孩却是一个性格很内向的男孩，向来不善言谈。但当晓玲得知他的父母离异这个秘密以后，就总是尽自己最大的努力去帮助他。他很感动，渐渐地成了无话不谈的朋友。有时，他们礼拜天也想出去散心、逛商场。可是，晓玲的母亲知道这件事后，却极力地反对他们交往。晓玲不明白：我们并没有谈恋爱啊，我们只是最好的朋友。为什么妈妈要反对我们交往呢？

家长往往对青少年异性交往存在一些误解：

说法一：学生的主要任务是读书，与异性交往会分散精力，影响学习；

说法二：中学生还不成熟，不懂事，不具备与异性交往的条件；

说法三：与异性交往很容易发展为早恋；

说法四：与异性交往是坏孩子的行为，好学生不应该效仿；

说法五：如何处理异性关系可无师自通。

第一种说法构成了很多家长和教师反对学生与异性交往的根本原因。事实上，学生的主要任务是成长，而不只是读书。成长包括德、智、体三大方面，读书只是其中很小的一部分。学会如何与异性交往对青春期少女建立良好的人际关系和成长很有好处。

有的女孩在与异性交往中影响了学习，真正的原因并不在于她们分散了精力，而是因为她们承受不了巨大的精神压力，这种压力又往往来自教师或家长对于异性交往的过敏反应。

研究发现，一个与异性交往很成功的人，往往情绪饱满，精力充沛，学习和工作的效率都很高。由此可见，与异性交往本身并不会对学习造成负面影响，相反可能还有积极作用。

当然，在与异性交往时，可能会发生一些矛盾，遇到某些挫折，影响女孩的情绪，但是我们不能因噎废食。

第二种说法可能有效地阻止了一些青春期少女的尝试行为，但是，它同时也加重了她们在异性交往方面的心理负担，给她们正常的异性交往增添了不必要的障碍。

事实上，一个没有学会与异性交往的人很难说是一个成熟的人。在一定程度上，学习与异性交往是青春期少女走向成熟的一个重要途径。

第三种说法也是同样没有科学依据的。

心理学的研究表明，异性交往的动机多种多样，在很多时候并不是为了谈恋爱。即使是男女单独约会，也并不代表两人在谈恋爱。

两个男女学生单独在一起，可能是在讨论学习问题，也可能是在交流对一些事情的看法，甚至可能是在讨论怎么样才能避免早恋。虽然青少年还不成熟，容易冲动，但是，他们都有正常的自我保护意识和自制能力，在恋爱问题上一般会相当慎重。

然而，不少教师和家长却不由分说地给他们贴上“早恋”标签。这种粗暴的行为可能迫使他们真的“恋爱”起来。

第四种说法更是一棒子打倒一大片。与异性交往是青少年心理社会发展的正常需要，所有发育正常的中学生都会自然地产生这方面的需求。但是，由于青春期女孩被灌输了对异性交往的很多偏见，她们可能自觉或不自觉地压抑自己的需求，不敢作出相应的行为。一些学生则用地下活动的方式来与异性交往，不敢让老师和家长发现。这样的境况对于学生中正当的异性交往是非常不利的。

第五种说法还可能对青春期女孩起到误导作用。对涉世不深的少女来说，与异性交往是一个全新的领地，有很多的疑问和困惑。资料表明，在社会风气十分开放的美国都有相当一部分大中学生把异性交往当作一个难题。在观念相对保守，而且对青少年异性交往充满偏见的中国，不难想象少女们在这个方面的问题和困难会更多。据一些心理咨询专家反映，在我国青春期女性所寻求帮助的问题中，与异性交往有关的占了相当大的比例。

究竟怎样才能让老师和父母理解青春期女孩和男孩的正常交

往呢?

与异性正常交往，青春期女孩要保持良好的意识，要把握良好的交往尺度，这样才能让老师放心、家长宽心。

第一，要端正交往态度，培养健康的交往意识。与异性交往要多注意汲取对方在学习、品质和个性发展上的优秀的东西，双方相互交流，共同发展。应该摒弃那些不健康的消极的交往动机，交往自然就会落落大方。

第二，注意交往方式。要广泛交往，避免个别接触，交往程度宜浅不宜深。青少年男女以集体交往为宜。课堂上的讨论发言，课后的议论说笑，课外的游戏活动等，为大家创造了异性交往的机会。在集体中的异性交往，每个人所面对的是一群异性同学，他们各有所长，或幽默健谈，或聪明善良，或乐观大度，或稳重干练……使我们在吸收众人优点的同时，开阔了眼界和心胸，避免了只盯住某一位异性而被其吸引、发展暧昧情愫。

第三，注意交往尺度。关系要疏而不远，正确把握交往的心理距离。公开场合的两性交往，完全可以大大方方地进行。女孩子应端庄、坦荡，不使对方产生误解和非分之想。假如两人互有好感，相处愉快，约会的次数会增多，每次约会的时间会延长，直到两人难舍难分，恨不得每时每刻都和对方在一起。这时一定要注意适可而止，使双方的感情降温。为防患于未然，对于目的不明的约会，最好婉言谢绝，让对方明白你的心思，放弃对你的追求。但要注意方式方法，不可伤害对方的自尊心。对于纠缠不休，甚至威逼诱吓的人，就要请家长、老师、同学、朋友们帮助处理了。

第四，社会交往应在积极的环境中进行，要谨慎对待不明身份人员的交往请求，尤其要克服网络、笔谈等虚拟交往环境中那些虚构、浪漫的语言，避免安排单独见面，发现对方有不良倾向，要果断中止交往。

学校和家长不要视异性交往为虎狼，要以正确的心态来看待异性交往。倡导学生健康的广泛的交往，积极组织开展集体活动，社会实践活动，创造各种健康的交往环境，加强学生之间，学生与社会之间的交流，淡化学生对异性交往的好奇。并积极教育和提醒学生注意交往的尺度，有意识地引导学生在更广阔的人际范围内进行交往。

第 5 章　女孩学习方面应该知道的事情

如何促进智力的发展

青春期是人体从童年向成年过渡的关键时期。处于青春期的少男少女不仅身增长较快，而且身体的各个器官也在逐渐趋向成熟。就脑部而言，大脑皮层的内结构和功能不断地分化和完善，脑的沟回增多、加深，脑神经纤维变粗、增长，大脑对人体的调节功能大大增强，兴奋过程和抑制过程逐步平衡，分析、理解和断问题的能力有了很大的提高。在这一时期，孩子的好奇心、求知欲、记忆力大大增强，容易接受新鲜事物。美国斯坦福大学著名心理学家丁·麦里尔和手下的研究人员一起找到了新的证据，证明性成熟的迟早与智力发展有着密切的联系。那么，到底什么是智力呢?

有人认为“智力是抽象的思维能力”，有人认为“智力是分析问题，解决问题的能力”，有人认为“智力是适应环境思维的能力”，有人认为“智力是学习的潜力”等。但大多数的人都同意传统的智力观念，认为智力是一个综合概念，包括观察力、注意力、记忆力、思维力和想象力几个方面，其中，以思维力为核心。在日常生活中，人们常常凭着感知的速度和范围来形容看书为“一目十行”；形容记忆的品质为“过目不忘”；形容思维品质为“才思敏捷”、“对答如流”、“随机应变”等来说明一个人的智力。在人的一生中，智力的发展水平随着年龄的变化而变化，但并不是匀速直线变化的。一般说来，出生后的前五年智力发展最为迅速，5－12 岁发展速度仍有较大增长，12－20 岁智力缓慢上升，到 20 岁左右智力发展达到最高峰，这一高峰期一直持续到 34 岁左右。然后直到 60 岁，智力缓慢下降，60 岁以后，智力下降迅速。当然，不同学者的研究结果不尽相同，但都表明了这样一个结果：智力的绝对水平在儿童成长过程中随着年龄的增长而增长，但它的增长与年龄的增加不是线性的关系，从总体上讲，是先快后慢，到一定程度停止增长，并随衰老而呈现下降的趋势。可以看出，青春期是学习知识、发展智力的“黄金时期”。

那么，究竟怎样来促进智力的发展呢？

首先，大量的教育实践表明，青少年要想促进自己的智力发展，要经常创造许多情境，主动找到适合自己的发展智力的学习方法。英国的斯宾塞说：“一个无论怎样竭力坚持也不过分的，就是在教育中应该尽量鼓励个人发展的过程。应该引导个体自己进行探讨，自己去推论。给他们讲的应该尽量少些，而引导他们去发现的应该尽量多些。”但也有人认为智力发展就是掌握知识，扩大知识量。例如，在测验中，仅仅着眼于知识的多少、正确与否，凭借考试结果来看他们的智力发展水平。这种主张正确与否至今也尚无定论。还有些人把智力发展看作是分析综合能力、抽象能力、记忆能力这类一般的抽象的思考力、记忆力的发展，他们几乎不去考虑学习的内容，然而他们却离开了科学的内容，孤零零地去教授观察、分类、假设等一般方法，这是一种把智力发展当作一般思考力的发展来抓的错误观点。

其次，保持强烈的兴趣也能促进智力发展。亚里士多德曾经指出：思维是从惊奇开始的，一个人对于从周围世界以及日后从他本身所揭示出来的东西的强烈兴趣，是他渴望知识、追求认识真理的志向的源泉。不管生命是以怎样的形式表现出来的，只有阳光才能使它苏醒。这一真理会在人的内心引起很大的激动，从而能够产生各种各样的猜测，出现各种各样的联系和关系，虽然他们还不理解这些联系和关系的实质。但是，随着理解的东西越来越多，也就会产生更多不理解的东西，于是他就会更加积极地思考，对知识的追求就更加迫切，这种精神状态，能使人的智力对于一切必须识记的东西具有特殊的敏感性。一个勤于思考，能靠自己的能力去发现真理的人，也会以巨大的积极性和强烈的兴趣去感知和识记。

爱迪生说："就像锻炼肌肉一样，我们同样可以锻炼和开发我们的大脑……恰当地锻炼、恰当地使用大脑，将使我们的思维能力得到加强和提高。而思维能力的锻炼，又将进一步拓展大脑的容量，并使我们获得新的能力。"

所以，一定要找到适合自己的学习方法，再加上对周围世界的浓厚兴趣和强烈的求知欲，善于思考、勤于思考，只有这样，你的智力才可能得到发展。

培养良好的学习动机

凌儿是个白白净净的小女孩，看外表挺可爱，但是老师和同学都不喜欢她，因为她学习不努力，成绩很差，经常拖班集体的后腿。上课时，她经常不是课本没带就是练习本忘带，作业不交更是常事，理由是不知道做什么作业？上课时从不记笔记，经常不听老师讲课，做小动作，与周围同学讲话，有一次班级里举办演讲活动，老师在教室后面向讲台拍了张照片，那张照片上出现两个面带笑容的脸庞，一个是站在讲台上的演讲者，另一个就是坐在座位上回头说笑的凌儿。老师经常教育她，她总是低头认错，保证下次不再重犯，但是有口无心，屡教屡犯。处于这种现状，凌儿的学习成绩可想而知，成绩册上红色的总比蓝色的多。其实凌儿上小学时成绩尚属中等，从三年级开始逐渐下降，毕业时她爸爸花了巨资将她借读到市重点中学，现在成绩越来越差，几乎要留级，这是为什么呢？学习动机不足。凌儿自己说："从小到大，只要一背起书包，爸爸妈妈就说：'凌儿，你要好好读书，爸爸妈妈没念过高中、大学，你一定要进大学，为爸爸妈妈争口气。…所以凌儿总想着书是为爸爸妈妈读的，在这种心态下，自然是不想学习的。

王晓在初中时的英语成绩还是比较好的，升入高一，有一次英语课上她与同学讨论问题声音太大，影响了老师讲课和其他同学的听课，老师让她站起来回答问题，由于她没有听清楚是什么问题，当然答非所问。英语老师在全班同学面前挖苦她、讥讽她，使王晓极其尴尬，心里很难受，并感到委屈，但是她课后又没有和老师交换意见，进行沟通，把这些都埋在心底，从此她不愿意看到这位英语老师，再遇到英语课，她不听课、不完成作业、不复习。这样老师又批评她，她由厌恶老师发展到痛恨上英语课，恶性循环的结果使王晓的英语成绩一落千丈，一蹶不振。

上述的两个例子充分说明对于中学生来说，学习动机是非常重要的，是一切学习的动力。正如奥苏贝尔所说："动机与学习之间的关系是典型的相辅相成的关系，学习能产生动机，而动机又能推动学习，两者是相互关联的。"

那么，究竟什么是学习动机呢？简而言之，学习动机就是促使学生进行学习以达到学习目标的内在动力。学习动机是在学习的内在需要和外部诱因的共同作用下产生的一种推动学习活动顺利进行的动力。

学习动机在学生的学习过程中有什么作用呢？大量的研究发现，学习动机的作用主要体现在以下几个方面：

第一，学习动机能够激发学生适当的学习兴趣和行为，可以促使学生进入学习状态，更好地发挥自觉性，积极主动地进行各种学习活动。大家都知道，兴趣是最好的老师。只有自己喜欢的东西，喜欢做的事情，才会有动力去做，才不会觉得苦、觉得累。古时候，大凡自己投师学艺的，大多能学好；若是被逼的，一般学不精，更别提学成的。究其原因：一个是主动要学，他有兴趣，有积极性，有动力。你如果让一个对音乐一点都不感兴趣的人，去练习弹钢琴．无疑是一件痛苦的事情，是一件徒劳无益的事情。只有按照兴趣确定自己的发展方向，树立自己的远大：目标，才会有良好的动机去奋斗，努力使梦想成真。

第二，学习动机能够为学习行为确定方向。有了正确的学习动机，可以促使学生有选择地进行各种学习活动，从而使学习活动指向特定的学习目标，增强目标实现的可能性。有这样一个例子：初二的时候，薛玮和他的爸爸妈妈一起去参观北大和清华的校园。在未名湖旁边爸爸意味深长地对他说："今天带你来参观北大、清华，并不是要给你施加压力，一定要你考上北大或者清华，只是想让你感受一下这里的环境和氛围，使你树立远大的目标，将来做一个有用的人，一个有价值的人。有了远大的目标，在日常的学习生活中才会有强大的动机……"这番话蕴涵了爸爸的良苦用心。从那次参观以后，薛玮学习的劲头更足了，学习动机也愈加强烈，各门功课的成绩有了明显的提高，大家都认为他非常有希望考上名牌大学。

第三，学习动机能够维持学习行为的持久性。学习动机促使学生在学习目标达到之前能够保持学习活动的强度，克服学习过程中可能出现的种种困难。学习动机的水平越高，学生的努力程度越大，持续时间就会越长，也就越有希望早日达到预期的目标。例如，黄豆豆，那个身高不足 1.70 米，被一些舞蹈老师武断地认为根本就不适合从事舞蹈艺术的演员。那些舞蹈老师说，他的身高对舞蹈演员来说是很大的缺陷，他的身材比例也很不适合舞蹈演员的标准。但是，黄豆豆他坚持，再坚持；努力，再努力。结果，他成功了。23 岁的黄豆豆成了上海歌舞团最年轻的艺术总监，还在国内外获得了十几个艺术奖项，其中包括白玉兰奖和荷花奖这样舞蹈界最具权威性的大奖。黄豆豆就是凭借着强大的动机，克服了种种困难，最后一步一步迈向了成功的道路。

既然学习动机这么重要，那么，该如何来培养学习动机呢？

一、首先要明确学习的目的和意义

每个人的学习目的可能不尽相同，有的人仅仅为学习而学习，比如在古代，读书人就是抱着学而优则仕的观念，十年寒窗，为的就是金榜题名。对学习目的的理解过于狭隘，学习动机自然单纯薄弱一些，容易受到打击，丧失信心，以至于自暴自弃。还有的人受到西方一些消极思想意识的影响，抱着及时享乐、得过且过的心态；有的学生受当下一些不良社会风气的影响，产生"学习无用论"、"学好数理化，不如有个好爸爸"的错误认识。当今社会是一个知识的社会，是一个人才的社会，没有知识，没有技能在社会上将无法立足。而学习能够使我们获得新的知识和经验，与此同时，又可以扩展、完善原有的认知结构，不断完善对个性的塑造，达到新的水平。因此，作为学生，不能率性而为，应该懂得自己的义务与责任，不仅要完成有兴趣的学习任务，对那些缺乏兴趣的学习任务，也要逐渐培养兴趣，努力去完成。更重要的是，要把目前的学习与自己的近期目标以及远大的理想联系起来，不断激发自己的求知欲，强化学习动机。

二、注意调整学习动机的水平

学习动机与学习目的、学习效果是有一定区别的。同样的学习动机可能产生不同的学习效果，而不同的学习动机也可以取得相同的学习效果。学习动机制约着学习效果，学习效果也会对学习动机产生反作用。然而并不是学习动机越强学习效果就会越好。例如，张欣在班里是个中等生，但平时学习很用功，每次考试总想挤进前十名，在这种心理的作用下，一遇到大型考试，她就会紧张，寝食难安，担心自己不能取得好成绩会被老师同学看不起，其结果是失败的机会反而越来越多。那些平时不如她的同学因为没有过于强烈的学习动机，没有过大的心理压力，轻松上阵，反而能取得好成绩。后来她意识到了自己的学习动机过于极端，就做了调整，努力做到每次考试至少提前一个名次。这样一年下来，她的成绩有了明显的好转。这就告诉我们，要注意适当地调整自己的动机水平，不要过于极端，有时候合理的学习动机，照样可以使人取得进步，获得成功。

因此，在不同的学习阶段，要根据学习任务的大小、难易程度以及已有的知识技能与期望的学习目标之间的差距等因素来调整学习动机。研究表明，每个人都有各自最佳的信息加工水平，若外界的要求超出他的能力，就会感到痛苦、疲惫；与此相反，若低于他的能力，就会感到厌倦和烦闷。因为学习是一个长期的过程，并非一朝一夕能完成的，长期在强烈的学习动机的作用下，不管是生理还是心理都是受不了的。在学习中应该有张有弛，在不同的时期制定不同的学习动机，这样才不会觉得学习是件特别辛苦的事情，才能够在学习中感到愉悦，做到寓学于乐，从而激发出更大的学习欲望。

三、采用及时反馈的方式强化学习动机

外国学者罗西和亨里曾经做过一个实验来证明反馈的重要作用。实验是这样的：他们把一个班的学生分成三组，每组给予不同的反馈。对第一组，每天告诉他们学习结果；对第二组，每周告诉他们学习结果；对第三组，则不告诉学习结果。如此进行八周后，改变方式。除第二组依然告诉其学习结果外，第一组与第三组的条件对换，即第一组不再告诉他们学习结果，对三组则每天告诉其结果。这样又继续了八周。实验结果表明：在第八周后，除第二组显示出稳步的进步以外，第一组与第三组情况均有明显的变化，即第一组成绩逐步下降，而第三组成绩则迅速上升。通过这个实验，我们不难看出，及时的反馈对于学习有着重要的作用。因此，在日常的学习活动中，就应该按照这个原理，采用反馈的方式强化学习动机。每天晚上对白天学习的内容进行复查，找出哪些知识已经掌握，哪些还没有完全理解，有待继续提高，对自己的情况做到心中有数，学习起来才会有的放矢。要有每天、每周、每月、每学期的反馈，及时看到自己取得的进步，看到自己的长处与不足，激发进一步学好的愿望，从而来强化学习动机。

四、让自己获得成功的体验

让自己获得学习成功的体验是激发动机十分重要而有效的途径。首先，要给自己树立成功的榜样。榜样的力量是无穷的，他可以指引我们走向理想的彼岸。喜欢数学不妨以陈景润、华罗庚等为榜样；如果喜欢物理不妨以爱因斯坦、杨振宁等为榜样；喜欢体育不妨以姚

明、刘翔等为榜样……把这些榜样人物作为自己效仿的对象，从他们的事迹中汲取精神力量，克服困难，勇往直前。其次，给自己创造成功的机会。如果自己有口吃的毛病那就不要去参加朗诵比赛；如果自己既没有乐感又对音乐缺乏兴趣就不要去练习钢琴；如果自己理科成绩不好就不要希望能在奥赛上获奖……不要好高骛远，而要脚踏实地，根据自己的实际情况，确立切实可行的目标，让自己在近期具体有望实现的目标上看到希望，体会到成功的喜悦。再次，要善于发现自己的闪光点，在自身的进步中获得成功的体验。要和比自己各方面强的同学比较，迎头赶上他们。但是，也要正视自己的现实，在比较中发现自己的进步，不断地超越自我、超越他人，从而不断地体验成功的喜悦，增强自己的自信心，强化自己的学习动机。

总之，培养和激发自己的学习动机，把学习当作自身的一种需要，就像吃饭、穿衣一样。只有这样，你才能走出迈向成功的第一步。

那么还等什么呢？快快行动吧！

战胜考试怯场的良方妙法

小兰自从中考之后就留下了一个考试怯场的毛病。平时她的学习很好，解题能力很强，记忆力也特棒，可是只要老师一发考试卷子，她就开始紧张，思路混乱，许多会答的问题也答不上来。她自己说，只要一听到考试，立刻就双眼发蒙，脑子里一片空白，什么也想不起来了。有一次，小兰竟然发生了晕场现象，刚把考试卷子拿到手里，她就晕了过去。老师急忙把教导处的人叫来，把她搀扶到校卫生室，并通知了她的家长。校医对小兰的妈妈讲，她已经形成条件反射的心理疾患，在心理学上称为“考生竞技综合症”（俗称“怯场”）。

怯场是因为过分焦虑和恐惧所引起的紧张和慌乱，所谓考试怯场就是在考场上因为过度紧张，而导致的记忆及思维受阻的心理现象。

为什么会发生“考试怯场”呢？大致上有三个方面的原因：一是心理方面的原因。首先是心理压力过大，对自己的期望值过高；其次可能是平时准备不足，原有基础不大扎实，生怕自己不及格，过不了关，心里不踏实。所以临考前无法使自己平静下来；二是生理和病理方面的原因。主要是因为睡眠时间过少、过度疲劳，或平时缺乏锻炼，身体素质较差，心理紧张、食欲不振而造成营养不良、影响大脑供血。此外，气质性格上的易兴奋、好激动或屡遭失败产生的习惯性反应也容易导致怯场。三是思想方面的原因。思想压力过重，不能平静地参加考试，不能正常地发挥，严重影响了考试的成绩。四是考试本身的原因。可能是考试难度过大，考试时间偏紧；监考人员过于严肃，造成不适当的紧张气氛；考场空气不流通等都容易使考生发生怯场现象。

那么，如何来克服“怯场”呢？你不妨参考以下的几个建议：

（1）端正思想认识，正确对待考试成绩。著名心理治疗学家艾力思指出，人的认识直接影响情绪。错误的或不现实的认识、观念会导致异常的情绪反应，进而产生各种躯体和心理症状。如果能够矫正这类认识，就能改善情绪反应并消除紧张的症状。所以，端正思想认识是克服考前紧张或考试怯场的前提条件之一。举例来说，你参加高考，要清醒地认识到高考的目的在于检查学生的学习效果和教师的教学效果，也是录取学生的一种手段，和平时的考试没有什么区别，只是在考试纪律和阅卷评分上稍微严格一点而已。把思想放开一些，就是考不取，也没什么大不了的，不是经常说“榜上无名，脚下有路”嘛！再退一步想，考试本身就带有很大的机遇性，所以不能简单地以考试成绩来衡量自己的水平。例如，著名诗人臧克家年轻时很想进入齐鲁大学学习，可是由于他没有受过正规教育，对数学一窍不通，但是他想，不管考得上考不上，只要把自己掌握的知识考出来就行。他的数学得了零分，但由于国文成绩优秀，最后仍然被学校录取。可以想象，如果他由于数学没考好而胆怯退缩，就不可能在国文考试中有出色的发挥，从而就会失去这次难得的机遇。所以，放下一切思想包袱，轻装上阵，努力争取考出好成绩。但是，端正思想认识不能仅仅停留在口头上，应该内化成自己的一种思想认识或思想观念，并在考试过程中自觉地贯彻，只有这样，才会慢慢克服考试怯场。

（2）调控紧张情绪。心理学家在这方面提出很多具体的原则和方法，比如说可以用一些自我暗示的办法，对自己说，要冷静，我一定不要慌！没有什么了不起的，我一定能考得好；也可以闭目片刻，做深呼吸，默默数数等；或者有意识地想象一些愉快、舒适的情境恢复状态，这些都可以起到减轻或消除紧张情绪的作用。其实要克服怯场，主要靠自己的意志和力量，靠自我调节和自我控制。

（3）充分做好考试前的准备工作。考前的准备既可包括物质准备，也包括心理准备，两者都很重要。物质准备是指在考前头一天晚上将考试必须带的证件、文具准备好，以免少带和忘带，造成额外的紧张。常言说“怯场怯场，最怕头场”。另外，考试前一天一定要保证充分的睡眠，因为睡眠很差也容易引起怯场。生活中我们经常看到，有的考生在临考前拼命“开夜车”，睡眠不足，考试时大脑由于缺氧而昏昏沉沉。另外，考试的当天一定要吃早饭，空腹时血糖低，在心理应激的影响下也容易引起怯场。

（4）掌握考试技巧。即使在考前做了充分的准备，考生在考试时也会碰到一些棘手的难题。有些缺乏考试经验的或心理素质不太好的学生，碰到难题后立刻会变得紧张起来，这不仅会浪费时间，还会给自己带来压力。所以如果因为碰到难题而紧张，则可先做容易的题目，等到别的题目都做好后，心里有“底”了，紧张的情绪自然得到了缓解，再回过头来解难题，可能会收到意想不到的效果。就算是难题做不出来，对自己进行适当的心理安慰，想想别人可能也做不出来，就没什么大不了了。

（5）树立必胜的信心。信心是成功的重要条件，然而有的学生自卑心理强，总怀疑自己的智力和能力，总认为自己是考试的失败者，其实心里又特别希望成功，但由于缺乏自信心，很难考出理想的成绩。因此，我们一定要相信自己的力量，相信自己经过平时的认真学习和系统而全面的复习，是完全能够取得理想成绩的。相信别人能够做到的事，自己也一定可以做到。

(6) 进行药物治疗。如果考前真的过分紧张，以致不能入睡，或者因考试紧张而出现尿频、腹泻等症状的话，就要在医生的嘱咐下服用一些镇静药物如维生素 B，维生素 C 片，这对于解除心理紧张和消除神经系统的疲劳还是有一定的作用。

值得注意的是，考试中良好心态的保持功在平时，只有平时有意识地培养好个人的心理素质，使其训练有素，才能达到预期的目的。相反，靠考前及考试中间“临时抱佛脚”，恐怕是难以奏效的。

珍惜诚信，远离考试作弊

新学期对小敏来说，失望大于希望，由于在上个学期期末考试中夹带纸条，她被留校察看。她说：“现在想想，觉得当时的想法挺幼稚的，我只是觉得政治没有复习好，害怕不及格，就带了张纸条进去，上面其实只抄了两三个概念……”她后来说，觉得自己这么做真是一时犯糊涂，但她觉得自己还是幸运的，因为学校对她的处罚算是轻的，有一些作弊情节严重的同学都被开除了。

在对北京一所中学进行关于“你认为什么是最不光彩的事”的调查时，多数同学回答说：“考试作弊被抓到。”这不仅仅是因为不光彩，更重要的是，它使人丧失了一种珍贵的品质：自尊和自信。其实，考试作弊受损害最大的还是学生，现在由于学校对考风认识的加强，对考试作弊学生的处理也大大加强了。一般而言，学校对作弊学生的处理轻者记过、留校察看，重者取消学籍，勒令退学。

那么，青少年学生为什么会有考试作弊的心理呢?

首先，应试教育对学生造成的负面影响，这也是学生作弊的最主要原因。分、分，学生的命根，这在学生的思想中形成了一种观念——只要考高分就是好学生。对于那些不想学习，或者是学习不好的学生就想到了通过作弊来提高自己的分数。

其次，“出轨”心理在作怪。18 岁的高三学生王娜在考试时因作弊被监考老师发现并当堂抓住，让老师感到意外的是，好孩子王娜的作弊动机并不是为了分数，仅仅是为了要让自己跳出从前在人们心目中认定的好孩子的规矩，感受一次刺激。王娜曾经坦言：作弊这件事发生在自己身上是早晚的事儿。“虽不能说是蓄谋已久，但也是必然。因为我一直是规矩惯了的好孩子，就想做出点出格的事来满足自己的心理需要，不想再做好孩子了”。

第三，老师的态度。有些老师对成绩好的学生的偏爱过于明显，这就让那些成绩一般的学生感到心理不平衡。于是就通过考试作弊来得到好成绩，从而得到老师的宠爱。

第四，父母的态度。有些父母给孩子施加的压力过大，如果考得不好，回家就要受到处分，轻则训斥，重则打骂。一些学生为了避免父母的处罚，就选择了作弊。

第五，自尊心问题。一些学生认为考得不好，会很没有面子，在同学中间抬不起头。

第六，诚信意识较差。一些学生抱着“不看白不看，看了不白看”的心理作弊。这些学生发现其他同学作弊而没被发现或发现了而没被处理，心里不平衡。所以，即使自己能顺利通过考试，也不想诚实地答卷。

由此可见，考试作弊的原因是多方面的，不仅仅是学生本身的原因。要想从根本上杜绝考试作弊，就一定要知道考试作弊的严重危害，只有这样，才能引以为戒。那么，考试作弊有哪些危害呢？

首先，破坏了公平竞争的规则，践踏了公平竞争赖以存在的基础，使考试作为教学活动的一个环节，衡量、评判学生学业成就的衡量功能无法正常发挥。

其次，养成了学生的冒险和侥幸心理。考试作弊只可能有两种结果：一种是受到严惩，这会伤害学生的自尊，在心理上留下长时间的阴影，甚至会影响到学生的一生；另一种是侥幸“成功”，则可能为将来走向社会后在更广阔的领域采取不正当手段竞争、投机、欺诈乃至犯罪埋下隐患。

第三，造成部分学生是非观念淡薄，间接败坏社会风气。考试作弊不仅意味着思想道德教育在作弊者本人身上的失败，同时也使班里其他同学面临道德上的考验。对待考试作弊，一些学生会视而不见、漠然待之，在有意无意中学会了对“不正确”、“不合规定”、“不守规则”等欺诈与作弊行为的容忍与宽容，这些学生将来走上社会也会是非不分。

第四，严重败坏学校的学风。良好的学风对学生起着潜移默化的导向和陶冶作用，对学生价值观和行为倾向性的形成以及心灵情感的升华等都起着积极而深刻的影响。考试作弊则是对良好学风的污染和败坏，是对学校正面教育的亵渎与践踏。靠作弊获取高分，这种现象会让那些凭勤奋、努力和凭真才实学取得好成绩的学生觉得“吃亏”和“不公平”，会让一些学生在投机取巧、侥幸成功与勤奋努力、诚实守纪的矛盾与冲突中感到无所适从。

那么，如何来避免考试作弊呢?

首先，要从思想上真正认识到作弊的严重危害，明确考试的目的所在，进而端正学习态度，明确学习目的，激发其学习的积极性。

其次，把精力放在学习上，考试前要充分准备，做到胸有成竹。即使成绩不理想，也不要气馁，下次继续努力。

再次，要严格要求自己，以健康的心态来面对每一次考试，不要因为一次作弊而失去宝贵的诚信。

诚信是一切道德的基础。对于一个人来说，它是人之为人的重要品德，是立身之本，也是一个人立足于社会的根基。正如孔子所说：“人而无信，不知其可也。”所以，任何时候，人都应该注重诚信，珍惜自己诚信的社会声誉。对于莘莘学子来说，更是如此，不仅要在学术领域内努力探索，奋勇拼搏，更要堂堂正正地做人，以诚信为本，珍惜这来之不易的学习发展机会。因此，我们同学们切不要因小失大，为了区区几分而损害了个人和集体的荣誉。老师不是经常教育我们："考试失败你将还有机会，考试作弊你将失去前途"，这时刻提醒着我们大家不要为一时的"聪明"，而永远抱憾终身，我们只有自尊、自信、自律，用自己的真才实学，才能在自己的人生考场上交一份出色的答卷。让我们都真诚地面对自己，诚实做人，诚实做事，做一块经得起烈焰炙烤的真金！

从好学到乐学——激发学习兴趣

法国昆虫学家法布尔，从小就对昆虫产生了浓厚的兴趣。有一天夜里，他提着灯笼，蹲在田野里，观看蜈蚣怎样产卵，一连看了好几个小时，他忽然感到周围越来越亮，抬头一看，原来太阳已经从东方升起。还有一次，法布尔爬到一棵树上，聚精会神地观看螳螂的活动。突然他听到大树下有人大喊"抓住他，抓住这个小偷！"这才使他大吃一惊。原来人们竟把他当作小偷！法布尔为什么对昆虫的观察研究如此入迷？因为他对昆虫研究有着浓厚的兴趣，这同时也激发了他终身研究昆虫的志趣，因此，他花费了很长时间写下了巨著《昆虫记》，对昆虫学做出了巨大的贡献。

明朝时候有个大画家，名叫王冕，最擅长画荷花，许多人为了要获得他的荷花画，都不辞辛苦，从老远的地方赶来。王冕虽然很有名，但是小时候因为家里很贫困，只好白天替人放牛，晚上自己自修。有一天，王冕在湖边放牛时，忽然下起了一阵雨，一会儿雨停了，但是湖里的荷花和荷叶却被雨水冲洗得非常干净漂亮。王冕看了非常喜爱，赶紧用身上仅有的一点零用钱买了纸和笔来作画。起初当然画得不怎么好，可是王冕并不气馁，仍然不停地画，最后终于越画越像，就跟真的一样。王冕便把荷花画拿去卖，卖得的钱拿回家去孝敬母亲。这个故事往往是用来说明"功到自然成"的道理，但是也反映出兴趣对成功的重要性。雨后的荷花与荷叶的干净美丽激起了王冕的巨大兴趣，使得他可以持之以恒地进行创作，终于成为了著名的大画家。

爱因斯坦说过："兴趣是最好的老师。"成才之人并非都是绝顶聪明之人，普通人也能成才。只要你有浓厚的学习兴趣，你就会主动地去学习和钻研，去涉猎你所需要的诸多知识，这样你才会不断取得进步。

那么，到底什么是兴趣呢？兴趣是人们积极探究某种事物的认识倾向。这种认识倾向总是和一定的情感联系着的，使人对有趣味的事物积极地去探究，并带有情绪色彩和向往的心情。例如对体育感兴趣的人，体育信息就会非常容易引起他的注意，他也会主动地观看各种体育比赛，并且总是伴随着兴奋、愉快等肯定的情感，他的认识活动会优先指向与体育有关的事物上，甚至达到着迷的程度。捷克教育家夸美纽斯指出："兴趣是创造一条欢乐和光明的教学环境的主要途径之一。"

俄国文学泰斗托尔斯泰说过："成功的教学所需要的不是强制，而是激发学生的兴趣。"这说明从事任何一项活动或者经历任何一件事情，都必须对它感兴趣。只有这样，才能取得良好的学习效果。因为浓厚的学习兴趣是学生有选择地、积极愉快地学习的一种心理倾向，它是学习动机中最现实、最活跃的成分，是推进学生进行自主学习的原动力。它可以使学生对学习充满热情，产生强烈的求知欲望，并且能积极主动克服各种困难，全力以赴地实现自己的学习愿望；相反，如果对学习不感兴趣，仅仅由于被迫而求知，则味同嚼蜡，苦不堪言。所以，一定要培养浓厚的学习兴趣。但是人的兴趣不是从天上掉下来的，而是在长期的教育影响与社会实践中不断发展起来的。只有从对某种事物有兴趣开始，慢慢发展到对它产生了浓厚的兴趣，进一步发展到志趣，最后决定终身从事该领域的探索与研究。青少年学生正处在重要的学习知识阶段，培养浓厚的学习兴趣对今后的成才有着重要的意义。

那么，如何激发与培养学习兴趣呢？

一、从教师角度而言

（1）安排合适的教学内容，是激发学生学习兴趣的重要因素。

美国心理学家布鲁纳指出："学习的最好的动力，是对学习材料的兴趣。"所以，教师在安排每堂课的教学内容时，应考虑两个"必须"：一是在一定程度上必须与学生已有的知识经验相联系，因为一个完全不为学生所了解的课题，很难激起学生的学习兴趣；二是必须能给予学生以某种新的知识。因为学生早已理解透彻的内容，也很难激起他们的学习兴趣。基于此，教师在安排教学内容时，要善于安排处理前后教材之间的联系，赋予抽象的教学内容以生动的故事情节。注意在学生已有的知识经验的基础上，去讲授某些新知识，并把新知识纳入到已有的知识系统中。只有这样，才能把学生学习的兴趣最大限度地激发起来。

（2）实施启发式教学，激发学生的学习兴趣和求知欲。大量的教学实践证明，教师如果在正式讲课之前，提出与课文有关的一些问题，可以引起学生的好奇与思考，从而能够激发出学生的学习兴趣。例如，在一堂生物课上，老师把两只浸过黄颜色的海绵小鸭分别放在红色、蓝色的水里。几分钟后，老师从水里拿出来一只橙色的小鸭和一只绿色的小鸭。这引起了学生强烈的好奇心：为什么黄色的小鸭变成了橙色和绿色的呢？这样的好奇心激发了学生学习颜色变化的兴趣，在后面的学习中认真学习、积极思考、主动动手做实验，很快掌握了颜色之间的变化。

（3）多鼓励和表扬学生，也能激发学生的求知欲，从而培养其学习兴趣。苏霍姆林斯基曾这样告诫教师："请记住，成功的乐趣是一种内在的情绪力量，它可以促进时时学习的愿望。请你记住，无论如何不要使这种内在力量消失，缺乏这种力量，教育上的任何巧妙措施都是无济于事的。"十次说教不如给学生一次表扬，十次表扬不如给学生一次成功。每个学生都愿意学有进步和获得成功。

二、从学生角度而言

（1）培养好奇心。好奇心是人们对求知事物积极探求的一种倾向，它是先天的心理特征，人人皆有。例如，一个处在童年期的小孩对外界新鲜事物感到好奇，总是向大人问这问那，总想弄个明白。几乎所有的科学家从小都有超常的好奇心，欧几里得从小就对数学好奇，阿基米德从小对物理现象好奇。我国古代科学家沈括被英国剑桥大学教授李约瑟称为："中国整部科学史中最卓越的人物。"他对天文、气象、历法、医药等多方面有好奇心。居里夫人说："好奇心是学者的第一美德，而好奇心又总是兴趣的导因。"所以，我们中学生一定要十分珍惜与爱护自己的好奇心，带着好奇心去学习各种科学知识，带着好奇心去了解大自然，带着好奇心去观察社会，带着好奇心去揭示未知世界的秘密。

（2）积极参加各种课外活动。丰富多彩的课外活动是培养兴趣的重要途径。我们中学生，要学好每一门课，打下坚实的文化知识基础。但这并不是要求每个学生对每门课都要有同样程度的兴趣爱好，而是应该在学好学校规定的课程基础上，在某些课程的学科领域里发展更浓厚的兴趣，并且根据自己的兴趣、特长在校内外选择一些活动作为自己的中心兴趣加以发展。

（3）积累知识，这也是形成学习兴趣的源泉之一。伟大的教育家苏霍姆林斯基曾说过："在事物本质中，在它们的种种关系和相互关系中，在运动变化中，在人们的思维中，在人类创造的所有一切中，都含有兴趣的无穷尽的源泉。"可见广博的知识本身就包含着广泛的兴趣。同学们知识积累得越多，兴趣也就不断地增加。同学们可能都有过这种体验；对听得懂的课很有兴趣，而对听不懂的课就没有兴趣；学得好的课兴趣就浓，学不好的课就无兴趣。这就充分说明知识的积累是兴趣的源泉。同学们一定要设法及时把课堂上听不懂的地方搞清楚，从听得懂每一节课开始，进而学好每一门课，这样你会对学习的兴趣逐步增加。

（4）保持愉悦的心情。例如，有一个中学生在母亲的逼迫下学习手风琴，每次练琴时母亲都在一旁监督，还经常指责他这儿出错了，那儿出错了，搞得他心情很不好。尽管练得很辛苦，但就是没有成绩。后来他的母亲对他不抱希望，放弃了对他的监督，谁知他反而越拉越好，时间长了，竟然慢慢地喜欢上了，并产生了浓厚的学习兴趣，自然也取得了很好的成绩。从此可以看出，保持轻松愉快的心情是产生兴趣的前提之一，并且也可以让兴趣稳定持久。

（5）积极参加社会实践活动，可以使同学们体会到将所学知识应用到实际中来的意义，也使自己能够切实感觉到知识的不足，进而激发出自己的学习兴趣。例如：可以参加一些模型小组、考察队之类的，不仅能够使同学们获得新的知识，还能够培养自己的求知欲，激发出自己的学习兴趣。

但是只有兴趣是不够的，还必须保持。如果一个人对什么都感兴趣，变化无常，朝三暮四，浅尝辄止，将一事无成。因此，稳定持久的兴趣对人们的工作和学习有着重要的意义。

歌德说："哪里没有兴趣，哪里就没有记忆。"前苏联著名教育家马卡连柯说过："人生若是毫无乐趣可言，那他就不能活在世上，人类生活的真正刺激，就是明日的欢乐……教育人们，就是给他们提出未来的道路，循着这条道路来求得他的明日欢乐……"如果生活中有了兴趣和爱好，就会去热爱它、追求它，惰性和暮气就会为之一扫。作为中学生，我们一应在学好规定课程的基础上，培养广泛的兴趣爱好，乐此不乏、乐在其中，只有这样，才可以使自己成为一名文化基础知识扎实而又有个性特长的学生，为以后成为国家的栋梁之材打下坚实的基础。

查摆学习压力过重的因素

一个学生从小学开始成绩一直非常优秀，父母对他的期望值非常高，希望他将来能考上名牌大学，光宗耀祖。这个学生自己也非常争气，以优异的成绩考取了某名牌大学。等到领取入学通知书的那天，亲朋好友都来他家祝贺，但是这个学生却留下了一封书信，独自离家出走了。在信中他说：从小学到高中，每天我都是在父母的要求下拼命学习，没有自己的空间，没有自己的快乐和爱好，每天学习两个字就像千斤重担一样，压得我不能呼吸，现在总算达到父母的心愿了，感觉自己也解脱了。可是我再也不想学习了，所以我只能离家出走。

对于现代的学生来说，压力是一个很普遍的现象，几乎每位学生在学习过程中都会觉得有压力。随着年级的不断升高，考试的临近，这种压力也会越来越大。原本在大多数的学生心中，所向往的青春应该是美好的，是充满阳光和激情的，更是丰富多彩的。然而面对现实中的中学生活，大家所感受到的更多是繁重的学习任务、枯燥的学习生活和激烈的竞争。很多同学都在感叹："最早起床的是我，最晚睡觉的也是我。可我的成绩却从以前小学、初中的班里前几名，落到了如今的几十名甚至是几百名。繁重的学习压力，已使我们喘不过气来，我们一到考试就胃痛，一想成绩就头痛，真不知该如何迈过这个坎。"不是经常说，有压力才有动力，但是压力必须适当，压力过重往往会产生负面效果。

那么，什么是学习压力呢？学习压力，顾名思义，是指人在学习活动中所承受的精神负担。这种精神负担，迫使人一定要在学习活动中取得成功，获得理想的学习成绩。学习压力大的人，往往对学习成绩的好坏非常敏感，对学习成绩忧心忡忡，唯恐考不好。学习压力从何而来呢？分析起来，不外乎内外两个方面。从自身而言，他（她）要为自己的前程着想，也要为自己的尊严着想，因此就希望获得良好的学习成绩。另一方面，很多学生还要背负父母的期望，实现父母年轻时所未曾实现的理想，这也促使个人努力学习获得好的学习成绩。这两种因素往往是交织在一起的。

一、外在因素

（1）来自学业的压力。学业压力无疑是青春期学生心理压力的最主要来源。进入中学以后，学习负担变重，科目增加，课程内容加深，对学生的要求变高。一些学生没有很好地加以调整，所以不能适应这一急转弯时期，感到压力很大。另外，受应试教育的影响，成绩不好被认为是没有出路，这也是产生学习压力的一个原因。

（2）来自考试的压力。学生李某平时上课注意听讲，学习成绩在中上等，且一直比较稳定，但是一遇到重要考试就非常紧张，考试前吃不好、睡不香，经常生病，心律失常，考试时更加紧张，拿到试卷便思维迟钝，半天进入不了状态，平时得心应手的题目，一下子也答不出来，甚至大脑一片空白。

（3）来自同学间的竞争压力。学生刘某学习成绩很好，平时测验总是名列前茅，但她却总是担心别的同学超过她，整天争分夺秒地学习，从不歇一会儿。由于长期处于紧张的状态，且时时害怕别人超过自己，焦虑过度，渐渐地，她出现思想不集中，不能正常思维，满脑子都是“有人超过，自己该怎么办”的想法，久而久之，她由一个学习成绩名列前茅的优秀学生发展到不能坚持正常学习。

（4）来自家庭的压力。学生李某在心理咨询中说道：“我的家庭十分拮据，父母挣钱很艰难，但他们都极力支持我读书，并说只要我考上大学，愿意为我倾家荡产，即使是贷款也要供我读书。回到家里，家里不管有多么繁忙，他们也不让我做家务，因为我的任务就是学习。在别人看来，我是一个多么幸福的孩子，可哪里知道，在这沉甸甸的‘幸福’里，我背负了多么沉重的心理压力，我怕考试，我害怕自己考砸了，对不起全家人。”家长给孩子创造良好的学习条件是必要的，但做得过分反而会适得其反，让孩子感到压抑，增加无形的压力。

二、个人因素

学业、考试等方面对学习固然造成了很大的压力，但是在同样的压力下，不同的人所感受到的压力程度却不同，有的甚至产生截然不同的效果，这与个人的个性特质有关。心理学家指出：适度的压力能使人的情绪处于兴奋状态，活跃思维能力，增强反应速度，对人是有益的，产生正面效应。如果完全没有压力，身心会处于一种松散的状态，个人的潜力无法得到发挥。如果压力过大，会带来许多负面影响，产生负面效应。

对于不少同学而言，在中学唯一的任务就是学习。很多同学感到学习负担过重，常给自己带来沉重的心理压力，因为学习压力而陷入痛苦的青少年更是屡见不鲜。这其中包括成绩优秀的学生，也包括成绩一般和成绩差一点的同学。其实，大家应该认识到，在如今这个竞争的时代，人所面临的压力是随时存在，不可避免的，甚至是生活的重要组成部分，也是年轻人成长的动力。如何应付这些压力，保持个体的情绪健康，更好地面对生活、学习和工作的挑战，是一现代人人生道路上的重大问题。我们只有积极地面对压力、战胜压力，才会使我们的校园生活充满快乐的绚丽色彩。

让自己不断获得成功的体验，如果我们在学习上不断地取得成绩，哪怕是一点点的进步，都会让我们对以后的学习产生强烈的欲望，学习时就会感到轻松；反过来，如果在学习时总是经历失败，久而久之，就会对学习丧失信心。当所取得的学习结果超过自己的期望值时，就会更加自信，增强成功感；反之，如果学习成绩低于自己期望的水平，就会失去自信，产生挫败感，从而产生很大的压力。所以，如果我们要想减轻学习上的压力，所定的目标一定要切合实际，尽可能地把目标降低一点，定在经过自己的努力可以实现的高度，使自己获得成功的体验，即“跳一跳，就能摘桃子”。也许，在成功的牵引下，你会看到另一番天地，找到开朗自信的你。

保持积极的心态，心怀必胜的信念。实践证明，中学生的情绪与学习活动之间有直接的关系，当你的情绪高涨的时候，你的学习就会进入最佳状态；当你的情绪处于低落的时候，对你的学习就会起到障碍作用。我们要学会控制自己的情绪，驾驭自己的心情。美国成功人士卡耐基说过：“一个对自己的内心有完全支配能力的人，对他自己有权获得的任何其他东西也会有支配能力。”所以，当我们开始运用积极的心态，并把自己看成成功者时，我们就已经开始走向成功。

多参加户外活动。中学生的生活是最苦最累的，每天大部分时间都泡在学习中，头昏脑涨，时时都处在紧张的压力下。这时，如果你能参加一些适合自己的运动，可以减小压力，例如：步行、太极拳、游泳、水上健体、踏单车、跑步和健美操等，都可以达到消除身体不适、促进身体和心理健康的目的。同时，通过跑步、打球、登山等剧烈的体能运动，也可以让自己内心的能量得到释放，使心情平静下来。诚如卡耐基所言："烦恼的最佳解毒剂就是运动。"

学会倾诉。在我们的日常生活和学习中，有压力是难免的，当我们感到压力太大，难以承受时，可以向自己最信任的人、亲近的人诉说。如果你能畅所欲言，将胸中的积郁和苦恼一股脑地倒出来，那问题的一大半也许就解决了；或者你也可以选择拨打心理咨询热线，向心理老师或心理专家倾诉，不但可以使紧张的情绪得到缓解，还能得到一些指点和帮助。记得有位哲学家曾经说过："笑是胜利的表现形式。"如果能积极利用笑的这一功能，就能缓解由压力带来的烦恼、忧愁和困惑。另外，你也可以积极主动地创造笑的环境，比如说在紧张的学习之余看看漫画，读点幽默小说。也许，很多烦恼会在哭声、笑声中离我们远去。

深呼吸。深呼吸可以使人的呼吸缓慢和均匀，让头和肩膀的肌肉保持松弛，从而让全身变得松弛起来，减少氧分的消耗。

此外，平衡的饮食对应付压力也很重要。平衡的饮食，是指要进食适量的蛋白质、淀粉、脂肪、矿物质、维生素和水分；减少那些容易引起压力的食物，例如：茶、咖啡、可乐、朱古力等。同时，要减少进食脂肪太多的食物，要多吃水果和蔬菜，少饮有酒精的饮品。我们更应注意及控制自己的身体重量。在压力太大的时候，更需要摄取更多的维生素 B 和 C。

总之，缓解学习压力，关键是要学会正确地认识自己和正确地对待压力。国外有位诗人是这样说的："如果无法成为山间的松林，就做各地的灌木吧；如果不能成为灌木，就做小草吧，使街道更加青翠魅力。如果不能成为林荫大道，那就做狭窄的小路吧；若是无法成为太阳，就做一颗星星吧，只要你能发出光亮。"从现在开始，放下一切思想包袱，以平常心去面对压力，战胜压力。相信你会渐渐走出沼泽，迎来晴朗的天空。

克服考试焦虑，提高学习成绩

21 世纪的今天，焦虑已成为人类普遍的“心病”，有人甚至说当代就是一个“焦虑的年代”。中学生是一个特殊的群体，他们正处于令人羡慕的花季，可繁重的学习有时会压得他们喘不过气来，而且每学期还要参与各种考评，承受着因排名次所带来的内心恐慌和失落感，这种内心情感有时甚至是成人所难以想象的。久而久之，便产生了一种焦虑的情感。有位中学生在日记中这样写道：“瞥一眼桌上的小闹钟，已经是晚上十点钟了！望着桌上的数学作业、物理参考书、札记本、三角板、立方体……我真想把它们撕得粉碎、烧成飞灰……”多么强烈的心理焦虑！长此以往，一颗年轻的心怎能经受得起。这样的例子还有很多很多。可以看出，处在青春期的学生，很多都存在着比较严重的考试焦虑问题。考试焦虑是什么呢？它是指在一定的考试情境激发下，受个体认识评价能力、人格倾向以及其他一些身心因素所制约的，以担心为基本特征，以防御或逃避为行为方式，通过不同程度的情绪反应所表现出来的一种心理状态。

那么，为什么会出现考试焦虑呢？它有哪些危害，又该如何克服，这是我们大家都十分关心的问题，也是急需要解决的问题。

出现考试焦虑的原因有很多，其中主要有以下几点：

（1）生理、心理因素。容易焦虑的人一般会有一定的遗传因素，但更多的是来自于后天的因素。一个人人格的形成内容与水平、身体发展状况、当时的健康状况、非智力因素的发展水平，对焦虑的产生都有影响。健康状况良好的人精力充沛，情绪稳定；而体质虚弱、疾病缠身，易导致情绪波动，产生焦虑；意志薄弱的人，害怕困难与挫折，易产生焦虑……

（2）以前失败的经历。一个人经过长时间的学习后，往往会积累很多这样或那样的经验，当他的经验不足或有过失败的体验时，就容易产生较强的焦虑。对于学生来说，曾经的考试失败经历很可能会在他的心里留下很深的烙印，并且会把这种痛苦的经历与考试本身联系起来，每到考试前就感到一种威胁，仿佛灾难马上就要降临到他的身上，从而会影响到他的心理状态，使他对考试感到恐惧。这种焦虑感是很难控制的，有时候自己都说不清是什么理由，令人很痛苦。

（3）家庭、学校、社会的影响。美国心理学家杜威说过："家庭中正常关系的失调，是以后产生精神和情绪上各种病态的土壤。"家长对学生要求过高，对考试过分重视，对孩子的督促过紧，这都会使孩子对即将到来的考试产生畏惧，从而产生焦虑的情绪。比如说有些学生在考试考砸了的时候，首先想到的是"我不行了"、"我完了"、"我让父母失望了"、"父母不喜欢我了"。另外，学校教育的气氛过于严肃，缺乏宽松和谐的气氛，片面追求升学率，也是产生焦虑的温床；社会经济的发展，新闻媒介的作用，影视文化的熏陶，也对学生焦虑的产生有一定的影响……

克服考试焦虑的方法：

（1）建立自信心，给自己一些成功的心理暗示。俗话说："成事在天，谋事在人。"考试成败的一个主要因素在于自己是否信心。临考前，可以反复地告诉自己："对于这次考试，我复习得很充分，一定能考出好成绩"、"这次我会比以往更努力，因此也一定会比往考得更好"、"每个人都是和我站在同一起跑线上的，所以我肯定不会输给别人"……找出自己有利的方面，多次进行成功的暗示，可以增强自己的自信心，稳定情绪，从而以良好的心态来面对考试。考试中如果发现了不会做的题目，也不要惊慌失措，一定要告诉自己："没有人能得满分，有的题不会做是必然的。我可以往下做，只要我认真仔细，一定会取得满意的成绩的。"即使最后做不出来也不妨来点"阿 Q 精神"，相信自己做不出来的题别人也可能做不出来。

（2）合理调整自己的期望值。期望值不要过高，如必须考上清华、北大等。要预想自己可能失败，并允许自己失败。一般来说考试焦虑的学生总是把考试的成败看得过重，导致自身压力过大，所以常会伴随着一些消极的自我暗示，如“我不如别人”、“我肯定考不好”、“我肯定考不上大学”。这种消极的自我暗示是由自卑感产生的，而自卑感又是由于对自己的期望值过高超过了自己的实际能力所产生的。所以，制定合理的期望值，即经过自己的努力可以实现既定目标，只有这样，才能使自己产生喜悦之情和成就感、满足感，增强自信心。

（3）减轻压力，放下思想包袱。降低考试压力是防治考试焦虑的首要措施。考试压力是考生主观认知在客观条件下作用的结果，要改变那种“压力越大，效率越高”的错误观念，保持恰当地的压力，重视学习过程而不要太计较考试结果，养成将考试当作业，作业当考试的习惯。除此之外，还要正确对待考试与个人前途问题。考试既不是为老师，也不是为家人和同学，因此，没有必要把考试成绩与父母、老师同学联系在一起。并且对考试结果的认识要摆脱世俗的偏见。考试成功了可能会有利于个人一时的发展，即使失败了也不要灰心，一次失败不等于一生失败，要深信人生的路远不止这一条，条条大路通罗马。

（4）劳逸结合，有张有弛。大多数出现考试焦虑的学生在处理学习与休息的关系上，采取了不正确的方法。他们在学习上投入的时间过多，且生活安排单调，不注意休息和文体活动，即使在娱乐时也在想着学习，使自己的大脑老是处于紧张状态．不能通过文体活动，达到生理与心理上的完全放松，导致神经系统的兴奋与抑制调节机能紊乱。因此，我们要学会合理用脑，讲究方法，注意营养，劳逸结合，维护神经系统的正常机能，从而消除考试焦虑。

（5）通过适当的药物辅助治疗，放松自己。适当的药物可以缓解紧张的情绪。到学校的医务室，在医生或保健老师的指导下服用一些镇静类药物，同时辅助服用谷维素、泛酸钙、维生素 C 等。另外，转移注意力，抑制交感神经过度兴奋，以达到调整心理状态的目的。在心理医生的指导下进行放松训练更为有效，也可以适当地强化补充一下营养，比如从考前一个月开始服用施尔康、善存等营养均衡药物。多吃一些水果、蔬菜，也能缓解紧张的情绪。

其实，造就好与坏，悲惨或快乐、富有或贫穷的，在很大程度上是你的思想。约翰·卢约克爵士说："每个人都有这样的感觉——一位快活的朋友，就好似阳光普照的一天，把光亮流泻在周遭的一切之上；而我们大多数的人，也能依着自己的选择，把这个世界变成皇宫或地域。"所以，克服焦虑，快乐起来吧！只有这样，成功才会属于你！

把阅读当成一种乐趣

在人类历史上，阅读具有悠久的历史，它是伴随着文字的创造发明而产生的。早在公元前 4000 年以前，居住在幼发拉底河和底格里斯河流域的苏美尔人就创制了泥板书和书写在上面的楔形文字。中国的汉字则是由甲骨、青铜器以及竹帛成为文字的载体，并逐渐演化。人类早期的阅读生活便由此开始了，数千年中，出现了无数文人为读书而"衣带渐宽终不悔，为伊消得人憔悴"。明人吴恺在《读书十六观补》中说："尤延之尝谓：'饥，读之以当肉；寒，读之以当裘；孤寂而读之，以当朋友；幽忧而读之，以当金石琴瑟。'其嗜书之笃如此。读书者当作此观。"法国思想家孟德斯鸠说："喜欢读书，就等于把生活中寂寞的辰光换成巨大的享受时刻。"理查斯蒂尔爵士说："阅读之于心灵，犹如运动之于身体一样重要。"

青少年时期，正是求知欲旺盛的时期，多读书，读好书，不仅可以充实自己的知识，培养自己的能力，还可以陶冶性情，完善人格。美国前总统罗斯福的夫人曾说："我们必须让我们的青年人养成一种能够阅读好书的习惯，这种习惯是一种宝物，值得双手捧着，看着，别把它丢掉。"英国哲学家培根在谈到读书对人的影响时说："读史使人明智；读诗使人聪慧；数学使人精细；博物使人深沉；论理之学使人庄重；逻辑与修辞使人善辩。凡有所学，皆成性格。"由此可见，培养读书的习惯对于一个人的发展有着极其重要的意义。

一、阅读兴趣的培养

兴趣是人从事实践活动的强有力的动力之一。任何人，只要他对从事的某项活动有很大的兴趣，他就能积极地、创造性地完成这些活动。相反，如果一个人对于从事的某项活动不感兴趣，不要说创造性地工作，即使是一般性地完成任务也是很困难的。对于阅读也是如此。如果你对读书有着浓厚的兴趣，往往会身在其中不知累。那么，怎样来培养阅读的兴趣呢?

阅读首先是一种选择的过程，不管是你有意识的还是无意识的。但是事实上，我们同学有很多人在阅读时常常是不加选择，有书必读，凡书必看，没有任何计划和目标。要知道读书的目的不是为了用来装潢门面，也不是为了吹嘘炫耀，更不是为了用来消遣和打发时间。读书的目的应该是为了寻求真理、启迪智慧。为了实现这个目的，我们就应该在读书的时候进行一番选择。比如说：有的书粗读一下，了解大致内容即可；有的书只需读其中的一部分即可。只有少数好书，需要我们精读，细读，反复读，深入钻研，仔细揣摩。人生有涯，书海无涯。面对如此浩瀚的书海，我们应该用有限的时间去涉猎一些更有用的知识，而不应该不加选择地对所有的书都奉行“拿来主义”。

那么，在茫茫的书海中，我们应该读哪些方面的书，才可以让我们增长知识，陶冶情操呢?

（1）文学名著。从文学名著中我们可以体验浓缩的人生：主人公复杂而深刻的内心感受、经历的磨难和挫折、对理想和信念的执着追求、对成功和胜利的渴望等，无时无刻不在触动着我们的心弦，感染着我们的情感。所以说，阅读名著的价值是巨大的，它会使我们终身受益。有人在白发苍苍时回忆起幼年阅读文学名著给他带来的影响时仍激动不已。

（2）历史书籍和名人传记。读史可以使人明智，从历史人物的兴衰成败中，我们可以看到他们成长的方方面面，特别是对事业的执着追求，可以带给我们很多启示，引领我们走向成功。林肯少年时，就因为偶然一次阅读了华盛顿和亨利·克雷的传记，从此就立下了宏伟的志向，最后成为“美国历史上最受人尊敬的总统”。

如果你读的书是你不感兴趣而仅仅是别人认为“该”读的书，你可能会觉得索然无味，但如果你读到一本你认为很有意义的书，一定会觉得心情愉快。所以，阅读兴趣的培养从你喜欢的书开始吧！

二、阅读习惯的培养

英国著名的儿童文学作家罗尔德·达尔，他写过《女巫》、《玛蒂尔达》等许多好看的书。但是他小时候的学习成绩却非常差，而且他还十分厌恶自己的学校。一次偶然的机会，一位康娜太太走进了达尔的学校，每次来的时候，她都拿来一本书大声地读给孩子们听，她对书的热爱深深地感染了达尔。一年之后，达尔就变成了一个贪得无厌的小“书虫”了。看来阅读的习惯是需要慢慢培养的。那么，怎么样来培养良好的阅读习惯呢？良好的阅读习惯实际上是一个整体，它由许多具体的习惯组成。要养成良好的阅读习惯，就要从一个个具体的阅读习惯做起。

（1）明确阅读目的。美国著名学者诺·波特指出：“谈到读书，首先应该明确目的。对读书的目的认识得越深刻，读书的信心就会越坚定持久。”因此，明确阅读目的实在是太重要了。一旦目的明确，不仅给阅读增强了动力，也给计划的制订、读物的选择、方法的选定等一系列问题找到了出发点。这个习惯的养成，还有利于阅读效率的提高。

（2）精选读物。阅读研究专家波瓦尔宁在其《应当怎样读书》中特别制定了“自学者选书守则”，共有以下五种：读得少些，但要好些；读必读之书，即使没有兴趣的也要读；读能够找到的最好的书；读不容易的和不太难的书；按照一定的阅读计划读。这样读书，就不会浪费过多的精力，也不会因为读了不必读的书而耗费时间，更不会因读那些坏书而使身心受损。

（3）按计划读书。漫无边际地胡乱阅读，终其一生也很难有所建树，甚至会在漫无际涯的书海中搁浅、翻船。恩格斯曾一针见血地指出："无计划地读书简直是荒唐。"因此，应养成阅读必有计划、阅读必照计划的好习惯。

（4）合理利用时间。要坚持计划使用时间；要严格检查用时情况，发现问题马上纠正；长期坚持，自然形成良好的阅读习惯。

（5）读写结合。"不动笔墨不读书"的习惯是古今中外许多学有成就者的共同经验。读前，笔和笔记本与读物应该同时到位；读时，笔与阅读同行，该画的画，该抄的抄，该记的记；读后，要检查写笔记的情况，未写的要补上。久而久之，读写结合的习惯便自然形成。

（6）读思结合。阅读的核心是思考，波瓦尔宁把思维和想象的懒惰视为"阅读的最凶恶的敌人"，并号召与之做"毫不松懈"的斗争。要养成读思结合的习惯，就要坚持阅读时不走马观花，浮光掠影，要边读边思，多方质疑。读完之后，要掩卷而思，看究竟有何心得体会。

（7）灵活运用不同阅读方法。英国学者阿普斯在《学习与技法》中指出："学生和其他读者所具有的普遍错误之一，就是他们都以同一种阅读方法去阅读不同的资料。"为了养成灵活运用不同阅读方法的良好习惯，阅读前在想"为什么读"的同时，也要想一想"怎样读"、"采取何种恰当的方法读"这个问题。

（8）善于使用工具书。工具书是读者的无声老师，是随时可以咨询的顾问，是解疑释难的好帮手。阅读前，一定要把工具书置于身边；阅读时，遇有疑难，就要翻查，严格要求自己，切实养成好习惯。

虚心求师问友古今成大学问者，无不虚心求师问友。师友间互相交流，切磋琢磨，就可产生群体互补效应。英国科学家卡罗尔在《科学漫步》中讲道："如果可能，找个和你一起读书的好友，和他一起讨论书中疑难之处。讨论常是潜移默化地解决难题的最佳方案。"

（9）温故知新。"温故而知新"，既是前人成功的经验，又符合现代科学理论。在知识将要遗忘而未遗忘之前安排一次温习，记忆就会保持长久。此种温习安排数次，必将一次深入一次，次次有新意，大大有利于所学知识的巩固和理解的加深，并且在不断的反复温习中养成良好的温故知新的习惯。

上述习惯在阅读中起关键作用，一旦这些阅读习惯得以养成，一个人良好的阅读习惯就基本上养成了。

美国兰登书屋的创建人——贝内特·塞尔夫说：“任何时代的智慧，任何长久为人类所喜爱的故事，我们都可以极小的代价从书页之中获得。所以，从现在开始，养成阅读的习惯吧，并把阅读当成生活中的一种乐趣。”

第 6 章　女孩生活方面应该知道的事情

合理饮食，吃出健康

豆蔻年华的到来，是人体生理发展的一个转折点，此时人体各个器官迅速发育成长，因此，对营养的要求也越来越高。为了使少女青春期得到健康成长，注意合理饮食至为重要。

我们的目标是：吃出美丽，吃出健康！

一、想吃就吃——给你健美身材

少女一进入青春期，都希望自己有一个健美的身体。因此，有的为了身材苗条，便节制饮食，造成热量不足、蛋白质缺乏，发育代谢减弱、面黄肌瘦，反而失去了少女青春的光彩，也严重损坏了身体健康。有的过多地吃高热量的食品，甚至乱吃补品、补药，结果造成代谢紊乱，臃肿虚胖，毫无健美可言。所以养成健康科学的饮食习惯十分重要。

少女时期正是生长发育的重要时期，身体急需各种营养物质，首先是对蛋白质需求较多，饮食上要粗细粮均食。因此，每天应摄入一定量的奶或奶制品、瘦肉、鱼、蛋等食品。如有可能，每天可饮半磅牛奶。

在少女生长发育期，钙磷需要量也多，如摄入不足，就会影响骨骼的生长发育，以致影响身体的均匀发展，从而破坏了体形的优美。因此，日常必须多食用含磷钙多的食品，如牛奶、鸡蛋、虾及黄豆、芝麻、菠菜等。维生素 D 不足可发生轻度的佝偻病或骨质疏松症。

某些食物能自然控制体重，原因是它本身供应热量（卡路里）低，如果你的胃口不是特别大，选择这类食物保你能拥有苗条的身姿，以下是营养专家介绍的瘦身食物：

菠菜：每半杯（量杯）只有 26 卡路里，但维生素及铁质丰富。菠菜以生吃有益，烹调也不宜过久，以免损耗营养。

豆类：无论什么颜色的豆，营养都十分丰富，豆是蔬菜，但蛋白质却如肉类般丰富。每盎司干豆供给 95 卡路里，蛋白质 6 克（你每日所需的十分之一）。就是说如果你吃豆类，就无需多吃肉类。

蜜瓜：每 $3\frac{1}{2}$ 盎司只有 3 卡路里，蜜瓜含丰富的维生素 A 与维生素 C。

辣椒：无论辣或甜味，营养价值均高，尤其含纤维质。一个青椒只有 35 卡路里，却供应各类维生素及矿物质。

番茄：饭后吃一个中型番茄，有益而不会增胖。

生菜：由于含水分及大量纤维素使生菜成为苗条食物，生菜以外面的绿叶营养最为丰富。

全麦面包：全麦面包比普通白面包少了 9% 的卡路里，蛋白质却多了 20qe，维生素 B 多两倍。纤维素多于番茄，但热量却只有 35 卡路里。

另外，少女在青春期为了保证身高，可注意摄食含锌量丰富的食物。一般来说，动物性食物比植物性食物含锌量高，如瘦肉、牛肉，黄鱼和其他海味食品含锌量较高，粗面粉、黄豆、苹果含锌也较多，都可注意食用。对于精米、富强粉宜少食用，更不应该为使身体苗条而限食动物性食物。此外，少女青春期切不可饮酒、吸烟。

二、想吃就吃——给你一双慧眼

眼睛是人体的重要器官，经常吃些有益于眼睛的食品，对保护眼睛，能起到很大的作用。

瘦肉、禽肉、动物的内脏、鱼虾、奶类、蛋类、豆类等，里面含有丰富的蛋白质，而蛋白质又是组成细胞的主要成分，组织的修补更新需要不断地补充蛋白质。摄入足量的蛋白质，是爱眼护眼的基础。

含有维生素 A 的食物对眼睛也有益，缺乏维生素 A 时，眼睛对黑暗环境的适应能力减退，严重的时候容易患夜游症。维生素 A 还可以预防和治疗干眼病。消除眼睛的疲劳，每天应该摄入足够的维生素 A。维生素 A 的最好来源是各种动物的肝脏、鱼肝油、奶类和蛋类、植物性的食物，比如胡萝卜、苋菜、菠菜、韭菜、青椒、红心白薯以及水果中的橘子、杏子、柿子等。

含有维生素 C 的食物对眼睛也有益。因为维生素 C 是组成眼球水晶体的成分之一，如果缺乏维生素 C 就容易患水晶体浑浊的白内障病。因此，应该在每天的饮食中，注意摄取含维生素 C 丰富的食物。比如各种新鲜蔬菜和水果，其中尤其以青椒、黄瓜、菜花、小白菜、鲜枣、生梨、橘子等含量最高。

丰富的钙粉对眼睛也是有好处的，钙具有消除眼睛紧张的作用。如豆类、绿叶蔬菜、虾皮等的含钙量都比较丰富。排骨汤、松鱼、糖醋排骨等可以补钙。

三、想吃就吃——给你乌黑亮发

乌黑发亮的头发是健康的象征，经常吃蛋白质、维生素、矿物质含量多的食物如水果、胡萝卜、葵花子、黄豆、花生、芝麻、豆芽、鱼肝油等，均可使人保持头发乌黑、皮肤柔润、身材匀称。

四、想吃就吃——给你傲人"胸襟"

乳房大小，一方面由遗传和体质因素决定，如种族、母亲、个体等；另一方面受营养、锻炼、激素分泌、疾病等后天因素影响。食物营养与影响乳房发育的诸多因素都有关系，有的是横向联系，有的是纵向作用。所以乳房发育不够丰满的女性青少年，应多吃一些发热量高的食物，如蛋类、肉类、花生、芝麻、核桃、豆类等富含植物油类的食品。通过热量在体内的积蓄，使瘦弱的身体丰满，同时乳房也由于脂肪的积蓄而变得挺耸、富有弹性。

为促进青春期乳房的发育，还可以吃一些促使激素分泌的食物。维生素 E 有调节激素正常分泌的功能，不妨吃些富含维生素 E 的食物，如卷心菜、花菜、葵花籽油、菜籽油、芝麻油等。除此之外，蛋白质、亚麻油酸、维生素 B 族也是身体合成雌激素不可缺少的成分。含蛋白质丰富的食物有奶及奶制品、瘦肉、蛋类、豆及豆制品等；含维生素 B 族多的食物有动物脏器、鱼、蛋、绿豆芽、新鲜水果；含亚麻油酸多的食物有芝麻油、菜籽油、花生油等。

雌激素的分泌可促进乳房和乳头的发育，使乳房逐渐隆起，变得丰满，但人到成年后乳房已基本定型，如果乳房小，即使吃雌激素药物也无济于事。所以，要使乳房丰满，应在青春期调治。

五、想吃就吃——祝你战“痘”成功

痤疮，俗称粉刺、青春痘，是一种最令青年男女烦恼的皮肤病。据医学科研人员研究发现，吃海带较多的青少年人群中，患有痤疮的人很少，究其原因，乃与海带中含有较高的锌元素有关。锌是人体必不可少的微量元素，它不仅能增强机体的免疫功能，而且还可参与皮肤的正常代谢，使上皮细胞正常分化，减轻毛囊皮脂腺导管口的角化，有利于皮脂腺分泌物排出。所以，青少年经常适量地食用海带，有助于预防痤疮的发生。

六、想吃就吃——给你甜美嗓音

人人都希望自己有副好嗓子，因为它能给人增添几分亮色。试想一位身材窈窕、容貌美的少女语音粗哑，那该是多么不愉快的事。为了有一副好嗓音，少女在变声期应特别注饮食营养。

（1）注意胶原蛋白和弹性蛋白的摄入。因为发音器官主要是由喉头、喉结、甲状软骨组成，这些器官是由胶原蛋白质和弹性蛋白质构成。声带也是由弹性蛋白质薄膜构成，为此，变声期的青少年应吃些富含胶原蛋白质和弹性蛋白质的食物，如猪蹄、猪皮、蹄筋等。

（2）应摄入维生素 B 和钙质。维生素 B_2、D_6 有利于声带的发育。钙质可以促进甲状软骨的发育。

(3) 少吃或不吃辛辣刺激性食物。如辣椒、大蒜、胡椒粉、烟酒，以免刺激声带黏膜，以免引起急慢性喉炎、咽炎。

(5) 适量饮水，可减少或清除喉腔的分泌物，以防止咽炎的发生。此外，在变声期切勿大声呼喊，不要疲劳过度或睡眠不足，更不能引起情绪波动，以免因咽喉充血引起声带损伤。

青春期少女如果不想变成“小肥猪”，请一定远离以下这六种食物。

(1) 令人上瘾的食物。最常见的有香脆可口的花生米、腰果、开心果、杏仁、瓜子等坚果类，或含咖啡因的饮料，如可乐、奶茶，巧克力甚至糖果，一般果汁饮料，这些食物都会在失去控制的情形下，让你的身材走样。

(2) 口味重的食物。又酸、又甜、又辣、又咸的食物，会诱使你胃口大开，在不知不觉中多吃了。例如，大碗的炸酱面、诱人的咕咾肉、宫爆鸡丁。它们也是诱发青春痘的主要因素，对于青春痘的预防亦有负面影响。

(3) 高热量、密度的食物。一般经过油烹调的食物，会提高60% -100%的热量。尤其是大量食用炸、爆、煎、炒、油酥等方法制作的食品，会促进皮脂腺旺盛地分泌皮脂，促使青春痘生长及恶化。另外，香、辣、刺激的调味品及酒也有促进微血管扩张的效果，因而刺激皮脂分泌过剩，使皮肤长出青春痘。

(4) 过分精致的加工食品或速食。加入大量奶油、糖、香料的蛋糕及西式点心；加了火腿、奶油、面粉、马铃薯、玉米的西式浓汤；汉堡、鸡块、奶昔、薯条及可乐……这类食品的热量相当高!

(5) 热量及含量标志不清的食物。除了生鲜食品，经过加工的食品、蜜饯、速食包、奶油饼干或各式罐头食品，通常添加牛油、猪油或白糖等成分，如果标示不清楚，很容易造成食用过多热量而不自知，所以要尽量少买。

(6) 酒类。酒及酒精饮料是高热量的饮品，所以应酬时喝的绍兴酒、红酒等都含有很高的热量，饮用时请适量，以免破坏原先美的曲线或让曲线不堪入目。

青春期的女孩从事紧张的学习，活动量大，尤其处于生长高峰期，每日营养素和能量消耗比开始发育前要增加 2 倍多，故对营养的需求也增多。所以，合理营养对青春期女孩健康成长及学习有着很重要的意义。

盲目节食会对身体造成危害

“楚王好细腰，宫中多饿死”，社会上流行“骨感美”，美女们就掀起了一阵瘦身狂潮。女孩们对自身身材产生了高度的关注，都希望自己不仅要有天使的脸蛋，还要有魔鬼的身材，觉得只有这样才是跟得上潮流。很多女孩为了实现大幅度减轻体重的梦想，不惜虐待肠胃，强制节食。

但是，健美的身躯应该通过科学的饮食和体育锻炼来实现，盲目节食会对身体造成诸多不利的影响。有些本身就不胖的少女为了使身体更加苗条，控制对各种食物的摄取。长此下去，体形虽然变得非常苗条了，但由于身体生长所需要的各种营养物质的缺乏，使身体发育出现了以下一些不正常的现象。

一、智力发育受限

脑细胞的生长发育需要大量的蛋白质，节食会造成体内蛋白质缺乏，使大脑细胞的发受到抑制，出现记忆力减退、注意力不能集中等现象。严重时还可能出现疲劳、乏力和各生理功能减退，甚至出现皮肤松弛、肌肉无力等症状。

另外，节食中的女孩普遍缺铁，而铁水平下降，就会使智商水平下降。英国伦敦国王院的研究人员对 595 名 11 － 18 岁的女孩进行了调查，发现 1/4 被调查的少女因为节食和缺而损坏了她们的智商。

二、月经来潮紊乱

一位女中学生从半年前开始节食减肥，之后就几乎和荤食“绝了缘”。一段时间后，她的体重大大减轻。可是正当她为自己身材恢复苗条而庆幸时，月经却不来了。医生经过详尽的问诊和检查后，发现她属于盲目节食和过分减肥造成的。少女过于节食，以致营养不良，使雌激素分泌受到影响，造成月经初潮年龄较正常女性晚，甚至引发闭经；月经已经来潮者，会发生月经紊乱，经期长短不定，经量多少不一。另外还会出现第二性征发育不良，如胸部扁平，阴毛和腋毛稀少等现象。这类现象在运动员和舞蹈演员中十分常见。

三、产生精神性厌食

小燕今年 17 岁，红红的脸蛋衬着一双明亮的大眼睛，使她看上去显得朝气蓬勃。可是，她却总说自己太胖，希望能拥有像明星一样的苗条身材。于是，她便开始了自己的减肥计划——甜的不吃，咸的不吃，油腻的不吃；每天只吃两餐，每餐主食不超过二两；星期天去郊游，长途跋涉却不进食，不进一滴水。父母多次劝告她，她却说：“想要有一副好身材，就要经得起考验。”依然我行我素。可是，“人是铁饭是钢”，眼见着小燕一天比一天消瘦下去，一个身高 1.68 米的女孩却不到 75 斤重，父母心疼得不得了。父母和她进行了一次长谈，告诉她不能再这样下去，应该给自己补些营养，小燕也明显感觉到自己一天不如一天，似乎美丽还未来临，死亡却在向她招手，但现在的她毫无食欲，什么都难以下咽。

长期过度节食，可使食欲减退，最后导致精神性厌食，不愿进食，看见食物就恶心。如果不及时进行强制性进食和精神治疗，可能导致全身营养状况恶化，严重危害身体健康。一个很有名的美国女歌手，就是因为过度节食而患上了精神性厌食症，最后被活活饿死。

四、引发各种疾病

摄食量少、各种营养物质不足、机体营养缺乏，可导致一系列疾病。比如铁缺乏，可引起缺铁性贫血，出现皮肤苍白、头昏眼花、神疲乏力、活动后心悸气短等现象；蛋白质缺乏，可造成负氮平衡，使生长发育迟缓，消瘦，抵抗力下降，智力发育亦会受到影响，严重者会发生营养不良性水肿。女孩的青春期发育较男孩早，同时伴有明显的内分泌变化，蛋白质摄入不足所引起的不良后果将更为严重；糖类缺乏，可引起低血糖症；维生素 B_2 缺乏可导致脚气病；维生素 C 缺乏可导致坏血病；维生素 D 缺乏可引起骨代谢异常，身材长不高或骨骼变形；维生素 A 缺乏可引起夜盲症；钙、磷摄入不足或比例不当会直接影响骨骼发育，缺铁可导致贫血；缺锌可影响人体生长发育和性腺发育等。

青春期是长身体、长知识的重要时期。这一时期体质将影响一生的健康，必须为强健的体魄打下牢固的基础。单纯为追求外表美而不科学的节食，这是不可取的，且后患无穷。青春期女孩必须慎之又慎。

酗酒是健康的一大杀手

美国一位细心的母亲发现自己未成年的女儿对她撒谎。女儿不是去看电影，而是和她的朋友们一起参加晚会，在没有成人在场的情况下，尽情玩乐，肆意斗酒。结果，气急败坏的母亲匆匆赶到晚会上，不由分说，欲将女儿拖回家。女儿不仅不听母亲的话，反而大喊大叫，还赖着不走。

现在，人们的生活水平有了很大提高，酒已经成为餐桌上不可缺少的饮品。少量饮酒对身体有益，但有些年轻的女性在一些应酬活动中，也是推杯换盏，酒不离口，甚至有些青春期少女也喝酒成瘾，这就变为害了。

酒，无论度数高低，都是含有酒精的饮品，而酒精是一种能够刺激和麻痹神经系统，有镇静作用的物质，进入口腔后，它经过胃、小肠，渗入血液中，再由血液带到身体的各个部位。在肝脏内，酒精分解成水、二氧化碳和能量；在大脑内，当它麻醉了大脑细胞时，思维过程直接受到干扰而变缓，酒精浓度越高，受影响的脑细胞就越多。

适度喝酒，能加速血液循环，对身体有一定的保健作用；但是，大量酗酒却是健康的一大杀手。

（1）首先，喝酒伤害大脑神经。酒是一种刺激物质，过量喝酒会使大脑皮层处于过度兴奋或麻醉状态。酒精中毒后首先影响大脑皮质，使神经有一个短暂的兴奋期，胡言乱语；继而大脑皮质处于麻醉状态，言行失常，昏昏沉沉不省人事。若进一步发展，生命中枢麻痹，则心跳呼吸停止以致死亡。

（2）伤害心血管系统。酒精影响脂肪代谢，使血胆固醇和甘油三酯升高。大量饮酒会使心率增快，血压急剧上升，极易诱发脑猝死。长期饮酒还会使心脏发生脂肪变性，严重影响心脏的正常功能。

（3）伤害胃肠道。酒对胃黏膜有刺激作用，大量饮酒，胃黏膜受到刺激，影响胃液的分泌和胃的正常功能，使食欲减退，消化不良，严重的会引起黏膜充血、肿胀和糜烂，导致食管炎、胃炎、溃疡病。

（4）伤肝害肝脏。大量的临床试验证实：酒精中的乙醇对肝脏的伤害是最直接，也是最大的。因为酒精主要在肝内代谢，它能使肝细胞发生变性和坏死。一次大量饮酒，会杀伤大量的肝细胞，引起转氨酶急剧升高；如果长期饮酒，还容易导致酒精性脂肪肝、酒精性肝炎，甚至酒精性肝硬化。此外，肝癌的发病与长期酗酒有直接关系。

（5）伤害视力。这是因为：大量饮酒后，由于酒精的作用，全身血液循环加快，往往使眼睛充血，损害视网膜，发生“酒弱视”。对于糖尿病、高血压患者来说，饮酒还会导致眼底出血，轻者视力下降，重者可致失明。另外，长期大量饮酒，可引起消化吸收功能减退，体内维生素缺乏，可致结膜炎、视神经炎等疾病。

（6）伤害生殖细胞。酒精对精子和卵子也有毒副作用，不管父亲还是母亲酗酒，都会造成下一代发育畸形、智力低下等不良后果。孕妇饮酒，酒精能通过胎盘进入胎儿体内直接毒害胎儿，影响其正常生长发育。而在丈夫经常酗酒的家庭中，平均人工流产次数比其他家庭高很多。

（7）长期酗酒还会造成身体中营养失调和引起多种维生素缺乏

症。因为酒精中不含营养素，经常饮酒者会食欲下降，进食减少，势必造成多种营养素的缺乏，特别是维生素 B_1、维生素 B_2、维生素 B_{12} 的缺乏，还影响叶酸的吸收。

酗酒还是社会的不稳定因素之一，对社会也具有极大危害。因为酗酒是一种病态或异常行为，可构成严重的社会问题。酗酒者通常把酗酒行为作为一种因内心冲突、心理矛盾造成的强烈心理势能发泄出来的重要方式和途径。酗酒者常通过酗酒以期来消除烦恼，减轻空虚、胆怯、内疚、失败等心理感受。如果全社会对酗酒现象熟视无睹，不采取有效措施加以规劝，醉鬼们就可能危害社会治安，让我们遭遇偷盗、杀人、家庭暴力后的离异等。这并非耸人听闻，我国每年因酗酒肇事立案的高达 400 万起；全国每年有 10 万人死于车祸，而 1/3 以上的交通事故的发生与酗酒及酒后驾车有关。

研究发现：女性酒精依赖的过程比男性短。这意味着女性酗酒者对酒精产生依赖会更快，不利影响出现得也就会更快。研究还发现，在对酒精产生依赖以后，女性的大脑萎缩进程要比男性快。以前就有证据表明，饮酒过度造成的不良反应在女性身上表现出来的时间要早于男性。而对于正处于发育的关键阶段，又缺乏自我保护意识的少女来说，酗酒，会造成更大的伤害。

（1）青春期少女酗酒，不仅会使神经反射的速度显著减慢，而且更容易产生某些心理疾病，如心理脆弱或者智力缺陷。长期饮酒，可引起营养和代谢失调，造成蛋白质、维生素及矿物质供应不足，影响少女的生长发育。

而且，由于少女群体属于低消费者，经济上的不宽裕导致她们常挑选低价位的酒，有的甚至是劣质酒和假酒，对于身体的伤害可想而知。据一些医院急诊室反映，在接待青春期少女急诊求治中，因酗酒被送进急诊室的已占相当大的比重。

（2）容易引发校园暴力事件。酗酒后，由于身不由己而常使人行不知所往，手不知所持、食不知所味。一种原始冲动使不少人变得野蛮、愚昧、粗暴、异常兴奋，常诱导人发生为所欲为、迷离恍惚而又洋洋自得的举止，人在这种失去理智的状态下很容易与周围的人发生冲突，例如，打架斗殴、寻衅滋事、伤害他人或者一些莫名其妙的破坏行动。目前，酗酒已成为学生恶性斗殴事件的主要原因之一，甚至有个别高校学生斗殴事件的 50% 以上由酗酒所致。老师反映，有的女生平时彬彬有礼，一旦酒杯在手就难以自控，变得莫名其妙地蛮横无理，打打砸砸自不在话下，酒醒后又后悔不已、发誓绝不再现。

（3）影响女学生的良好社会形象，并会带来不必要的经济开支。酗酒后的女生，常常在学校外骂街，在校园内撒野。人们很难把女学生的形象与醉汉联系在一起．也很难想象一个醉汉还能潜心钻研什么学问。研究表明，酒醉的程度同智力恢复所需的时间大体成正比。在当今社会飞速发展的信息时代，一个经常醉酒的人在工作和学习上的损失相当大。同时，作为纯消费群体，青春期女孩经常喝酒势必会给自己带来一笔额外的经济负担。

（4）少女醉酒之后，行为能力下降，易给犯罪分子可乘之机。甘肃就有一名少女，凌晨喝酒后被 4 人劫持，带到宾馆惨遭轮奸。

正因为饮酒有上述危害，为了保证同学们的健康成长，维护校园正常秩序，国家教委明文规定校园里不准经营烈性酒，学生守则也有严禁酗酒的条文。学校规定学生不允许喝白酒，更不许酗酒。

有的少女说：“同学聚会的时候，朋友经常要劝酒。不喝的话，既显得自己胆子小，朋友面子上也过不去。”

对于这种情况应该要有正确的心态，应当说，一个真诚的人是不忍看到自己的好友酒后出洋相的。同学之间应该相互关照，当止则止，“己所不欲，勿施于人”，以免失节、失当、失度，产生不良后果。

聪明人以他人的教训获取自己的成功，愚蠢的人以自身的代价换取深刻的教训。希望每个青春期少女都能成为聪明的人，吸取前人的经验教训，树立安全防范意识，做好各方面的防范工作，以便顺利完成学业。青春期少女要慎喝酒，适量喝酒，更不可喝酒成瘾，也不要暴饮，否则对本人和下一代都不利。

预防近视的保健方法

小婷从小学二年级起她就戴上了眼镜，每年都得更换，至今已记不清这是第几副了。近视度数随着年龄的增长，“芝麻开花——节节高”，现在已是一千多度，不知以后还会不会发展。

皮肤白皙、清秀俊丽的小婷如果再加一双明亮的大眼睛绝对是个美人胚子。作为一个花季少女，眼镜的存在却成了她永远的遗憾。

同小婷有同样遗憾的女孩不在少数，据教育部和卫生部最近联合调查显示，小学生近视率已达 40%，中学生近视率为 70%，我国近视眼发病率已上升为世界第二位。对于很多孩子来说，眼镜将成为他们一生中最亲密的“伴侣”。

究竟谁是青少年近视的元凶?

青少年近视眼的发生因素很多，主要有以下几点：

（1）视距近：青少年由于眼的调节力很强，所以对近距离甚至眼前的字、物都能看清楚，这样他们就不自觉地经常处于近距离工作状态，使眼睛持续高度调节，促成近视。

（2）连续用眼时间过长。经常使眼睛处于持续性高度调节状态，这样必然导致眼内肌也处于痉挛状态，看远处时，眼内肌不能正常放松，久而久之，就产生了近视。

（3）学习环境不良。如看书光线过强或过弱，使眼睛的调节负担加重，导致近视。

（4）看电视方法不当。看电视没有节制，距电视过近，室内光线明暗不均，这些都可加重眼睛的疲劳，促成近视。

另外，遗传因素也会导致近视眼。主要表现在父母双方高度近视的话，孩子遗传的几率较大。目前认为是染色体隐性遗传，这种遗传也受环境因素的影响。因此，对有遗传因素的青少年，更应做好预防工作，避免近视的发生。

人们常说："眼睛是心灵的窗户。"明眸皓齿、暗送秋波说的都是眼睛之美，可如果它"蒙尘"，受伤害的就不止是心灵了。

戴上近视镜后，不仅影响美观，而且平添了许多不必要的麻烦。鼻梁天天被压迫也实在不是滋味。更严重的是，很多青少年因为视力不合格，与自己喜爱的专业擦肩而过。

2006 年《普通高校招生体检工作指导意见》中对视力的规定是这样的：

裸眼视力任何一眼低于 5.0 者，不能录取的专业：飞行技术、航海技术、消防工程、刑事科学技术、侦察。专科专业：海洋船舶驾驶及与以上专业相同或相近专业（如民航空中交通管制）。裸眼视力任何一眼低于 4.8 者，不能录取的专业：轮机工程、运动训练、民族传统体育。专科专业：烹饪与营养、烹饪工艺等。

屈光不正（近视眼或远视眼，下同）任何一眼矫正到 4.8、镜片度数大于 400 度的，不宜就读海洋技术、海洋科学、测控技术与仪器、核工程与核技术、生物医学工程、服装设计与工程、飞行器制造工程。专科专业：与以上相同或相近的专业。

任何一眼矫正到 4.8、镜片度数大于 800 度的，不宜就读地矿类、水利类、土建类、动物生产类、水产类、材料类、能源动力类、化工与制药类、武器类、农业工程类、林业工程类、植物生产类、森林资源类、环境生态类、医学类、心理学类、环境与安全类、环境科学类、电子信息科学类、材料科学类、地质学类、大气科学类及地理科学、测绘工程、交通工程、交通运输、油气储运工程、船舶与海洋工程、生物工程、草业科学、动物医学各专业。专科专业：与以上相同或相近专业。

一眼失明，另一眼矫正到 4.8、镜片度数大于 400 度的，不宜就读工学、农学、医学、法学各专业及应用物理学、应用化学、生物技术、地质学、生态学、环境科学、海洋科学、海洋技术、生物科学、应用心理学等专业。

山东省 1999 年近 30 万名考生的体检结果显示，有 20 万名被定为不合格，其中视力受限最突出，占58%，约有10万名考生因视力不过关而放弃了原本选择的专业。视力啊，视力！这道难以跨越的高门槛，粉碎了多少莘莘学子的美梦啊！

如何预防近视眼：

（1）近距离用眼的时间不宜过长，每隔45 – 60分钟要休息10 – 15分钟。休息时应隔窗远眺或进行户外活动，使眼球调节肌得以充分放松。

（2）近距离用眼时的光线要适中。在夜晚或光线暗的环境下，照明最好采用白炽灯。这是因为白炽灯的光线比较柔和，显色性能良好，眼球容易适应，防止了光线过强或过暗所带来的用眼疲劳。

（3）近距离的用眼姿势要正确。近距离用眼时，桌椅高低比例要合适，坐姿要端正，书本放在距眼30厘米的地方。营养不良、患急慢性传染病、体质虚弱、偏食或贪吃甜食的孩子常为近视眼。

（4）日常生活中的饮食要荤素搭配合理，不偏食，保证各种营养成分齐全均衡。饮食中注意摄取富含维生素A、B_2、C、E的食物多吃肝脏、牛奶、蛋黄、绿叶蔬菜、胡萝卜等食物，还要多吃粗面杂粮，少吃糖果，限制高动物脂肪的摄入，预防近视的发生和发展。平日里要加强体育锻炼，如跑步、做广播操、打球、踢毽子等。

（5）勤做眼保健操。眼保健操是根据祖国医学推拿、经络理论，结合体育医疗综合而成的按摩法。它通过对眼部周围穴位的按摩，使眼内气血通畅，改善神经营养，以达到消除睫状肌紧张或痉挛的目的。实践表明，眼保健操同用眼卫生相结合，可以控制近视眼的新发病例，起到保护视力、防治近视的作用。可以在读书写字的间隙做眼保健操，以起到解除眼疲劳的作用。

眼保健操的正确做法是这样的：

第一节揉天应穴（攒竹下三分）：以左右大拇指螺纹面接左右眉头下面的上眶角处。其他四指散开弯曲如弓状，支在前额上，按探面不要大。

第二节挤按睛明穴：以左手或右手大拇指按鼻根部，先向下按、然后向上挤。

第三节按揉四白穴：先以左右食指与中指并拢，放在靠近鼻翼两侧，大拇指支撑在下颚骨凹陷处，然后放下中指，在面颊中央按揉。注意穴位不需移动，按揉面不要太大。

第四节接太阳穴、轮刮眼眶（太阳、攒竹、鱼腰、丝竹空、瞳子髎、承泣等）：拳起四指，以左右大拇指螺纹面按住太阳穴，以左右食指第二节内侧面轮刮眼眶上下一圈，上侧从眉头开始，到眉梢为止，下面从内眼角起至外眼角止，先上后下，轮刮上下一圈。

拿什么来拯救你，我的近视眼？

（1）佩戴矫正眼镜，是目前国内外公认的最恰当、最有效、最安全的治疗方法。配镜前散瞳验光，排除假性近视，确定实际的屈光度。因青少年平时用眼很多，所以，易造成调节功能不稳定，此时注意用眼卫生与改善学习环境格外重要。

（2）现在，在激光手术高速发展的今天，可以通过手术治愈近视眼，但并不是每一种方法对所有近视眼患者都合适，也并不是每一个近视眼患者都可以接受手术治疗的。

美容护肤有妙招

“晶莹剔透、吹弹可破”的肌肤是每个人的梦想，丽质天生虽令人称羡，但后天的保养与护肤才是胜负关键。这需要从了解自己肤质及选择适合自己的保养或护肤产品做起，将持续不间断的执行当成生活的一部分，才能达到最大的效果。青春期少女在选择美容护肤品之前，一定要先搞清楚自己的肤质类型，然后再根据自己的肤质，为自己选择最适合的护肤产品和保养方式，这样才能事半功倍。

爱美之心人皆有之，青春期的女孩更希望有一个美丽的外表。用化妆品来掩盖自己的不足，力求达到容貌完美，这是无可厚非的，无关道德品质。但是青春期女孩往往因为缺乏经验而进入误区，结果达不到美化的效果。

“巧妇难为无米之炊”，化妆之前的准备步骤当然是选择合适的化妆品。有不少女孩对化妆品的成分不了解，往往在选择化妆品时，首先注重的是它的香味。虽然香味很重要，但更重要的还是化妆品的质量，因为质量不良的化妆品，最容易损伤皮肤。正确地选用化妆品要注意以下内容：

选择化妆品应首先注意有无检验合格证和卫生许可证。注意化妆品出厂日期和保质期。

选择化妆品时要看化妆品的颜色是否鲜艳，如发现变色，或有红、黑、绿等颜色的霉斑或颜色黯淡，说明是过期产品或制造时添加色素导致，不能使用。如外观出现混浊、油水分离或出现絮状物，膏体干缩、裂纹，则更不能使用。化妆品的气味优雅，沁人心脾，如果有异味则不能使用。

化妆品要求质地细致，因为质地越细腻，其与皮肤的附着性也越大，擦在皮肤上才显得自然贴切。下面介绍几类常用的化妆品的鉴别方法：

乳液：在选择乳液状的化妆品时，最重要的是留意乳化作用是否良好，良好品质的都具有明亮的光泽；反之，光泽暗的就不好，应小心分辨。

收敛性化妆水：它是完全呈透明状的，所以在选择的时候要特别注意由瓶外看进去是否透明度正常和没有沉淀物，如果不透明，那就不合格。

霜状化妆品：良好的霜状护肤品，看起来雪白而且鲜艳，气味清新。反之，如果品质不好的其表面看来黯淡无光泽，气味浑浊，试用时感觉并不舒服，而是有粗糙的感觉。因此在选择时仔细地试用一下，就能感受到是优质还是劣质。

夏季的化妆品：通常是为常常抹汗而设计的，为防止脱妆，加入了不少乳化剂及其附加物。从这一点可以看出，夏季用的化妆品危险性较大，必须在使用前以“接触验法”检测，结果为阴性才可使用，阳性就不宜使用。

有了合适的化妆品，就“万事俱备，只欠东风了”。少女们如果想化出满意的妆，就要花时间去试，看着镜子，不断尝试。下面总结的一些小细节你平时注意到了吗？

（1）化妆时的手势一定要轻。

（2）很多女孩为了掩盖脸部的小瑕疵而打上厚重的粉底。实际上，这是一种错误的做法。好的化妆，应该显露出皮肤自身的生命力，因此不能遮盖太多，不然就会像雕塑一样，极不自然。好的粉底都很透明，只需在脸上打上薄薄一层即可。

（3）要掌握好粉底与遮瑕膏的平衡度问题，既要遮盖瑕疵，又要显得透明自然。肤色就像画画的画布一样，没有好的底，也不会有好的画作诞生。

（4）刚开始化妆的话，建议从十分浅的颜色着手，并着重在几个自己觉得最安全的颜色上。

（5）不要拿深色的化妆品画着玩，对于一般的年轻女孩来说，很难把深色画好。

（6）选择脸部的任何一个部位开始练习化妆，或唇，或颊，或睫毛，或眼睑……集中精力练习一个部位，等到自己驾轻就熟后就可开始下一个目标。

（7）刷子上不能蘸太多的用品，不然会弄脏整个妆。

（8）画眼影时宜将偏深的眼影画在靠近睫毛根处的眼睑，越往上越浅，最浅的放在眉毛下面。如果对新颜色不熟悉，可从接近肤色的色彩开始练习。

（9）不要在眼睑处放太多粉底。

“清水出芙蓉，天然去雕饰”。少女的美，是一种天然的美、健康的美。浓妆粉黛、盛装艳服只会湮没少女的青春光彩。为防止天生的皮肤质感与精致的五官上被妆面覆盖，越来越多的少女爱上了“透明妆”。

化好透明妆，秘诀只有两个字，那就是：简洁。

如何理解这两个字呢?

（1）底妆要打薄，无论是粉底液还是粉底霜，都要用手指细细推匀，尽量做到又薄又干净。尽量不用蜜粉，蜜粉会有一种浮粉的感觉。如果想使妆效持久而必须用蜜粉的话，一定要在完妆后趁着妆彩还湿润时薄薄地刷上一层。如果用的是霜状质地的产品，要把握推抹的角度和范围，可以在额头、双颊、鼻头和下巴点上五点，再迅速均匀涂抹。最适合选用液状粉底和干湿两用粉底，但上妆速度一定要快，避免粉底发干而使颜色不均匀。

再告诉你一个小秘诀：在粉底霜中加些保湿爽肤水，这样可令肌肤更加润滑哦!

（2）好气色当然要靠腮红帮忙，最好是带有自然血色感的腮红。一不可大面积涂抹，二要谨记轻轻涂抹，让好气色不显山不露水地到来，这才是“无妆”的效果啊!

（3）眼部的朦胧是否能与整个面部的妆容贴切，取决于眼影的选择，要选有些微珠光、色泽柔和的，可以营造洗练明亮的眼妆效果。带有烟熏色调的眼彩产品能营造洗练明亮的眼妆效果。

（4）要达到最自然的妆效感，首先就需舍弃浓密感的睫毛膏，让极细的睫毛膏帮你描画更完美的自然美感（当然，如果本身的睫毛就已细细长长，又何必非要多手再勾勒一番呢?）。

（5）如今，唇部妆效不再强调过分的光泽，而着重营造好似奶油般鲜嫩欲滴的质感。一抹之间，丰润立现。

（6）一款米色指甲油。指甲端处是最要紧的细节，不当心的浓墨重彩一定会坏了整体果，一款高雅的米色指甲油会给你所精心制造的自然美感画上一个完美的句号。

对于青春期女孩来说，“高雅”才是至上的赞美之辞。薄施粉黛的自然感觉当是最佳的。化妆只能烘托一个人的外表，真正的美来源于自信。只有在美化容貌的同时不断提高个人素养，才能内外兼修，气质天成。

聪明的女孩还应该学会根据季节变化来调整护肤策略。

1. 春天的皮肤保养

春天皮脂和汗水的分泌日益增加，女性皮肤容易出青春痘，且因气温变化较大以致皮肤容易起皱。因此保养时应注意，为防止青春痘，要保持皮肤表面的清洁。沐浴后要按摩，每隔7 – 10天敷用面膜一次，以保持毛孔的通畅。临睡前，在面部擦些化妆水，以降低皮肤碱性。

2. 夏天的皮肤保养

夏天护肤的重点是防晒和清洁，所以每天至少洗脸4次，洗后即用酸性化妆水拍打面部。且每天要在裸露部擦上高水相冷霜。否则皮肤容易松弛起皱。外出时要做好遮阳和擦上防晒霜。

3. 秋天的皮肤保养

秋天保养皮肤主要以防为主，给予皮肤充足水分，使之处于润湿状态即可。

4. 冬天的皮肤保养

冬天皮肤容易干燥粗糙，表皮角质层容易脱水，因此在保养时应使用保湿性、营养性护肤品，以保持皮肤水分均衡。同时血液循环的加强也能调节水分均衡，所以每天进行皮肤按摩也很重要。

最后，我们来谈谈化妆与护肤的关系。

对于青春期女孩来说，保持皮肤健康远较化妆更为重要。在某些必要的场合必须化妆时，应注意以下几点：

（1）要淡妆，以减轻化妆品对皮脂腺的堵塞。

（2）根据皮肤性质选用刺激性较小的化妆品，以保护皮肤不受侵害。

（3）化妆品在皮肤久留，会影响表皮细胞的气体交换。如果卸妆不彻底，化妆品残留脸上，会堵塞毛孔，后果之严重可想而知。彻底清洁皮肤、彻底卸妆，绝对是美容的根本。护肤品的选择要依据自己的皮肤状况，如果选择不当，不仅会因为卸妆不当而让肌肤受到伤害，更会让你的脸被痘痘骚扰。

（4）当用化妆品后出现不适感觉时，应立即洗净，不可再用。

在日常生活中，要时刻注意防止外界环境对皮肤的刺激，少食辛辣食物，多食红枣、桂圆等含有丰富维生素的水果，多食蔬菜，多饮水，以保证皮肤营养，并要注意保持皮肤清洁。根据自己的皮肤性质，选用适当的护肤用品。此外，还要加强皮肤锻炼，增强皮肤的抗病能力，如冷水浴、日光浴，对于保护皮肤及皮肤的健美都十分有利。有痤疮感染或其他皮肤疾病时，要及时就医，不得自己挤脓或随便用药，以免造成不良后果。

学会自我保护，防范性攻击

在性犯罪中，凡女性，无论老幼都有被攻击的可能，而以 16 – 29 岁的女性为主要攻击目标。在年龄上，青春期女孩成了犯罪分子性攻击的重点对象。所以，少女应该提高警惕，保护自身安全。

从高校女生受到性伤害的实际情况来看，少女最好避免独自前往下面这些地点，以免遭受侵害：高层建筑物中的电梯及阳台；传统楼梯的转角处；密闭大厦长廊，易于阻隔视线的死角；无人管理的盥洗室；无照明设备的狭巷路段；停车场；公园、灌木丛或荒远的道路河堤；阴暗的地下道；废弃的空屋、旧宅。

在日常生活中，青春期女孩自我保护应该注意以下几点：

（1）夜间出行，保持警惕。如果你在校园行走，要走灯光明亮、往来行人较多的大道。对于路边黑暗处要有戒备，最好结伴而行，不要单独行走。如果走校外陌生道路，要选择有路灯和行人较多的路线。

（2）防“贼”之心不可无。陌生男人问路，不要带路；向陌生男人问路，不要让他带路。

（3）洁身自好，正言直行。不要穿过分暴露的衣衫和裙子，防止产生性诱惑；不要穿行动不便的高跟鞋，不要出没酒吧、歌舞厅等鱼龙混杂的场所。

（4）作风端正，正视诱惑。不要搭乘陌生人的机动车、人力车或自行车，不吃陌生人提供的食物，防止落入坏人圈套。

（5）有勇有谋，正义在胸。遇到不怀好意的男人挑逗，要及时斥责，表现出自己应有的自信与刚强；如果碰上坏人，首先要高声呼救，假使四周无人，切莫慌张，要保持冷静，利用随身携带的物品或就地取材进行自卫反抗，还可采取周旋、拖延时间的办法等待救援。

（6）知法守法，依法维权。一旦不幸遭遇侵害，不要丧失信心，要振作精神，鼓起勇气同犯罪分子作斗争。要尽量记住犯罪分子的外貌特征，如面貌、体形、语言、服饰以及特殊标记等。要及时向公安机关报告，并提供证据和线索，协助公安保卫部门侦查破案。

万一不幸遇上色狼的性攻击，少女可以利用正当防卫保护自己尽可能不受伤害。斗智斗勇，教你十招：

（1）喊：有道是“做贼心虚”。色狼在实施犯罪行为时，心虚的多。别小看喊声带来的风吹草动，它就有可能阻止犯罪嫌疑人的主观恶性继续加深。假如色狼正处于犯罪初始（刚着手）阶段，女性应当大声呼救，以求得旁人闻警救助。如一名女性在夜晚活动时，被一个心生歹意者突然截住。她不顾一切大声呼喊，色狼惊吓，在逃跑中被闻声赶来的众人抓获。此刻若该女子心有所忌，不敢呼喊，则必将遭害。

（2）撒：若只身行路遭遇色狼，呼喊无人，跑躲不开，色狼仍然紧追不舍。女性可以干脆就地取材，抓一把泥沙撒向色狼面部（城市女性为防侵害，可以在衣袋、书包内常备些防狼喷雾），这样做可以抢出时间，逃脱后再去调兵擒魔。

（3）撕：如果撒的办法不起作用，仍被色狼死死缠住，打斗不过。女性可以在反抗中撕烂色狼的衣裤，令其丑态百出。而后将他的烂衣裤（碎片、衣扣、断带）作为证据带到公安机关报案。

（4）抓：使劲撕仍不能制止加害行为的，可以向犯罪嫌疑人的面部、要害处抓去。抓时只有抓得狠、抓得死，将其抓破，才能达到制服色狼、收集证据的目的。将留在指甲里的血肉送公安机关，即可作为遭到不法侵害的证据。

(5) 踢：面对一时难以制服的色狼，可以拼命踢向他的致命器官，这样可以削弱他继续加害的能力。这一招不少女性在自卫中使用过，极其见效。还应大声正告色狼，再猖狂将受法律制裁。

(6) 变：若发现色狼跟踪不要害怕，见机变换行走路线，一般都可将其甩掉。有一女工夜间回家路上，发现被盯上了。原路线前方不远即是偏僻路段。女工当机立断，迅速改变了回家路线，并在不远处果断叩开路边一户人家的大门。

(7) 咬：色狼施暴时常常先将女性的双臂缚住，此时在不得已中应抓住时机咬住其肉体不松口，迫使其就范。有位女性在被害过程中遭色狼强行接吻，情急中“稳、准、狠”地咬住了色狼的舌头，致使其疼痛休克，被捉送公安机关。

(8) 刺：如果遇到色狼手中有凶器，女性仍要沉着，胆大心细，不要慌乱。色狼要行奸，必会自脱衣裤，此时可借机行事。有一妇女被持刀色狼相逼，她临危不慌，让色狼先行脱衣，当其动手脱衣时，妇女快速夺刀朝色狼身体要害处刺去。

(9) 套：如果几经反抗不利，色狼强奸即遂，此时也不可轻易放过（有些受害女性到此时就彻底放弃反抗了），可以采取“套”的办法将其制服。如一位姑娘被害后哭着说：“这么一来……我连对象都没法找了……你要是没有对象咱就……”次日晚，当色狼再去找姑娘“谈情说爱”时，被早已等在那里的公安人员抓获。

(10) 认：受到色狼不法侵害时，女性应当瞪大眼睛，牢记色狼的面部和体态特征，多记线索，以便在报案（一定要争取在 24 小时之内）时提供给公安人员。某地区有一名女中学生，遇害时牢牢记住了犯罪嫌疑人的脸面。她在随公安民警侦破此案的路上遇到这名色狼，当场指认出来。

强奸妇女案屡有发生，在此类犯罪现象中，犯罪嫌疑人的主观恶性深度不一样，而女性被侵害时的情况也不尽相同，这就需要女性在遭遇色狼时胆大不慌，依法自卫。如能灵活使用上述方法，既可能制服色狼，保全自己，又可为民除害。

女孩不要成为嗜烟爱好者

小敏只是个高中生，别看她年龄不大，烟龄却不短。

小敏父母忙于生意，无暇顾及她的学习、生活，只知道给孩子足够的钱，却不关心钱的用处。小敏不好好学习，却结交了社会上一些不三不四的青年，染上了烟瘾。她的烟瘾很大，每天一有空就烟不离口，老师总能在她的书包里发现烟。可是她对学校的警告不管不顾，甚至鼓励同学一起抽烟，结果同学们开始远离她，老师也渐渐对她放弃希望了。

有关研究报告指出：中国 3 亿烟民中，竟有 10% 是青春期少年，而其中女孩的比例越来越高。抽烟有害，这道理人人皆知。很多成人嗜烟者正在想方设法戒烟，但是，为什么会有这么多花季少女成为嗜烟爱好者呢?

第一是好奇心作怪。好奇心人人皆有，青春期少女尤其明显，她们处于儿童与成人之间的过渡时期，感到新鲜事和未知东西太多了。尽管舆论界和宣传机构大力宣讲抽烟有害，但抽烟的人数却始终减下不来，好烟名烟价格一个劲地涨，也吸引了少女的注意与尝试。

第二是模仿。因为她们在生活中看到，电视里也好，生活中也好，成人抽烟、喝酒，显得那么逍遥自在，于是就把它当成一个成人成熟的标志。青春期女孩总认为自己成熟了，但是这种成熟感却得不到社会的认同，特别是得不到家长的认同。因此她就会找另外的渠道，体验一下成人的感觉，但是往往吸烟会成瘾的，少女的毅力还是比较差的。

第三是无聊之至。在抽烟的女生当中，重点中学的女生相对少些，而一般中学、职业中学或中等技工学校的女生多一些；家庭幸福美满的少一些，缺乏亲情关爱的多一些。其实这些女学生抽烟并不一定觉得抽烟是一种享受，有的甚至感到难受，但由于学习成绩不好，缺乏关怀，寂寞无聊，无事可做，恰巧大家凑在一起，有一人带头，众人便迎合响应，把抽烟当成一种游戏，吞云吐雾，以此来消磨时间，开心解烦。这类女学生往往学业上不思上进，个人志向不高。

最后，是环境的影响。“饭后一支烟，赛过活神仙。”这种观点对女生的诱惑力也是颇大的。再看到社会上名人企业家，大都是烟不离手，来来往往也是烟酒开路，神通广大。处于这种环境中，她们便开始学抽烟。

只有从心理上对烟草的危害形成正确认识，才能彻底抵制吸烟的恶习。

烟草中大约含有 1 200 多种化合物，其中大部分对人体有害，特别是尼古丁，危害尤大。一支香烟里的尼古丁，可以毒死一只老鼠，20 支香烟里的尼古丁能够毒死一头牛。一个人如果每天抽20 － 25 支香烟，就将吸入 50 － 70 毫克尼古丁，这些尼古丁足可以置人于死地，只是由于它们是逐步吸入的，再加上人体有一定的解毒能力，才幸免于难。

另外，烟草中还含有许多致癌物，另外还有许多促致癌物，以及能够降低机体排出异物能力的纤毛毒物质。这些毒物附在香烟烟雾的微小颗粒上，到达肺泡，并在那里沉积，彼此强化，结果又大大加强了致癌作用。每天吸烟 10 支以上的人，肺癌死亡率要比不吸烟者高很多。此外，吸烟还能引起喉癌、口腔癌、鼻咽癌、食道癌胰腺癌、膀胱癌等。

吸烟会使心血管病加剧，加速动脉粥样硬化和生成血栓，导致心律不齐，甚至突然死亡。有学者研究发现，吸烟者由冠心病引起的猝死，要比不吸烟者高 4 倍以上。吸烟还会损害神经系统，使人记忆力衰退，过早衰老。经常吸烟的人，长年咳嗽、咳痰，易患支气管炎、肺气肿、支气管扩张等呼吸道疾病。吸烟者还容易得胃溃疡，因为香烟烟雾中的烟碱，能破坏消化道中的酸碱平衡。

青春期少女正处于成长发育时期，对有害有毒物质比成年人更容易吸收，受到毒害也更深。

（1）香烟中所含的尼古丁煤焦油、一氧化碳等也会引起皮肤粗糙、老化。因尼古丁进入人体以后，促使毛细血管收缩，阻碍新陈代谢进行，使输送到皮肤的营养成分减少，结果使皮肤变得粗糙，助长青春痘、肿包的出现，并易产生褐斑和皱纹。皮肤的损坏，是一个很难逆转的过程。所以，青春期的女孩，为了你娇嫩的皮肤着想，请远离烟草。

（2）抽烟女性的腰更易变粗。研究人员发现，和不吸烟者或已经戒烟者相比，吸烟者腰围较大且臀围较小，即腰臀比（腰围除以臀围）较高；吸烟时间越长、吸烟量越大的人其腰臀比越高。如果戒烟，腰臀比会随戒烟时间的延长而逐渐降低。这种情况在女性被调者中尤为明显。身材的破坏很容易，修复却很难。所以，青春期的女孩，为了不让自己留终身的悔恨，请远离烟草。

（3）抽烟所引起的损害使得牙周更容易发生细菌感染，烟草能够抑制身体的免疫系统，降低人体抵抗感染的能力，烟草还减少牙周的血液流通量，从而剥夺使牙周保持健康所需要的氧气和营养成分。所以，青春期女孩，为了拥有健康美白的牙齿，请远离烟草。

（4）在烟气中含有750多种化学成分，其中包括许多有毒物质。这些有毒物质能直接影响眼部组织新陈代谢功能，而发生双眼无痛性、进行性视力减退和色觉障碍等。此外，吸烟还可导致弱视。吸烟导致的弱视称之为烟草中毒性弱视，主要表现为视力下降，视野缩小，辨不清红、绿颜色。所以，青春期女孩，为了一双秋水般的明眸，请远离烟草。

（5）青春期的孩子本来容易冲动，在烟草的作用下，这种冲动会加剧，就会作出很多的糊涂事，包括一些女孩的失身，酒后打架。所以，青春期女孩，为了幸福的人生，请远离烟草。

（6）吸烟对生殖系统有不可逆转的损害，尼古丁易在体内堆积，造成无生育能力，或者产下畸形儿。所以，青春期女孩，为了你的后代着想，请远离烟草。

天下无难事，只怕有心人。吸烟的少女们，请马上丢掉所有的香烟、打火机、火柴和烟灰缸，避免参与往常习惯吸烟的场所或活动。餐后喝水、吃水果或散步，摆脱饭后一支烟的想法，烟瘾来时，立即做深呼吸活动，或咀嚼无糖分的口香糖。坚决拒绝香烟的引诱，经常提醒自己，再吸一支烟足以令戒烟的计划前功尽弃。

记住：坚持就是胜利！

打造一个健美的好身材

美丽是女人一生的事业。拥有“天使面孔、魔鬼身材”几乎是所有青春期女孩的梦想。爱美的女孩更是以此为目标前赴后继、乐此不疲。“健美”、“塑型”，成了一种时尚，成了青年人最时髦的话题。对于现代女性来讲，“追求美丽”已不再只为悦己者容，更多的是为了取悦自己，为了增加自信，为了更好地实现自身价值，装扮出绚丽多姿的生活。那么，爱美就是无可非议的了，是天性的使然，是时代的呼唤。

少女怎样才能拥有一副健美的好身材，如何才能打造一个完美的骄人身段？

青春期的少女，身体基本定型，体重明显增加。骨盆发育日渐成熟，心血管和运动器官发育却较缓慢。表现为肩带窄、胸廓小、肺活量小、肌肉收缩力和耐久力差，出现躯干四肢与内脏器官发育不平衡现象。由于性激素的反馈影响，自我意识提高，自尊心增强；对形体变化非常敏感，迫切希望获得优美的体形。但是要获得优美的形体，还是得认真进行形体的锻炼。

科学进行形体锻炼要注意以下几点：

（1）锻炼时间最好固定。每次锻炼尽可能安排在同一时间，这样可以使你养成良好的锻炼习惯，有助于身体内脏器官形成条件反射。饭后一小时和睡前一小时不能锻炼，否则会影响消化和睡眠。体力最佳时间一般在15：00－20：00之间，可以考虑作为主要锻炼时间。

（2）锻炼时间要适宜。初学者和平时劳动量较大者以每周3次为宜，每次1－1.5小时，但每次锻炼应包括身体的各个部分。每天坚持锻炼者，可将身体划分为若干个部分，隔天练习，保证肌肉能有效恢复。例如：今天练习肩、腹、胸，明天就练习背、臂、腿等部分。

（3）锻炼量要根据自己的体力而定。每个人的身体状况都是不同的，因此每个人能承受的运动量也是不同的。应该在反复试验中，根据自己锻炼后的恢复情况确定最佳的锻炼时间，这样才能收到事半功倍的效果。

（4）谨防过度锻炼。过度训练也称过度疲劳，是训练不当造成机体的一种综合症状。过度训练主要有交感型和副交感型两种。健美训练中所发生的过度训练多属于交感型过度训练。表现是安静时心率增快、血压增高、体重下降、睡眠障碍、抵抗力降低、食欲下降、训练后感到疲劳、疲劳恢复慢，无训练欲望，运动中最高血乳酸水平降低，肌肉停止增长，甚至萎缩。

（5）休息时间不要过长。每组练习之间休息时间不宜过长，一般为40 －50秒之间，大负荷、大强度练习休息时间不要超过15分钟。休息时间过长会影响锻炼效果。

（6）掌握正确的呼吸方法。正确的呼吸方法能帮助你集中意念，使动作协调而有节奏，承受更强负荷的锻炼。一般是用力、肌肉收缩时吸气，放松还原时呼气。锻炼时要用嘴呼吸，锻炼前做伸展运动，以预防肌肉韧带拉伤，训练后要做放松运动，帮助消除肌肉紧张，减轻疲劳，否则易造成局部肌肉堆积。

（7）坚持到底才有胜利。健身是项“苦差事”，是要两三个月后才见效的“体力活”。大多数初学者在经过艰苦的训练后，气喘吁吁来到镜子前，却发现身材与身体的围度没有什么大的变化，顿时感觉被泼了一盆冷水。而且浑身酸痛，异常疲劳，经过几轮的自我折磨，很多少女就此放弃了。功败垂成，这是很可惜的。

（8）敢于挑战以往的锻炼强度。在实际训练中健美迷们又不断总结富有成效的补充性法则，其中“不舒服法则”尤其值得重视和称道。所谓“不舒服法则”，就是在训练某一部位肌肉时应优先采用那些令你感到不舒服、费力且有逃避心理的动作，而不是那些相对省力、熟悉而感到舒适的动作，这样才能让肌肉生长。只有不断尝试，寻找符合自身特点的训练方法，才能提高训练质量。

但是如果积极与同伴交流，并接受挑战的话，你可以很快获得另外一样东西：别人的尊重与自信，这种感觉就像运动员在场上受到观众的瞩目一样会激励着你将形体锻炼进行到底。

少女形体锻炼主要是胸部、腰背部、大腿和臀部的锻炼。下面给大家介绍一些实用形体锻炼技巧。

一、锻炼胸部肌肉的技巧

（1）双膝跪地，手臂伸直撑地。向下做屈臂动作，直到下颏和胸触地。屈臂时注意臀部不要后引，身体重心在手上，手臂支撑体重，静止片刻，重复8 – 10次。

（2）仰卧地下，向上做挺胸动作。到极限时静止片刻。注意，挺胸时头和臀部不得离地。重复做6 – 8次。

（3）双膝跪地，上体直立，双手合掌置于胸前。两手用力互推，做对抗动作。注意，肘关节不得下垂，前臂成“一”字形，挺胸抬头，配合深呼吸，做8 – 10次。腰背部锻炼方法是：仰卧起坐，做6 – 8次。做时注意挺胸直腰。腿的曲直直接影响形体美，且太粗太细皆不美。

二、锻炼手臂的技巧

（1）手放于肩膀上，以肩为中心，手肘由前向后在空中划一个圆圈。

（2）上半圆时吸气，下半圆时呼气。连续3 – 6次。

（3）再反方向画圆圈，连续3 – 6次

三、锻炼腰背部肌肉的技巧

（1）以坐姿开始，右腿回蜷，与左腿交叠，放在右膝之外，右手握住右踝，左手在身体旁侧伸展，头部向左侧扭转。深呼吸，保持5个呼吸，然后换方向做。

（2）双腿微分，手臂向上伸展，贴在耳侧，吸气时脚尖踮起，呼气脚后跟慢慢放下。保持3－5个呼吸。

（3）盘坐，上半身挺直，左臂向上伸直贴于耳畔，右手轻轻点地，由腰椎带动上半身向右侧弯曲，动作要缓，停在极限处，自然呼吸，保持15秒，然后换方向做同样的动作。

四、锻炼臀部肌肉的技巧

（1）半蹲。两脚分开站立，距离约一脚宽。双手放在大腿上，臀部慢慢下降，好像是要坐在椅子上。保持这种姿势约10秒钟，然后慢慢恢复原状，重复5次。

（2）跪腿抬起。前臂和膝盖着地。小腿沿地面向后伸直，与大腿成90度，收腿，收臀。抬起双腿，伸直与地面平行，然后屈膝，向上抬脚举小腿，将腿伸直放下，恢复原状15次。再换腿做。

（3）弓背跃起。两脚分开，双手撑地分开呈现V字形（双腿绷直）。掐腿，收臀，将抬起的腿弯曲，再伸直，连着10次。然后换腿做。

五、锻炼腿部肌肉的技巧

很多女孩都抱怨自己的腿过粗或过细，可用下述方法锻炼：以立正的姿势站着，两手放在身体两侧。弯曲膝盖，两手碰触脚趾（此时，不要太用力）。诀窍在于，不弯曲背部肌肉，只弯曲膝盖。再轻轻回到原来的姿势。这个动作大约为3秒，刚开始做的时候，以10秒钟做3次为目标，习惯后再加速吧。

在坚持上述锻炼的同时，还应做些走、跑、跳、身体波浪运动和柔韧性练习，以全面炼身体，塑健美的体形。

另外，营养对于每个人都是必不可少的，从事形体训练的人更需要充足的营养。初学者往往将全部精力投入训练而忽视了营养。其实，没有适宜的营养任何训练都是无效的。

工夫不负有心人，只要循序渐进，坚持锻炼，一定可以收到预期的效果，完成一个美丽的蜕变。

珍爱生命，远离毒品

晶晶今年16岁，是一所重点中学的学生。两个多月前，她因为一些琐事和父亲大吵了一架，负气离家出走，结识了一名“小哥们”。一天晚上，对方带她去某KTV唱歌。在唱歌喝酒后，有人拿出了一些绿色的小颗粒来吃。一起玩的少男少女还告诉晶晶，吃了这种东西，会让她忘记所有的烦恼。出于好奇，晶晶吃下了一颗摇头丸，不久就蹲在墙角呕吐起来。随后，她开始伴随着音乐疯狂扭动……可悲的是，直到被抓进派出所，晶晶才明白：原来吸食摇头丸是违法的。

来自重庆的李丽，是一个温柔白皙的17岁少女。上初一的时候，她成天泡在歌舞厅，父母对她的管教惹她生厌。混迹舞厅时，她认识一位“好朋友”，朋友说要带她去南方发廊打工，一个月最少也能挣一千块。她一心要挣出大钱来给父亲看看，跟着朋友到了广州，没料到这个朋友是个“鸡头”，逼着她当坐台小姐。别的女孩把坐台的钱上交给鸡头，换取白粉。她不吸毒，挣的所有钱都交了，什么也得不到。“反正不吸也没钱，我不如把钱吸了。”她对戒毒所充满感激，“我打针打得血管都已经看不见了，人瘦成了一把骨头。如果不是被送到这里，我想我已经死在街头了。”

这些少女正是花季年华，本该无忧无虑。可是一时的诱惑，却改变了她们生命的轨迹，留下了极不光彩的一笔。如果不是社会的帮助，后果将不堪设想。

的确，随着时间的流逝，伤口终将愈合，一切都将云淡风轻。而内心的伤痛却不时从记忆中浮起，提醒着年少无知时那阵晦涩的秋雨。

接近毒品，除了片刻的快感，你什么也得不到。

沉迷毒品，你既把握不了现在，更失去了未来。

吸毒本来就容易引发心肌炎、肺结核、肝炎、心内膜炎等，青春期少女处在生长发育期，身体更容易受伤害。我国的艾滋病主要由吸毒传播，吸毒已成为艾滋病的主要传播途径，而且严重危害到少女。

为什么青春期少女容易成为毒品侵害的对象？

第一是对毒品的性质缺乏认识。不少吸毒女孩在吸毒前对毒品本身知之甚少，甚至无知，对毒品的害处只是道听途说，口耳相传，略有所知，非常肤浅。她们并不完全清楚吸毒会对自身带来严重疾病，甚至不相信会引起死亡。有的没有意识到吸毒会耗费巨大钱财，给家庭带来灾难。这些都是对毒品及其危害性的认知程度不够而造成的结果。而且，现在出现的不少新型毒品，不仅“披上漂亮的外衣”，而且有着动听的名字。对于这些新型毒品，有的少女以为不是毒品，甚至把吸食摇头丸等新型毒品看成时尚。一些女孩子居然听信吸毒有助减肥、美容而毅然下水，最终懊悔不已。

第二是有的年轻女孩自以为不会上瘾，或者认为自己有坚强的意志力，即使成瘾了也是能戒的。毒品能够使人在生理上产生强烈的依赖性，一旦沾染是很难真正戒断的，确实戒断了的也只是极少数。而且戒毒也是一个十分痛苦的过程，还要花费大量的资金，对家庭和社会都是一笔很大的经济负担。即使一时戒断，也很容易反复。

第三是由于青春期少女涉世不深，缺乏必要的社会生活磨炼和考验，社会经验不足，加之特定的年龄、生理、情感和性格等方面的特征，往往存在着判断能力、自我防范能力、自控能力、抗拒诱惑的能力不强，以及易于偏执自信、好冲动、爱冒险等方面的特点，因此许多女孩被骗吸毒，被犯罪团伙利用，作为违法犯罪、贩毒的工具。直到受到法律的惩治，才明白自己究竟做错了什么。

第四是一些青春少女，她们因学习后进、家庭变故而产生孤独、苦闷和失落感，自暴自弃，一蹶不振，走近毒品，试图在毒雾中去寻求一时的解脱，最终陷入吸毒的悲惨境地。

有效预防和抵御毒品的侵袭，既需要社会、学校和家庭的关爱与保护，青春期女孩自身也要提高防范意识，学会自我保护。古人告诫我们："一失足成千古恨，再回首已是百年身。"何况，毒品这个无情的杀手一旦沾染，又是很难容你再有回首之机的。因此对毒品，我们一定要保持高度警觉，在这个关系一生前途命运的问题上，绝不能有任何侥幸心理，绝不敢越雷池一步，否则就有可能断送自己美好的人生。

"一朝吸毒，终生难戒"、"一时不慎，痛悔一生"，明知有害而为之，是愚者之行为。但愿天下少女慎之慎之！